भारतीय वाल्तेयर एवं मार्क्स

# बी. आर. अम्बेडकर

भारतीय वाल्तेयर एवं मार्क्स

# बी. आर. अम्बेडकर

पी. एन. सिंह

लोकभारती प्रकाशन

**लोकभारती प्रकाशन**
पहली मंजिल, दरबारी बिल्डिंग, महात्मा गाँधी मार्ग
इलाहाबाद-211 001
वेबसाइट : www.lokbhartiprakashan.com
ईमेल : info@lokbhartiprakashan.com
**शाखाएँ** : 1-बी, नेताजी सुभाष मार्ग, दरियागंज
नयी दिल्ली-110 002
अशोक राजपथ, साइंस कॉलेज के सामने
पटना-800 006
36-ए, शेक्सपियर सरणी, कोलकाता-700 017

**प्रथम संस्करण** : 2018

**मूल्य** : ₹ 450



**आस्था पेपर कन्वर्टर**
इलाहाबाद द्वारा मुद्रित

B.R. Ambedkar
Bhartiya Waltair Evm Marx
*P.N.Singh*

ISBN : 978-93-86863-80-5

अपने विद्वान् मित्र

**प्रोफेसर तुलसीराम**

की पुनीत स्मृति में

# आभार-ज्ञापन

दलित चिन्तन और राजनीति में मेरी रुचि के मूल में स्व. रामनाथ जी और इसके विकास के मूल में उत्तर प्रदेश के आई.ए.एस. अधिकारी श्री हरिश्चन्द्र जी रहे। रामनाथ जी अम्बेडकर साहित्य के ज्ञाता थे और इन्हीं की जिदवश मुझे अम्बेडकर साहेब को पढ़ना पड़ा। श्री हरिश्चन्द्र आई.ए.एस. अधिकारी होने के साथ-साथ दलित जागरण में रुचि लेनेवाले अधिकारी थे। इस तरह रामनाथ जी ने मुझे अम्बेडकर साहित्य को पढ़ने के लिए बाध्य किया और हरिश्चन्द्र जी ने इसके अभिव्यक्ति के लिए अवसर दिये। इसी तरह अपनी रुचि के अनुसार मैं बाबा साहेब पर लिखता भी गया। इसी प्रक्रिया के फलस्वरूप मेरी यह पुस्तक 'भारतीय वाल्तेयर एवं मार्क्स : बी. आर. अम्बेडकर' प्रकाशन के लिए तैयार है, लेकिन इसकी भूमिका लिखने की स्थिति में मैं नहीं हूँ। अतः मैंने भूमिका लिखने के लिए अपने विद्वान् मित्र श्री कन्हई राम प्रजापति जी से निवेदन किया। किसी तरह वे तैयार हुए और इस पुस्तक की भूमिका उन्होंने लिख दी। अतः इस पुस्तक की तैयारी में उपर्युक्त तीनों लोगों का सहयोग मुझे मिला है जिसके लिए मैं उनके प्रति आभार व्यक्त करता हूँ।

इस पुस्तक का शीर्षक तय करने में मुझे कठिनाई हुई, लेकिन अन्ततः मैंने शीर्षक तय ही कर दिया—'भारतीय वाल्तेयर एवं मार्क्स : बी. आर. अम्बेडकर'। जहाँ तक मैंने समझा है, अम्बेडकर साहेब की अपने तत्कालीन समाज में वही भूमिका थी जो वाल्तेयर की फ्रान्स की क्रान्ति के सन्दर्भ में थी और कार्ल मार्क्स की रूसी क्रान्ति में थी। इसका मतलब यह नहीं है कि डॉ. अम्बेडकर मात्र भारतीय समाज के आलोचक और सिद्धान्तकार थे, बल्कि इससे आगे बढ़कर उन्होंने भारतीय समाज के बदलाव व निर्माण में भी अपेक्षित भूमिका निभायी। कहा जा सकता है कि अगर स्वतन्त्रता-संग्राम का दौर महात्मा गाँधी का दौर था तो यह भी निर्विवाद है कि स्वतन्त्रता-प्राप्ति के बाद भारतीय समाज के रूपान्तरण में अम्बेडकर साहेब के विचारों की भूमिका निर्णायक रही है। इस बात को ध्यान में रखकर ही यह पुस्तक लिखी गयी है।

इस पुस्तक के निबन्ध विभिन्न पत्रिकाओं में प्रकाशित हैं। दलित लेखकों की प्रतिक्रियाएँ भी हुईं जिनमें दो दलित विद्वानों की असहमति ध्यान देने योग्य थी। ये दोनों लोग दलित साहित्य एवं चिन्तन के जाने-पहचाने लोग हैं—डॉ. ओमप्रकाश वाल्मीकि और डॉ. तुलसीराम। लेकिन उनकी असहमतियाँ मुझे उनके दलित होने के चलते लगती हैं, न कि भारत के निर्माण की दृष्टि से। प्रश्न किसी की सहमति या असहमति का नहीं है, प्रश्न है भारतीय समाज के रूपान्तरण का। लेकिन प्रश्न यह भी उठता है कि रूपान्तरण कैसा हो? अगर रूपान्तरण ऐसा हुआ कि सवर्ण हेजीमनी के स्थान पर दलित हेजीमनी स्थापित होती है तो इससे समाज का कितना हित होगा? अब दलित किसी से पीछे नहीं हैं, अतः राष्ट्र के विकास में उसी को केन्द्रीयता देकर अन्य असमर्थ तबकों की उपेक्षा करते जाना उचित नहीं लगता। इस बात की तरफ भी पुस्तक में संकेत मिलेंगे।

एक बात और, दलित साहित्य का आरम्भ महाराष्ट्र से है। इसलिए वहाँ के साहित्यकारों की उपेक्षा उचित नहीं लगती। अतः मैंने इसमें मुल्कराज आनन्द और एलिनर इलियट का महाराष्ट्र की दलित कविता पर एक निबन्ध दे दिया है ताकि हिन्दी दलित साहित्य को समझने में सहायता मिल सके।

इसी तरह महात्मा गाँधी को भी अस्वीकार करना मुझे सामाजिक दृष्टि से फलदायी नहीं महसूस होता। पहली बात तो यह कि गाँधी जी सवर्ण हिन्दू नहीं थे; वह पिछड़े हिन्दू थे। अतः उनकी सामाजिकता को लेकर कोई प्रश्न नहीं खड़ा होता। दूसरी बात यह कि वह पहले व्यक्ति हैं जिन्होंने 1915 में ही अपने साबरमती आश्रम में, अपने अन्य सहकर्मियों की इच्छा के विरुद्ध, दलित परिवार को प्रवेश दिया था। इतना ही नहीं, उनकी दक्षिण अफ्रीका की भूमिकाओं को नजरअन्दाज करना उचित नहीं होगा, क्योंकि उनका सारा प्रयास ही ऐसे लोगों के लिए था जो विभिन्न वर्गों, जातियों और धर्मों में बँटे हुए थे। अन्तिम बात यह किगाँधीने अपने सत्य और अहिंसा के आधार पर, विरोधों के बावजूद, जीवन-भर चलते रहे और उनके लिए सच वह नहीं था जो कोरा कागदी हो, बल्कि वह था जो जीवन से जुड़ा हो और वह भी ऐसा जुड़ाव जो अद्यतन हो। आश्चर्य नहीं, उन्होंने अपनी पुस्तकों को जला देने की बात कही थी। हम भूल यह भी जाते हैं कि अपने जीवन के अन्तिम दिनों में वे उन्हीं शादियों में आशीर्वाद देते थे जो अन्तरजातीय या अन्तरधार्मिक हों। ध्यान देने की बात यह भी है कि बाबा साहेब ने जीवन-भर उनकी आलोचना की थी, लेकिन इसके बावजूद,गाँधी की पहल पर ही अम्बेडकर साहेब को संविधान सभा का सदस्य चुना गया था और उन्हीं की इच्छा के अनुसार भारतीय संविधान के निर्माण में उनकी भूमिका बनी थी। इन बातों को भुलाकर दलित दृष्टि की निर्मिति हुई है जो

किसी भी रूप में उचित नहीं लगती। इन बातों को दिमाग में रखते हुए ही मैंने जगह-जगहगाँधी ऱ्रो सन्दर्भ में लिया है क्योंकि मैं यह महसूस करता हूँ कि देश का वास्तविक निर्माण कार्ल मार्क्स,गाँधी, अम्बेडकर और नेहरू को लेकर ही सम्भव है। इससे बहुत लोग असहमत हो सकते हैं, लेकिन मेरी समझ यही है।

अन्त में मैं लोकभारती प्रकाशन, इलाहाबाद का ऋणी हूँ जिसने इस पुस्तक के प्रकाशन का खतरा मोल लिया है। इसके लिए मैं इसके मालिक श्री आमोद महेश्वरी और साथ ही इसके व्यवस्थापक श्री रमेश जी के प्रति भी आभार व्यक्त करता हूँ जिन्होंने पुस्तक के प्रकाशन की सहमति दी है।

गौतम बुद्ध कॉलोनी
रौजा शाहजुनैद
मालगोदाम रोड
गाजीपुर—233001 (उ.प्र.)

**पी. एन. सिंह**

# अनुक्रमणिका

# भूमिका

बाबा साहेब डॉ. भीमराव अम्बेडकर के व्यक्तित्व और कृतित्व को केन्द्र में रखकर लिखी गयी डॉ. पी. एन. सिंह की तीन पुस्तकें प्रकाशित हो चुकी हैं। ये क्रमशः गाँधी, अम्बेडकर और लोहिया, अम्बेडकर चिन्तन एवं हिन्दी दलित साहित्य तथा अम्बेडकर, प्रेमचन्द और दलित साहित्य हैं, जो विषय-वस्तु के सम्यक् विश्लेषण-विवेचन की दृष्टि से लोकप्रियता अर्जित करते हुए अद्यतन विमर्श के केन्द्र में बनी हुई हैं। फिर भी ऐसा लगता है, जैसे तुलसी के मानस को 'रामचरितमानस' की रचना करने के बाद आभास हुआ कि कुछ मार्मिक प्रसंगों के चित्रण में कृपणता की गयी है एवं छन्द-विधान, कवित्व तथा भक्ति-भाव के भरपूर परिपाक में कुछ कमी रह गयी है जिसकी पूर्ति उन्होंने 'कवितावली' और 'विनयपत्रिका' की रचना करके की, कुछ ऐसा ही भाव श्री सिंह के मानस में भी अंकुरित हुआ। अतः बाबा साहेब पर बहुत-कुछ लिखने के बावजूद कतिपय सन्दर्भों पर पुनः केन्द्रित होना उनकी विवशता बनी, जिसका प्रतिफलन अम्बेडकर सीरीज की यह चौथी कड़ी है। कुल बीस निबन्धों के कलेवर में यह कृति डॉ. अम्बेडकर को किसी भी कोण से समझने और जाँचने-परखने के लिए पर्याप्त तथ्यों से परिपूर्ण है। प्रसंगात् कुछ भारतीय एवं पाश्चात्य चिन्तकों की टिप्पणियों के बीच डॉ. पी. एन. सिंह की अपनी निज की स्थापनाएँ हैं, जिनसे कथ्य-तथ्य की उलझनें परत-दर-परत साफ होती जाती हैं और पाठकीय विमर्श का परिवेश निर्मित करते हुए संवाद की जगह भी बनाती हैं।

पुस्तक का पहला निबन्ध है, 'डॉ. अम्बेडकर को पहचानने की जरूरत है'। इसका आरम्भ ही एक अति संक्षिप्त, सरल वाक्य से होता है– "हम किसी से नफरत इसलिए करते हैं कि बहुत दूर तक उसे ठीक से नहीं जानते।" दूर तक ठीक से न जानना ही डॉ. अम्बेडकर या किसी के भी प्रति आदर-अनादर, मुहब्बत-नफरत, निन्दा-स्तुति, नायक-खलनायक ही नहीं देवत्व या अमरत्व तक का बोध पैदा करता

है। इसी के चलते एक तरफ बाबा साहेब को अवसरपरस्त, देशद्रोही, अंग्रेजों का पिट्ठू तो दूसरी तरफ विद्वान्, विचारक, देशभक्त, समाज-सुधारक, संविधानवेत्ता, सिद्धान्तनिष्ठ और दलित मसीहा के रूप में प्रतिष्ठित किया जाता है। वस्तुतः पहले निबन्ध में ही एकता एवं अखण्डता के प्रहरी, राज्यों का पुनर्गठन और राजभाषा तथा हिन्दू समाज-व्यवस्था के आलोचक, उपशीर्षकों में समूची कृति का सारतत्त्व समेट लिया गया है जिसे देखने-समझने के बाद एक तथ्य साफ उभरता है कि उनमें अदम्य साहस था। किसी के बड़प्पन से वह कभी आतंकित नहीं हुए। संघर्षशील इतने कि डॉ. अम्बेडकर जैसा व्यक्तित्व ही गाँधी जी के आमरण अनशन से उत्पन्न आतंक को झेलने की क्षमता रखता था। उनकी दृष्टि में समाजवादी ताकतें ही आर्थिक मसलों के सन्दर्भ में ठोस नीति की अपेक्षा रखती थीं। लेकिन अपनी सोच एवं वर्गीय चरित्र के चलते कांग्रेस इन प्रश्नों को भविष्य के ताक पर रखती थी। इसी सैद्धान्तिक-राजनीतिक खींच-तान के कारण डॉ. अम्बेडकर का कांग्रेस-विरोध और गाँधी-विरोध मुखर होता गया। सतही सोच की मानसिकता के चलते कुछ को यह विरोध स्वतन्त्रता-संघर्ष विरोधी या उनके कद को दूसरों से कमतर आँकने का हो सकता है। लेकिन मुस्लिम लीग की शर्तों के परिप्रेक्ष्य में उनकी बेबाक टिप्पणी कि, "ऐसा अविभाजित हिन्दुस्तान विभाजित हिन्दुस्तान से भी कमजोर होगा" या राजगोपालाचारी के भारतीय महासंघ की रूप-रेखा के प्रस्ताव पर बेलौस प्रतिवाद कि, "अब मैं राजगोपालाचारी के भारत को उत्तर और दक्षिण में बाँटने की भविष्यवाणी करनेवाले मसीहा के रूप में देखता हूँ, श्री राजगोपालाचारी की इस भविष्यवाणी को झुठलाने के लिए हमें हर सम्भव प्रयास करना ही होगा।" इसके मद्देनजर डॉ. अम्बेडकर की राष्ट्रीय एकता, अखण्डता और देशभक्ति को प्रश्नांकित करना घोर मूर्खता या संकीर्ण मानसिकता ही कहा जा सकता है। राज्यों के पुनर्गठन और राजभाषा के मसलों पर उनकी खुली सोच थी— राज्य छोटे होने चाहिए और गठन का आधार भाषा हो। उनकी स्पष्ट समझ थी—भाषा एकता का कारण भी बनती है और विभाजन का भी। भाषाई कट्टरता उतनी ही राष्ट्रघातक होती है जितनी धार्मिक अथवा क्षेत्रीय कट्टरता। अतः इन मुद्दों पर अतिरिक्त सावधानी, समझदारी और सहिष्णुता की वकालत करते थे।

वह एक हिन्दू शूद्र परिवार में जन्मे थे। बचपन से ही गरीबी और अस्पृश्यता के दंश को झेले थे। शिक्षित सुयोग्य होने के बावजूद सामाजिक अपमान झेलने के लिए अभिशप्त थे। अतः हिन्दू समाज-व्यवस्था के आलोचक के रूप में सर्वाधिक चर्चित रहे। वर्ण-व्यवस्था और हिन्दू धर्म के अन्तर्विरोधों को लक्ष्य करते हुए उन्होंने *एन्नीहिलेशन ऑफ कास्ट्स* जैसी तथ्याधारित पुस्तक भी लिखी। अपने अनुभवों के

आधार पर इस निष्कर्ष पर पहुँचे कि, 'अगर हिन्दू निकृष्ट है तो मुसलमान क्रूर।' अन्ततः बौद्ध धर्म स्वीकार कर यह सन्देश भी दिया कि तमाम अन्तर्विरोधों के बावजूद हम भारतीय हैं और बौद्ध धर्म भारतीय संस्कृति का ही एक अंग है।

पुस्तक के दूसरे निबन्ध 'डॉ. अम्बेडकर को समझना' को लेकर श्री सिंह स्वयं को उलझन में पड़ने का अनुभव करते हुए लिखते हैं—बड़े-बड़े सार्वजनिक व्यक्तियों पर बात करते हुए ऐसा लगता है मानो हम मुश्किल ही नहीं बल्कि खतरनाक पथरीले मैदान में हैं। इस सम्बन्ध में वह ई. एम. फास्टर और बर्तोल्त ब्रेख्त द्वारा महान् लोगों के सन्दर्भ में दी गयी स्थापनाओं की चर्चा करते हुए इस बिन्दु पर आते हैं कि जो काम आरम्भ में ईसा मसीह के लिए श्रद्धावान् भक्तों ने किया वही काम दलित आज अपने अम्बेडकर को लेकर कर रहा है। इसके बावजूद कुछ सच्चाइयाँ अगल-बगल से देखी जा सकती हैं। सन्त आगस्टाइन, बकलस और मार्क्स ने भी महान् कहे जानेवाले व्यक्तियों के सन्दर्भ में विभिन्न मानक तय किये हैं। इनके मत को जाँचते-परखते हुए बाबा साहेब का अभिमत है—महान् व्यक्ति निष्ठा और ज्ञान के समन्वय होते हैं। वे एक हाथ में झाड़ू और दूसरे हाथ में चाबुक लिये हुए भी हो सकते हैं। उनके पास एक प्रेरणादायी सामाजिक उद्देश्य भी रहता है। डॉ. पी. एन. सिंह के अनुसार—बाबा साहेब का यही दृष्टिकोण उन्हें स्वयं एक महापुरुष बनने का अधिकार देता है। भारतीय इतिहास के वर्तमान दौर के वे महापुरुष हैं।

कृति की अगली कड़ी में डॉ. अम्बेडकर की राजनीति की चर्चा है। निश्चय ही बाबा साहेब समकालीन दलित राजनीति के सन्दर्भ बिन्दु हैं। मार्क्स की सर्वहारा विश्वदृष्टि की तरह उन्होंने भी एक भारतीय दलितदृष्टि विकसित की और इसी की रोशनी में एक स्वतन्त्र दलित राजनीतिक मंच भी संगठित किया। अपनी वैचारिक-राजनीतिक मुहिम द्वारा पारम्परिक अस्पृश्य तबकों को स्वयं में शूद्र-जैसी शोषित एवं निष्क्रिय अवस्थिति से स्वयं के लिए शूद्र-जैसी संगठित विचार-सम्पन्न एवं सक्रिय इतिहास निर्मातृ चेतना में रूपान्तरित किया। सामाजिक मुक्ति के लिए उन्होंने *'बुद्ध एण्ड हिज धम्म'* लिखा क्योंकि बौद्ध भारत के रूप में अर्थात् वर्ण-वर्ग-मुक्त भारत का सपना देखते थे। उनका सामाजिक विजन भारत-विशिष्ट था। उनके प्रेरणास्रोत बर्क, मिल और ड्यूई थे जो किसी रूप में क्रान्तिकारी नहीं थे। बाबा साहेब भी मूलतः यथार्थवादी थे। राजनीतिक दाव-पेच और कठोर बार्गेनिंग में कुशल थे, लेकिन उनका सबसे बड़ा अवदान देश को वर्ग-संघर्ष में विकृत होने से बचाना है। डॉ. सिंह के अनुसार—"बाबा साहेब ने युगीन अंग्रेजी-राज, कांग्रेस और मुस्लिम लीग के बीच व्याप्त अन्तर्विरोधों का यथासम्भव दोहन किया और क्रान्तिकारी धारा से अपने को अलग बनाये रखा।"

चिन्तन के अगले क्रम में डॉ. अम्बेडकर को भारतीय मार्क्स एवं भारतीय वाल्तेयर के रूप में प्रस्तुत किया गया है। लेखक की दृष्टि में बाबा साहेबगाँधी और नेहरू के बीच में खड़े होते हैं। अन्तरराष्ट्रीय सन्दर्भ में गाँधी का नाम आते ही सुकरात और जीसस याद आते हैं और बाबा साहेब का नाम आने पर वाल्तेयर और कार्ल मार्क्स। वस्तुतः सुकरात, जीसस, जॉन ऑफ आर्क औरगाँधी की हत्या उन्होंने ही की जिनके ये वास्तविक हितैषी थे।गाँधी हिन्दू धर्म की जड़ता के प्रति लोगों को संवेदनशील एवं गतिशील बनाकर युगानुकूल बनाना चाहते थे। उनको पहचान, प्रतिष्ठा तो मिली, सफलता नहीं। उनका ग्राम स्वराजवाला भारत कल्पित भारत था। स्वतन्त्रता-प्राप्ति के बाद वे मर चुके हुए थे। डॉ. अम्बेडकर का कहना था–भारतीय मनीषा ने कोई वाल्तेयर पैदा नहीं किया जो अपनी परम्पराओं की तटस्थ और बेलौस आलोचना करता और अपने लोगों को परम्पराओं की क्रूर सीमाओं का अहसास कराता इसीलिए वे कहते भी थे–भारत ने विद्वान् तो बहुत पैदा किये, लेकिन बुद्धिधर्मी नहीं। कमोबेश यह स्थिति आज भी बनी हुई है।

अनवरत संघर्ष करते हुए डॉ. अम्बेडकर ने भारतीय पटल पर वही किया जो विश्व पटल पर मार्क्स ने किया था। मार्क्स ने जन को इतिहास की शक्ति के रूप में रेखांकित किया और आर्थिक हितों को केन्द्रीयता प्रदान की। इसी प्रकार बाबा साहेब के हस्तक्षेप ने भारतीय दलितों को इतिहास-नायक की भूमिका में रखा। निश्चय ही उनके विचार को उत्तर प्रदेश में जमीन देने का कार्य कांशीराम और मायावती ने किया है। जिस प्रकार फ्रान्सीसी विचारक वाल्तेयर ने 18वीं सदी के प्रबोधन काल में महत्त्वपूर्ण भूमिका निभायी थी, बहुआयामी व्यक्तित्व के धनी डॉ. अम्बेडकर की यही महत्त्वपूर्ण भूमिका भारत में भी रही। अर्थशास्त्र, दर्शन, धर्म, राजनीतिशास्त्र, इतिहास आदि विषयों में उनका गहन एवं विश्वसनीय प्रवेश था। सामाजिक, धार्मिक और राजनीतिक सत्ताकेन्द्रों की प्रखर आलोचना करते रहे। उनकी दृष्टि में धार्मिक अन्धविश्वास मानवीय विवेक का शत्रु है। स्वतन्त्र चिन्तन और आलोचनात्मक विवेक के पुजारी थे, जिसके चलते आजीवन संघर्षों में रहे और बहुत-कुछ झेलते रहे किन्तु किसी भी कीमत पर सामाजिक जड़ता को दूर करने के लिए कटिबद्ध रहे। डॉ. सिंह तो बाबा साहेब को आधुनिक 'धर्मकीर्त्ति' के रूप में देखते हैं जिन्होंने 7वीं शताब्दी में कहा था–"बुद्धि के ऊपर पोथी को रखना, संसार का कर्त्ता ईश्वर को मानना, स्नान से धर्मेच्छा रखना, जन्म-जाति का अभिमान करना और पाप-यश के लिए शरीर को सन्तप्त करना–अक्ल मारे हुए व्यक्तियों की जड़ता के ये पाँच लक्षण हैं। डॉ. अम्बेडकर इसी जड़ता के विरुद्ध संघर्षरत थे।"

इतिहास-पुरुष की विशेषताओं के सन्दर्भ में पी. एन. सिंह जी रोमन काव्यशास्त्री लांजाइनस का विचार रखते हैं—"इतिहास-पुरुष अनवरत घटनाओं के दबाव में जीता है और उसे तत्क्षण निर्णय लेने होते हैं। अतः स्थान या समय की दूरी से त्रुटियाँ गिनायी जा सकती हैं, लेकिन इससे युद्धभूमि की अप्रत्याशित अनिवार्यताएँ नहीं खत्म हो जातीं। बहुत-सारे महत्त्वपूर्ण बिन्दुओं पर डॉ. अम्बेडकर के दृष्टिकोण को लेकर असहमति भी बनती है, लेकिन लांजाइनस का मानना है कि महानता सर्वथा त्रुटि-मुक्त नहीं होती। चूँकि राजपुरुष के साथ वे एक बड़े विद्वान् और विचारक थे, अतः वृहत्तर उद्देश्यों की पूर्ति के लिए उनकी अपनी अन्तर्दृष्टियाँ थीं। उनकी दृष्टि में सामाजिक आर्थिक बदलाव के लिए बल प्रयोग अपेक्षित है क्योंकि सुविधाभोगी, समृद्ध, शक्तिशाली लोग अपनी सुविधाओं को आसानी से नहीं छोड़ सकते। इस परिप्रेक्ष्य में वह 'हिंसा की इच्छा' और 'हिंसा की आवश्यकता' को रेखांकित करते हैं। इसमें प्रथम अपराधी की इच्छा हो सकती है, लेकिन दूसरी स्थिति-विशेष में न्यायसंगत हो सकती है। आत्मरक्षार्थ हिंसा की स्वीकृति तथागत भी देते हैं। वृहत्तर हित में युद्ध भी लड़े जाते हैं गाँधी भी बलवान् की अहिंसा के प्रशंसक थे, कायर या कमजोर की नहीं। दोनों की दृष्टि में कोई बहुत बड़ी खाई नहीं है। अन्तर इतना भर है—गाँधी जी के लिए अहिंसा एक निरपेक्ष मूल्य है, बाबा साहेब के लिए आधारतः एक परिणाम सापेक्ष मूल्य। उद्देश्यों की पूर्ति के लिए डॉ. अम्बेडकर की साध्य-साधन सम्बन्धी व्यावहारिक दृष्टि है। लेकिन वह व्यवहारवाद नैतिक सीमाओं के भीतर होना अपेक्षित है। भारत में बाबा साहेब ने समाजवादी लोकतन्त्र की आवश्यकता को रेखांकित किया है। उनकी अन्तर्दृष्टि है कि संचय से व्यक्ति कमजोर बनता है। पूँजीवाद से समाज विकृत होता है, अतः पूँजी का विकेन्द्रीकरण होना चाहिए। इसलिए समाजवाद और लोकतन्त्र को साथ-साथ देखने के पक्षधर थे। वह फ्रान्सीसी क्रान्ति और रूसी क्रान्ति दोनों से आकर्षित थे। फ्रान्सीसी क्रान्ति से इसलिए कि 'स्वतन्त्रता एक राजनीतिक' मूल्य के रूप में प्रतिष्ठित हुई। रूसी क्रान्ति से इसलिए कि इसने 'समता' को सुनिश्चित किया। लेकिन वह क्रान्तिकारी हिंसा के मार्क्सवादी सिद्धान्त से असहमत थे। अतः 1945 में संविधान सभा के समक्ष उन्होंने राजकीय समाजवाद की वकालत की। यद्यपि वर्तमान उत्तर-औद्योगिक दौर में समाजवादी लोकतन्त्र दिवास्वप्न रह गया है। आज पूँजी आक्रामक है और समाजवाद अवमानित एवं दरकिनार। गाँव-शहर तथा कृषि उद्योग के सम्बन्ध में भी डॉ. अम्बेडकर की अपनी समझ है। उनकी दृष्टि में कृषि केन्द्रित गाँव पिछड़ापन के प्रतीक हैं। वह कृषि और उद्योग दोनों के सहकारीकरण और सामूहिकीकरण की बात करते हैं। कृषि के विकास और इसकी उत्पादन क्षमता बढ़ाने के लिए आवश्यक है कि इसे अतिरिक्त जनसंख्या के भार से मुक्त किया जाये।

दलित-चेतना के परिप्रेक्ष्य में बाबा साहेब हेनरी ड्यूमण्ड के विचारों से सहमत हैं। ड्यूमण्ड के अनुसार—चेतना प्रतिवादी और आलोचना करने में समर्थ होनी चाहिए। इस सन्दर्भ में उनकी तीन शर्तें हैं—वह जो आलोचना करता ही नहीं गुलाम है, वह जो आलोचना कर ही नहीं सकता, वह मूर्ख है, वह जो आलोचना करेगा ही नहीं, कठमुल्ला है, धर्मान्ध है। डॉ. अम्बेडकर ऐसी ही चेतना का निर्माण करना चाहते थे। दलितों में आलोचनात्मक चेतना जागृत करने के उद्देश्य से उन्होंने *'हू वेयर शूद्राज'* लिखा जिससे उन्हें अपने गौरवशाली इतिहास का ज्ञान हो सके। इस पुस्तक में उन्होंने रहस्योद्घाटन किया है कि एक सूर्यवंशी राजन्य कबीला की वंशावली में राम के गोत्र की 40वीं पीढ़ी में 'शूद्र कौन थे' की उपस्थिति है जो 6ठीं शताब्दी में पुरोहिती प्रथा के षड्यन्त्र से अछूत बना दी गयी। कालान्तर में रामानुज, रामानन्द, शंकराचार्य और बुद्ध-महावीर ने भी इस सामाजिक कलंक को दूर करने का प्रयास किया, फिर भी किसी-न-किसी रूप में पुरोहित परम्परा प्रतिष्ठित है। महात्मा गाँधीभी छूआछूत और जाति-प्रथा के विरोधी थे। अछूतोद्धार के लिए 'शूद्र' के स्थान पर 'हरिजन' शब्द को मान्यता देते हुए एक पत्रिका भी प्रकाशित करना शुरू किया, लेकिन डॉ. अम्बेडकर की दृष्टि में 'हरिजन' शब्द प्रभावी नहीं था जितना होना चाहिए। उनकी दृष्टि में 'दलित' शब्द प्रभावी तथा अछूत कही जानेवाली विभिन्न जातियों को एकनद्ध कर दलित-मुक्ति के लिए संघर्ष कर सकता था। इस दिशा में दलित प्रश्न को राष्ट्रीय प्रश्न बनाने के लिए उन्होंने एक दलित विश्वबोध निर्मित किया। दलितों को संगठित किया साथ ही अवर्ण परम्परा को दलित परम्परा के रूप में रेखांकित कर एक समानान्तर परम्परा-बोध भी दिया।

डॉ. अम्बेडकर का समाजवादी चिन्तन, समाजवाद की पारम्परिक अवधारणाओं से भिन्न है। पारम्परिक अवधारणा के समाजवादी चिन्तन में मूल इकाई वर्ग है, जाति नहीं। जबकि भारतीय समाज की मूल इकाई जाति है, वर्ग नहीं। एक ही आर्थिक आधार के विभिन्न जाति के व्यक्तियों का सामाजिक स्तर भिन्न होता है। समाजवादी चिन्तन धार्मिक भावनाओं को महत्त्व नहीं देता जबकि धर्म भी सामाजिक स्तर प्रदान करता है। समाजवादियों का आर्थिक समता सम्बन्धी दृष्टिकोण आदर्शवादी है, उसे व्यावहारिक रूप नहीं दिया जा सकता। जातियों ने सर्वहारा को भी विभाजित कर रखा है जिससे भारत में क्रान्तिकारी सर्वहारा की कल्पना नहीं की जा सकती। इन दुर्बलताओं को देखते हुए उन्होंने समाजवादी सिद्धान्तों तथा कार्यक्रमों से सम्बन्धित एक मसविरा 1947 में संविधान-सभा के विचारार्थ प्रस्तुत किया था जिसमें संसदीय लोकतन्त्र को कोई क्षति पहुँचाये बगैर राजकीय समाजवाद की स्थापना, राज्य या राज्य द्वारा निर्मित किसी निगम से आधारभूत उद्योगों का संचालन,

बीमा पर राज्य का अधिकार, कृषि को राजकीय उद्योग का दर्जा तथा सम्पत्ति अधिग्रहण में राज्य द्वारा उसकी क्षतिपूर्ति करने का प्रावधान था।

साम्यवादी/समाजवादी व्यवस्था के लिए डॉ. अम्बेडकर साध्य-साधन की शुचिता पर बल देते हैं। उनकी समझ से साम्यवादियों द्वारा अपनाये गये साधन हिंसा आधारित होते हैं। सर्वहारा की तानाशाही भी इसी का एक रूप है। इस बिन्दु पर डॉ. सिंह का कहना है—"बुद्ध और मार्क्स के बीच भिन्नता और साम्य क्या है—भिन्नताएँ साधन की हैं, उद्देश्य (साध्य) एक है।" भारत-जैसे देश में लोकतन्त्र की जीवन्तता के लिए डॉ. अम्बेडकर समाज-सुधार अति आवश्यक मानते हैं। जाति, मजहब और अतीत के इतिहास से सभी समुदाय जुड़े हैं, इनकी विविधताएँ हैं, फिर भी भारतीय हैं, अतः संवैधानिक सुरक्षा सभी को मिलनी चाहिए। चूँकि वह एक युगद्रष्टा थे, अतः स्वतन्त्रता-प्राप्ति से पूर्व ही विभिन्न जटिल प्रश्नों के उभरने का अहसास उन्हें हो चुका था। उनकी दृष्टि में मुहम्मद जिन्ना की जिद और उनकी शर्तों को देखते हुए यथाशीघ्र देश का विभाजन ही उचित था। काश्मीर मसले पर भी साफ कहा था—मुस्लिम बहुल काश्मीर पाकिस्तान को और हिन्दू तथा बौद्ध बहुल क्षेत्र भारत को दे देना चाहिए। उन्होंने पाकिस्तान में बचे दलित हिन्दुओं को भी हिन्दुस्तान में आने की बात कही थी। काश, उनकी बात मान ली गयी होती तो आज जो ऑकड़े बोल रहे हैं कि घाटी में तीस वर्षों के दौरान चालीस हजार हत्याएँ हुई हैं, वह शायद नहीं हुई होतीं। तत्कालीन परिस्थितियों में किये गये समझौतों में इतनी पेचीदगी है कि जो सत्ता में आने से पहले यह कहते थे कि धारा 370 समाप्त कर देंगे, उनकी बोलती भी बन्द हो गयी है।

बाबा साहेब की समझ थी, सामुदायिक समस्याएँ परिस्थिति-विशेष में कभी साम्प्रदायिक रूप धारण कर लेती हैं। अतः राष्ट्रीय एकता और साम्प्रदायिकता जटिल सवाल हैं। भारत में तो देवत्व बँटा है, इसी आधार पर मानवता और व्यक्ति बँटा है जो बेहद जटिल मसला है। इसकी जड़ें आस्था से जुड़ी हैं, आस्थाओं का सम्बन्ध भावनात्मक है, लेकिन सच यह है कि जीवन के किसी भी क्षेत्र में भावुकता घातक होती है। यही दंगे-फसाद और देश-विभाजन की जड़ें होती हैं, इसलिए उन्होंने संविधान-निर्माण के समय सरकार को 'सेक्यूलर' रहने का प्रस्ताव रखा। उनकी दृष्टि में संवैधानिक रूप से सभी समुदाय के हितों की रक्षा ही धर्मनिरपेक्षता है।

भारत के भविष्य को देखते हुए बाबा साहेब की दृष्टि में सेक्यूलर समाजवादी व्यवस्था सर्वाधिक उपयुक्त थी। इसके लिए देश के नागरिकों को उदार, समावेशी, सहिष्णु अर्थात् अधिक मानवीय होना होगा। प्रत्येक बुद्धिजीवी से इसमें सहभागिता की अपेक्षा बनती है। इसमें दलित बुद्धिजीवी को आक्रोश और तिक्तता का परहेज

कर संवेदनशील होना होगा साथ ही अम्बेडकरवाद को मार्क्सवाद के दायरे में अद्यतन करते हुए सेक्यूलर समाजवाद की पुनर्प्रतिष्ठा करनी होगी। भारतीय समाज विगत दशकों में इन मुद्दों पर शिथिल हुआ है—व्यक्तिगत स्वार्थ, क्षेत्रीय राजनीति और तुष्टीकरण की नीति के चलते समाज विकृत हुआ है, अतः 16वें लोकसभा चुनाव में पारम्परिक समाजवादी इतिहास की पुनरावृत्ति हुई जिसमें सांस्कृतिक राष्ट्रवाद के स्वर क्रमशः जोर पकड़ते जा रहे हैं।

जीवन के कटु अनुभवों की रोशनी में डॉ. अम्बेडकर ने कहा था—"हिन्दू समाज बर्बाद हो सकता है, लेकिन सुधर नहीं सकता; फिर भी संघर्षरत रहे।" सामाजिक, आर्थिक एवं राजनीतिक क्षेत्रों में जो सफलता मिली है, उनके संघर्षों का ही परिणाम है। अस्सी के दशक में तो दलित की राजनीतिक मुखरता इतनी चुनौतीपूर्ण हुई कि उत्तर प्रदेश में सत्ता तक पहुँच गयी। कांशीराम के कुशल नेतृत्व ने वोटबैंक के साथ-साथ दलित सशक्तीकरण को एक गम्भीर राष्ट्रीय मुद्दा बनाया है। आज दलित समाज गतिमान् है। संसद् और विधानसभाओं से लेकर प्रशासनिक सेवाओं में उसकी दमदार उपस्थिति है। अब इस समाज के अपने अवयवी बुद्धिजीवी हैं जो जीवन के प्रत्येक क्षेत्र में सजग होकर सक्रिय भूमिका निभा रहे हैं। इसका प्रभाव अन्य समुदायों पर भी पड़ा है। ध्रुवीकरण की गति बढ़ी है। जिस प्रकार 'कम्युनल अवॉर्ड' से दलितों की स्थिति में बदलाव आया है, उसी तरह 'मण्डल' और 'कमण्डल' के प्रति अन्य वर्गों का झुकाव हुआ है। सभी अपनी-अपनी पहचान को लेकर बेचैन हैं। वोटबैंक को लेकर राजनेता हर कार्ड खेल रहे हैं। राजसुख भोग रहे हैं। वर्तमान में हो रहे सामुदायिक ध्रुवीकरण और राजनेताओं की भूमिका को लेकर भारत के भविष्य के प्रति डॉ. सिंह भयभीत हैं। उनकी आशंका उन्हीं के शब्दों में—"अगर स्वास्थ्य, शिक्षा, उत्पादन, वितरण प्रक्रिया, कानून एवं व्यवस्था को अपेक्षित केन्द्रीयता मिलती गयी तो हम एक बेहतर एवं उच्चतर समायोजन की ओर अग्रसर होंगे, अन्यथा कुछ अधिक ही बड़े स्तर पर 1946-47 को दोहरा सकते हैं। बहुत-कुछ राजनीतिज्ञों के हाथ में है।"

पुस्तक में एक निबन्ध 'बाबा साहेब पर रामविलास शर्मा की दृष्टि' शीर्षक से है जिसमें डॉ. अम्बेडकर की स्थापनाओं को लेकर विशिष्ट आलोचक डॉ. शर्मा की अपनी सहमतियाँ-असहमतियाँ हैं। बाबा साहेब के 'आर्य-द्रविड़-विमर्श', 'आर्य-शूद्र-विमर्श' और प्राचीन भारतीय अर्थव्यवस्था के परिप्रेक्ष्य में उन्होंने कुछ महत्त्वपूर्ण निष्कर्ष दिये हैं। डॉ. शर्मा के अनुसार 'आर्य-द्रविड़-विमर्श' में साम्राज्यविरोधी वैचारिकी के सामाजिक, भौगोलिक एवं भाषिक औचित्य का रेखांकन है। 'आर्य-शूद्र-विमर्श' में 'द्विज-शूद्र-विमर्श' को नस्ली एवं बाह्य आक्रान्ता तथा देशी

आक्रान्ता के साम्राज्यवादी सन्दर्भ से अलग किया गया है और आर्य-शूद्र विभाजन से जोड़कर एक स्वाभाविक सार्वभौम प्रक्रिया के रूप में देखा गया है। प्राचीन भारतीय अर्थव्यवस्था के विविध रूपों का चिन्तन करते हुए अन्ततः अंग्रेजी सत्ता के आर्थिक शोषण को सामने लाकर डॉ. अम्बेडकर ने साम्राज्यवाद विरोध की वैचारिक भूमिका निभायी है जो वर्तमान नव-साम्राज्यवादी दौर में भी प्रासंगिक है। अपनी एक पुस्तक *गाँधी, अम्बेडकर, लोहिया और भारतीय इतिहास की समस्याएँ* में डॉ. शर्मा बाबा साहेब के अवदान के प्रति कहते हैं—"शूद्रों के उद्धार के लिए उन्होंने जीवन-भर काम किया पर उनका लेखन केवल शूद्रों के लिए महत्त्वपूर्ण नहीं है। उन्होंने दर्शन, इतिहास, राजनीति, आर्थिक विकास आदि अनेक समस्याओं पर विचार किया जिनका सम्बन्ध सारे देश की जनता से है।"

राष्ट्र-निर्माण के सन्दर्भ में महात्मा गाँधी और बाबा साहेब में किसी की भूमिका को कम या अधिक कहना 'कोउ बड़-छोट कहत अपराधू' जैसी स्थिति होगी। महापुरुषों का तुलनात्मक अध्ययन ही एक दुरूह कार्य है। प्रत्येक की अपनी विशेषताएँ विलक्षणताएँ होती हैं। राष्ट्रीय सन्दर्भ में दोनों के अवदान हैं। यद्यपि मानव सुलभ कतिपय कमजोरियों से कोई भी मुक्त नहीं है, अतः इस बिन्दु पर किसी तरह की टिप्पणी से बचना ही बेहतर है, लेकिन डॉ. सिंह इस बिन्दु पर भी साहस का परिचय देते हुए दोनों की महानताओं का उल्लेख करने के साथ ही उनकी असफलताओं पर भी केन्द्रित होते हैं। दोनों के वृहत्तर उद्‌देश्य को देखते हुए अन्ततः उनकी समझ है—"सच यह है कि अपनी-अपनी जगह गाँधी और अम्बेडकर दोनों सही थे—एक का सन्दर्भ एक अमूर्त भावनात्मक मानवतावादी राष्ट्रवाद था जिसमें सबको समेटने की कोशिश थी, दूसरे का अधिक मूर्त, ठोस एक किस्म का सबआल्टर्न, राष्ट्रवाद था जो दलितों के सामाजिक-राजनीतिक हक को केन्द्र में रखकर मुखर हो रहा था।" पुनश्च एक सम्भावना भी देखते हैं—"दोनों परस्पर पूरक हो सकते थे, लेकिन वैयक्तिक एवं परिस्थितिगत कारणोंवश ये टकरा ही गये और यह तात्कालीन भारतीय परिस्थितियों में दो सर्वोत्तम की टकराहट थी।"

डॉ. अम्बेडकर और उनके बाद की दलित राजनीति को भी केन्द्र में रखकर डॉ. सिंह ने दूर तक जाँच-पड़ताल की है। बाबा साहेब की सोच दलित राजनीति को व्यापक बनाने की थी। दलित सन्दर्भ उनका राष्ट्रीय सन्दर्भ था, अतः आजादी की घोषणा होते ही 'शैड्यूल्ड कास्ट फेडरेशन' को भंग कर 'रिपब्लिकन पार्टी ऑफ इण्डिया' का गठन किया। दलितों को मुख्य धारा से जोड़ने के लिए वह लम्बे समय तक आरक्षण के हिमायती भी नहीं थे। अस्सी के

दशक में दलित-चेतना जागृत होने के बाद, दलित राजनीति के नायक कांशीराम भी आशान्वित थे कि मात्र दलित वोट से सत्ता तक पहुँच जायेंगे, किन्तु यह उनका भ्रम था। सत्ता-प्राप्ति के लिए अन्ततः समाजवादी पार्टी से गठबन्धन करना ही पड़ा। मायावती भी बहुजन से सर्वजन की ओर अग्रसर हुई हैं। विगत वर्षों में दलित-ब्राह्मण मतदाताओं के बूते उनकी बहुमत की सरकार बनी। वर्तमान में गतिरोध आया है इसे दूर करने के लिए स्वयं मैं दलित जैसी अवस्थिति से ऊपर उठकर दलित के लिए संगठित होते हुए अन्य वर्गों को साथ जोड़ना होगा। इस दिशा में यदि शिथिलता की गयी तो आनेवाले दिनों में दलित राजनीति का पहिया निश्चित रूप से जाम हो जायेगा।

डॉ. पी. एन. सिंह की लगभग अट्ठारह पुस्तकें प्रकाशित हो चुकी हैं। वे मूलतः समीक्षक हैं किन्तु इस कृति में 'एकैडेमिक' पक्ष सबल हुआ है। सभी निबन्ध अपने में पूर्ण हैं। प्रत्येक का अपना एक वैशिष्ट्य है। सम्भवतः यह श्री सिंह के लेखन-संसार की एक उत्कृष्ट रचना साबित हो क्योंकि भावी पीढ़ियों को डॉ. अम्बेडकर के सम्बन्ध में जानने-समझने के लिए भरपूर तथ्यों से युक्त एक मानक सन्दर्भ के रूप में है। पुनः उसी प्रथम वाक्य पर वापस हो रहा हूँ। "किसी से हम नफरत इसलिए करते हैं कि दूर तक उसे ठीक से नहीं जानते।" अपनी स्थिति भी उसी ठीक से न जाननेवालों में है। जनपद का सुयोग है, डॉ. पी. एन. सिंह के सान्निध्य और उनके गम्भीर लेखन से अवगत होकर बहुत-सारे बिन्दुओं पर विभ्रम छँटने की गुंजाइश बनती है। सच सामने आता है। पात्रता न रहते हुए भी भूमिका लिखने के लिए आदेशित था; अतः जितना भी समझ पाया हूँ, उसी को लिपिबद्ध करने का प्रयास है।

दिनांक : 12-05-2017
बंशी बाजार, लंका

**कन्हई राम प्रजापति**

# डॉ. अम्बेडकर को पहचानने की जरूरत है

एक प्रचलित कहावत है, हम किसी से नफरत इसलिए करते हैं कि बहुत दूर तक उसे ठीक से नहीं जानते। डॉ. अम्बेडकर के प्रति प्रचलित दृष्टिकोण इस कथन की सच्चाई को व्यक्त करते हैं। उनकी पूरी राजनीतिक जिन्दगी विवादों के घेरे में बीती। जमाने द्वारा निर्धारित राष्ट्रीयता और देशभक्ति के प्रतिमान उन्हें अपर्याप्त लगते रहे। इसी प्रकार उनके बारे में पारम्परिक विद्वानों की समझ भी बौनी लगती है। रूढ़िग्रस्त सवर्ण संस्कारों के आईने में उन्हें देखना उनके प्रति अन्याय करने जैसा है। नव-बौद्धों के बीच भी वे विवादित ही रहे। अपने जीवन-काल में ही उन्हें खूब काले झण्डे देखने को मिले और साथ ही भारतीय दलितों के मसीहा के रूप में उन्हें अद्भुत सम्मान भी मिला। गाँधी ने उन्हें 'सच्चा देश-भक्त' और 'अविस्मरणीय व्यक्तित्व' घोषित किया, लेकिन गोलमेज सभा में यह भी कहा कि—"डॉ. अम्बेडकर के प्रारम्भिक जीवन के कटु अनुभवों ने उनकी दृष्टि को विकृत कर दिया है।" नेहरू ने उन्हें 'सामाजिक विद्रोह का प्रतीक' माना है। लेकिन सुभाषचन्द्र बोस ने कहा—"अंग्रेजों ने अपनी रणनीति के अनुरूप, राष्ट्रीय नेताओं को परेशान करने के लिए, डॉ. अम्बेडकर के ऊपर नेतृत्व थोपा है।" इस प्रकार 'विश्वासघाती', 'अवसरपरस्त', 'देशद्रोही', 'अंग्रेजों का पिट्ठू' कहकर उनकी निन्दा भी की गयी, और साथ ही विद्वान्, सिद्धान्तनिष्ठ देशभक्त, समाज-सुधारक, नये भारत का मनु, संविधानवेत्ता तथा हिन्दू दलितों की आशाओं-आकांक्षाओं के प्रतीक के रूप में उन्हें विलक्षण सम्मान भी मिला। अपने जीवन-काल में ही वे महाराष्ट्र में अपने असंख्य समर्थकों एवं अनुयायियों के लिए मिथक बन गये थे। खूब धूम-धाम से उनकी वर्षगाँठ मनायी जाती थी, यद्यपि वे अन्ध नायक-पूजा की हिन्दू परम्परा को नापसन्द करते थे। उनकी मान्यता थी कि इसी प्रवृत्ति ने हिन्दू-जनमानस को उसकी सामाजिक नियति के प्रति अनासक्त एवं अन्ततः नपुंसक बनाया और भारत मानसिक-सामाजिक गतिहीनता और राजनीतिक पराभव का शिकार हुआ। डॉ. अम्बेडकर को यह तकलीफ थी कि उन्हें ठीक से नहीं समझा गया। महाकवि

भवभूति को याद करते हुए वे कहा करते कि समय आयेगा जब लोग उन्हें ठीक से समझेंगे। व्यथित होकर उन्होंने यह भी कहा कि समय आने पर सवर्ण हिन्दू भी यह समझेंगे कि मैंने उनके हित में कितना कुछ किया है। सम्भवतः अब वह समय आ गया है कि डॉ. अम्बेडकर का वस्तुगत मूल्यांकन किया जाये। यह भारतीय समाज के हित में होगा और उसकी बौद्धिक परिपक्वता का परिचायक भी।

डॉ. अम्बेडकर एक सहज, निर्भीक, प्रखर एवं विचारप्रधान व्यक्तित्व थे। उन्होंने अपने मन्तव्यों को कभी किसी से नहीं छिपाया। साहस के साथ उन्होंने अपने परिप्रेक्ष्यों को सामने रखा और उनके लिए आजीवन संघर्ष किया। किसी के बड़प्पन से वे कभी आतंकित नहीं हुए। गाँधी का व्यक्तित्व भी उन्हें विचलित न कर सका। दोनों के बीच संघर्षपूर्ण संवाद चलता रहा। डॉ. अम्बेडकर की सिद्धान्तनिष्ठ साफगोई के अनेक उदाहरण हैं। दूसरी गोलमेज सभा (1931) में रियासतों के प्रतिनिधियों ने अपने परम्परागत अधिकारों की संवैधानिक सुरक्षा की बात उठायी। केवल डॉ. अम्बेडकर ने इसका विरोध किया। इसी प्रकार उस सभा में जब अल्पसंख्यकों एवं दलितों के मुद्दों पर कोई आम सहमति नहीं बन पायी तो प्रधानमन्त्री रैम्जे मैक्डोनाल्ड ने यह प्रस्ताव रखा कि सभी पक्ष यह लिखकर दें कि इन मुद्दों पर सरकारी फैसला उन्हें मान्य होगा। सबने लिखकर दे दिया—यहाँ तक कि गाँधी ने भी, लेकिन अम्बेडकर ने साफ इन्कार कर दिया। डॉ. अम्बेडकर की दृष्टि में उनके मुद्दे इतने सही थे कि उनके साथ कोई भी समझौता सम्भव नहीं था।

उसी कान्फ्रेन्स में जाने के पूर्व गाँधी के प्रस्ताव पर वे उनसे मिलने गये थे। महात्मा गाँधी के पूछने पर कि उन्हें क्या तकलीफ है, डॉ. अम्बेडकर ने कहा कि उनका कोई अपना देश नहीं है। गाँधी ने सम्पूर्ण भारत भूमि की तरफ इशारा किया। डॉ. अम्बेडकर ने तत्काल उत्तर दिया कि भारत को वे अपना देश कैसे मानें जहाँ उनके वर्ग के लोगों को कदम-कदम पर अपमानित किया जाता है, उन्हें मन्दिरों में प्रवेश तक की अनुमति नहीं है, कुआँ और तालाबों तक का पानी जानवर भले ही छू लें, वे नहीं छू सकते और जहाँ उन्हें छूने से भी लोग अशुद्ध हो जाते हैं। गाँधी के यह कहने पर कि वे स्वयं दलितों के उद्धार के लिए प्रयास करेंगे, डॉ. अम्बेडकर ने कहा कि भारत में प्रत्येक बुजुर्ग ऐसी बात कहने का स्वयं को अधिकारी मान लेता है और आगे कहा कि दलितों का उद्धार सन्तों के बूते की बात नहीं है—"सन्त नैतिकता और न्याय की धूल तो उड़ा सकता है, लेकिन दलितों की सामाजिक स्थिति में कोई परिवर्तन नहीं ला सकता।" भारत में सन्त आते और जाते रहे हैं, लेकिन दलितों की सामाजिक-आर्थिक स्थिति में कोई सुधार नहीं हो सका। इसलिए अम्बेडकर दलितों की नियति को सन्तों की शुभेच्छा

और सवर्णों के आश्वासन पर छोड़ने को तैयार नहीं थे। उन्होंने अलग निर्वाचन क्षेत्र एवं सुरक्षित सीटों के रूप में राजनीतिक अधिकारों की आवश्यकता को रेखांकित किया। गाँधी ने इस माँग का प्राण-पण से विरोध करने की बात कही। अम्बेडकर के लिए आगे बातचीत की गुंजाइश नहीं थी। वे तुरन्त उठे और वहाँ से चल दिये। फिर तो दूसरी गोलमेज कान्फ्रेन्स गाँधी और अम्बेडकर के राजनीतिक, वैचारिक और कूटनीतिक दंगल का अखाड़ा बन गयी। अम्बेडकर को दरकिनार करने के लिए गाँध ी ने मुस्लिम लीग से उसकी माँगों के समर्थन का आश्वासन भी दिया, बशर्ते मुस्लिम लीग अम्बेडकर को समर्थन न दे। निराश होकर गाँधी जी को अम्बेडकर से भी बात करनी पड़ी, लेकिन कोई निष्कर्ष न निकला। अन्ततः गाँधी खाली हाथ लौटे और ब्रिटिश सरकार ने साम्प्रदायिक एवं सुरक्षित निर्वाचन क्षेत्रों की नीति की घोषणा कर दी।

साम्प्रदायिक पुरस्कार (Communal Award) की घोषणा के साथ ही गाँधी ने इसका विरोध किया और यरवदा जेल में इसे निरस्त करने के लिए वे आमरण अनशन पर चले गये। उनका यह अनशन हिन्दू-दलितों को दिये गये पृथक् निर्वाचन क्षेत्र के विरुद्ध था। गाँधी किसी भी कीमत पर दलितों को हिन्दू समाज-व्यवस्था की सीमा-रेखा के भीतर ही रखना चाहते थे। उन्हें आशंका थी कि दलितों के लिए पृथक् निर्वाचन क्षेत्र की नीति उन्हें मुसलमान अल्पसंख्यकों की ही तरह पृथक् राष्ट्रीयता की तरफ ले जायेगी। इससे भारतीय राजनीति में हस्तक्षेप के लिए अंग्रेज शासकों को अतिरिक्त सामाजिक आधार मिलता।

खैर, गाँधी के आमरण अनशन पर बैठते ही देश की निगाहें अम्बेडकर पर टिक गयीं। निवेदन, आग्रह तथा दबाव इत्यादि का सिलसिला आरम्भ हुआ। देश के प्रायः प्रत्येक महत्त्वपूर्ण व्यक्ति ने अम्बेडकर से पीछे हटने का आग्रह किया। महामना मदन मोहन मालवीय ने बम्बई में हिन्दू महासभा का अधिवेशन बुलाया। डॉ. अम्बेडकर भी आमन्त्रित हुए। अभी तक डॉ. अम्बेडकर हिन्दू धर्म से अलग नहीं हुए थे। सर्वप्रथम उन्हें ही बोलने के लिए कहा गया। सब-कुछ उन्हीं पर निर्भर था। डॉ. अम्बेडकर ने कहा कि एक तरफ तो उनके सामने गाँधी जैसे महान् व्यक्ति की जिन्दगी है और दूसरी तरफ करोड़ों-करोड़ों हिन्दू दलितों के सामाजिक, राजनीतिक भविष्य का प्रश्न है। गाँधी के लिए वे करोड़ों-करोड़ों हतभाग्यों के हितों के साथ विश्वासघात नहीं कर सकते थे। उन्होंने हिन्दू नेताओं का ध्यान हिन्दू समाज की संकीर्णताओं की तरफ खींचा। देशहित में ही दलितों के प्रति अपनाये गये परम्परागत सामाजिक दृष्टिकोण में आमूल बदलाव की आवश्यकता को रेखांकित किया। इसके लिए कोरी शुभेच्छा, उपदेश और आश्वासन अपर्याप्त थे। दलितों को राजनीतिक अधि

ाकार मिले बगैर उन्हें सामाजिक प्रतिष्ठा नहीं मिल सकती। अतः अगर हिन्दू नेता गाँधीकी जिन्दगी के बारे में सचमुच गम्भीर हैं तो कोई ऐसा फार्मूला निकालें जिससे दोनों की समस्याओं का समाधान निकल सके। घण्टों-घण्टों के विचार-विमर्श के बाद फार्मूला निकला। सम्मिलित निर्वाचन क्षेत्र में ही हिन्दुओं के कोटे से दस प्रतिशत सीटें दलितों के लिए सुरक्षित कर दी गयीं। गाँधी और अम्बेडकर मिले और पूना पैक्ट सम्पन्न हुआ। इस पर प्रतिक्रिया व्यक्त करते हुए अम्बेडकर ने कहा कि अगर महात्मा जी ने गोलमेज सभा में मुझे दरकिनार करने की राजनीति के बजाय इन्हीं मुद्दों पर खुले मन से विचार किया होता तो न उन्हें वहाँ परेशानियाँ उठानी पड़ी होतीं और न इस आमरण अनशन के लिए मजबूर होना पड़ा होता। उन्होंने यह भी कहा था कि महात्मा से इस बार मिलने के बाद उन्हें अहसास हुआ था कि दलितों के प्रश्न पर उनकी और गाँधी की सोच में आधारभूत साम्य था। अम्बेडकर जैसा व्यक्ति ही गाँधी के आमरण अनशन से उत्पन्न स्थिति के आतंक को झेल सकता था।

## देशभक्त के रूप में अम्बेडकर

जैसा कि आरम्भ में ही कहा जा चुका है, अम्बेडकर की देशभक्ति को लेकर तरह-तरह का विवाद खड़ा किया गया है। यह विवाद इसलिए भी है कि हम गाँधी-विरोध और कांग्रेस-विरोध को राष्ट्र-विरोध मान लेते रहे हैं। स्वतन्त्रता-संग्राम के दौरान भी देश में अनेक सामाजिक-राजनीतिक ताकतें थीं जो कांग्रेस-विरोधी होते हुए भी राष्ट्रभक्त थीं। हाँ, उस जमाने में कांग्रेस ही देश का सबसे बड़ा साम्राज्य-विरोधी राजनीतिक दल था और इस संगठन के निर्विवाद नेता होने के चलते गाँधी जी देश के सबसे बड़े नेता थे। इस बिन्दु पर कोई मतभेद नहीं था। लेकिन स्वतन्त्रता-संग्राम के लक्ष्यों को लेकर हमेशा मतभेद रहा। कांग्रेस का उद्देश्य था, सर्वप्रथम देश की आजादी। इसके लिए दल निहित स्वार्थों से समझौता करता रहता था। अनेक मुद्दों पर अंग्रेजों के प्रति भी समझौतावादी रुख ही रहा। इसके संगठन के सामाजिक चरित्र में भी यह समझौता निहित था। नेहरू, अम्बेडकर और स्वामी सहजानन्द ने इधर बार-बार ध्यान खींचा था। कम्युनिस्टों ने और आरम्भ में कांग्रेस समाजवादियों ने भी कांग्रेस के बूर्जुआ वर्ग-चरित्र की ओर ध्यान खींचा था। स्वभावतया कांग्रेस सामाजिक-आर्थिक अन्तर्विरोधों को वांछित गम्भीरता से नहीं लेती थी। लेकिन गाँधी जी के चमत्कारों एवं गतिशील नेतृत्व तथा उनके विलक्षण व्यक्तित्व ने कांग्रेस की इन दुर्बलताओं को ढक दिया और उसे संगठित एवं ताकतवर बनाये रखा। सामाजिक और आर्थिक मुद्दों पर यह (कांग्रेस) समझौतावादी हस्तक्षेप किया करती थी। उसकी समझ थी कि स्वतन्त्रता-प्राप्ति के पश्चात् समझा-बुझाकर अथवा

आवश्यकतानुसार कानूनी ताकत का प्रयोग कर, आन्तरिक सामाजिक-आर्थिक अन्तर्विरोधों को दूर किया जा सकेगा। डॉ. अम्बेडकर हिन्दू दलित और सवर्ण के अन्तर्विरोधों को ही मूल मानते थे और इसके समाधान के लिए संवैधानिक वचनबद्धता चाहते थे। इसी प्रकार समाजवादी ताकतें आर्थिक प्रश्नों के सन्दर्भ में स्पष्ट एवं ठोस नीति की अपेक्षा रखती थीं। लेकिन अपनी सोच एवं वर्गीय चरित्र के चलते कांग्रेस इन सवालों को भविष्य के ताख पर रख देती थी। अतः सैद्धान्तिक एवं राजनीतिक खींच-तान चलती रहती थी। इसी खींच-तान में अम्बेडकर का कांग्रेस-विरोध और गाँधी-विरोध मुखर होता गया। इसी विरोध के चलते अम्बेडकर ने मुस्लिम लीग से इस प्रकार का राजनीतिक समझौता-सा कर लिया और अंग्रेजी साम्राज्य की रचनात्मक भूमिका के प्रति भी आश्वस्त-से होते गये। कांग्रेस-विरोध और गाँधी-विरोध तो एक ही सिक्के के दो पहलू थे। उनके कांग्रेस-विरोध की उग्रता इस सीमा तक चली गयी कि उन्होंने साइमन कमीशन का स्वागत किया; प्रथम गोलमेज सभा (1930) में भाग लिया; (1939) में कांग्रेस मन्त्रिमण्डलों के इस्तीफे के बाद मुस्लिम लीग के साथ विजय-दिवस मनाया और (1942) में, जब देश 'अंग्रेजों भारत छोड़ो' और 'करो या मरो' को लेकर आन्दोलित होने के कगार पर था, डॉ. अम्बेडकर वाइसराय काउन्सिल के सदस्य बने और जगह-जगह उनका स्वागत हो रहा था। कांग्रेस ने साइमन कमीशन और प्रथम गोलमेज सभा दोनों का बहिष्कार किया था। फिर भी, यह ध्यातव्य है कि डॉ. अम्बेडकर ने कभी भी स्वतन्त्रता-संग्राम के औचित्य पर प्रश्न नहीं उठाया। इस सन्दर्भ में प्रथम गोलमेज सभा अत्यन्त महत्वपूर्ण है।

डॉ. अम्बेडकर ने इस सभा में भारतीय स्वतन्त्रता का पुरजोर समर्थन किया था। लन्दन के लिए रवाना होने के पूर्व दलित संगठनों द्वारा आयोजित एक समारोह (2 अक्टूबर, 1930) में बोलते हुए उन्होंने घोषित किया, "जहाँ तक मेरा सम्बन्ध है, मैं अपने वर्गों के लिए जो कुछ भी उचित है, माँगूँगा और मैं निश्चय ही स्वराज की माँग को समर्थन दूँगा।" गोलमेज सभा में बोलते हुए उन्होंने कहा कि—"वे भारत की ऐसी दलित आबादी के प्रतिनिधि हैं जिसकी संख्या इंग्लैण्ड और फ्रान्स से बड़ी है और भारत में जिसकी स्थिति अर्द्धदास या गुलाम से भी बुरी है। उसकी स्थिति में अंग्रेजी शासन ने काई परिवर्तन नहीं किया है। अंग्रेजी सरकार एक ऐसी सरकार है जिसने यह कभी नहीं समझा कि भारत में पूँजीपति श्रमिकों को बर्बाद कर रहे हैं, सामन्त आम जनता का खून चूस रहे हैं और भारतीय दलित तरह-तरह की सामाजिक बुराइयों के शिकार हैं।" उन्होंने सर तेज बहादुर सप्रू द्वारा उठाये गये 'डॉमिनिअन स्टेट्स' का समर्थन किया लेकिन साथ ही

दलितों के हितों की रक्षा के लिए भावी संविधान में विशेष प्रावधानों की आवश्यकता को भी रेखांकित किया। उन्हें शिकायत थी कि पढ़े-लिखे हिन्दू राजनीतिक बुद्धिजीवी भी जातीय संकीर्णता और छूआछूत से ऊपर नहीं उठ पाते। फिर भी उन्होंने जोर देकर कहा, "हम अनुभव करते हैं कि हमारी शिकायतों को अन्य कोई हमसे बेहतर दूर नहीं कर सकता, और हम उन्हें तब तक दूर नहीं कर सकते जब तक राजनीतिक सत्ता हमारे हाथ में नहीं आ जाती।" कुल मिलाकर अंग्रेजी सत्ता के प्रति अम्बेडकर की यही दृष्टि कायम रही।

1938 में स्वामी सहजानन्द, जो उन दिनों अखिल भारतीय किसान सभा के अध्यक्ष थे, डॉ. अम्बेडकर से बम्बई में मिले थे। उन्हें वह कांग्रेस में लाना चाहते थे ताकि इस पर लदे 'प्रतिक्रियावादी नेतृत्व' को अपदस्थ किया जा सके। स्वामी जी गाँधी, पटेल, राजा जी इत्यादि के विरुद्ध हो चुके थे। अम्बेडकर ने स्वामी जी की बातों को गम्भीरता से लिया। उन्होंने कहा कि वे अपनी इण्डिपेण्डेण्ट लेबर पार्टी को भंग कर कांग्रेस में मिलने के लिए लिखित रूप से देने को तैयार हैं, बशर्तेः (1) कांग्रेस मन्त्रिमण्डल से अलग हो जाये; (2) वह संघीय व्यवस्था के विरुद्ध लड़े; और (3) वह व्यवहार में साम्राज्य-विरोधी बन जाये। अम्बेडकर को यह शिकायत थी कि संघीय व्यवस्था को स्वीकार कर कांग्रेस ने देश की अखण्डता पर प्रश्नचिह्न लगा दिया है। उनकी दूसरी शिकायत यह थी कि अपने छोटे-से शासनकाल में कांग्रेस ने केवल देशी-विदेशी पूँजीपतियों और जमींदारों की सेवा की है। अर्थात् इसने श्रमिकों और किसानों की कीमत पर केवल निहित स्वार्थों को संरक्षण दिया है। इसके बावजूद, वे यह स्वीकारते थे कि कांग्रेस एक राष्ट्रव्यापी संगठन है और इसके पास साम्राज्य-विरोध की स्वस्थ परम्परा है। लेकिन शासन पाते ही यह वर्गीय स्वार्थों की सेवा में लग गयी। स्वामी जी से उनकी बातचीत के माध्यम से उनकी सोच की दिशा का अन्दाज लगाया जा सकता है। डॉ. अम्बेडकर राजनीतिक आजादी की लड़ाई के साथ-साथ सामाजिक-आर्थिक लड़ाई को भी तेज करना चाहते थे जिससे कांग्रेस नेतृत्व कतराता था।

## एकता एवं अखण्डता के प्रहरी

भारत के बँटवारे के सन्दर्भ में भी डॉ. अम्बेडकर की स्पष्ट सोच थी जिसे उन्होंने अपनी पुस्तक 'थाट्स ऑन पाकिस्तान' में सविस्तार लिपिबद्ध किया है। गाँधी जी के इस मत के वे विरुद्ध थे कि देश को अविभाजित रहने के लिए मुस्लिम लीग को सरकार बनाने का सम्पूर्ण अधिकार दे दिया जाये। मुस्लिम लीग की शर्तों को डॉ. अम्बेडकर देश के लिए घातक मानते थे। मुस्लिम लीग हिन्दूबहुल प्रान्तों में मुसलमान अल्पसंख्यकों की सुरक्षा का कानूनी प्रावधान चाहती थी, लेकिन वह मुसलमानबहुल प्रान्तों में अल्पसंख्यक हिन्दुओं को वही सुरक्षा देने से इन्कार करती थी।

दूसरा यह कि मुस्लिम लीग अलग से एक मुस्लिम सेना का निर्माण चाहती थी और वह भी इस शर्त के साथ कि अगर हिन्दुस्तान की लड़ाई किसी मुसलमान देश से होती है तो यह सेना तटस्थ होगी। डॉ. अम्बेडकर की राय में इन शर्तों को मान लेने का अर्थ होता—(1) मुसलमानबहुल क्षेत्रों में हिन्दुओं एवं अन्य गैर-मुसलमान अल्पसंख्यकों का असुरक्षित होना, और (2) एक ऐसी स्वतन्त्र सेना के निर्माण को स्वीकृति देना जो किसी संवदेनशील मौके पर राष्ट्रघाती भूमिका निभाती। इसलिए डॉ. अम्बेडकर ने कहा—"ऐसा अविभाजित हिन्दुस्तान विभाजित हिन्दुस्तान से भी कमजोर होगा।" उनकी दृष्टि में विभाजन ही देश के हित में था। उक्त तथ्यों की रोशनी में डॉ. अम्बेडकर को काट पाना आसान नहीं।

इसी प्रकार विभाजन के बाद काश्मीर में अल्पमत हिन्दुओं और बौद्धों को लेकर वे चिन्तित थे। वह चाहते थे कि काश्मीर के हिन्दू और बौद्धबहुल क्षेत्र भारत में रहे और मुस्लिमबहुल काश्मीर घाटी को पाकिस्तान को दे दिया जाये। वे मुसलमानबहुल प्रान्तों में भी अल्पसंख्यक की सुरक्षा के लिए कोई स्पष्ट संवैधानिक प्रावधान चाहते थे। इसी प्रकार वे कहा करते कि काश्मीर का जो हिस्सा पाकिस्तान में है उसे पाकिस्तान को दे देना चाहिए। लेकिन इस प्रश्न पर दोनों में आम राय आवश्यक थी। इससे भविष्य में आपसी सम्बन्धों में सुधार का आधार तैयार होता। वे पाकिस्तान में बचे दलित अल्पसंख्यकों के हिन्दुस्तान में आ जाने के हिमायती थे। उनकी राय में संकीर्ण एवं साम्प्रदायिक पाकिस्तानी नेतृत्व उन्हें सुरक्षा नहीं दे सकेगा।

देश के भीतरी मसलों पर भी उनकी सोच में यही प्रखरता और स्पष्टता थी। राजगोपालाचारी ने एक भारतीय महासंघ की रूपरेखा तैयार की थी। उनकी राय में भारत में दो संघ होने चाहिए—एक उत्तर भारत के राज्यों का और दूसरा दक्षिण भारत के राज्यों का। दोनों संघों की दो राजधानियाँ होनी चाहिए और दोनों को मिलाकर एक महासंघ बनना चाहिए जिसकी राजधानी नागपुर या हैदराबाद बना दी जाये। राजा जी को यह आशंका थी कि उत्तरी भारत का प्रचण्ड बहुमत दक्षिण भारत के किसी भी व्यक्ति को कभी भी प्रधानमन्त्री नहीं बनने देगा। इसके चलते दक्षिण भारत के साथ हमेशा अन्याय होगा। डॉ. अम्बेडकर को राजा जी के इस प्रस्ताव में भारत में पुनः बँटवारे की योजना का आभास हुआ, और उन्होंने खुलकर कहा था—"अब मैं श्री राजगोपालाचारी को भारत में उत्तर और दक्षिण में बाँटने की भविष्यवाणी करनेवाले मसीहा के रूप में देखता हूँ। श्री राजगोपालाचारी की इस भविष्यवाणी को झुठलाने के लिए हमें हर सम्भव प्रसास करना ही होगा।" भारतीय संविधान में प्राविधिक शासन की एकात्मक प्रणाली (Unitary System of Government) हेतु उनकी दलील बताती है कि डॉ. अम्बेडकर भी इस प्रकार के मसलों पर कितने संवेदनशील थे। सांस्कृतिक एवं भाषाई विविधता तथा क्षेत्रीय एवं सामाजिक असन्तुलन को ध्यान में रखते हुए उन्होंने भारतीय संसद् में शासन की एकात्मक प्रणाली को उचित ठहराया था।

## राज्यों का पुनर्गठन और राजभाषा

राज्यों का भाषावार पुनर्गठन और राजभाषा सम्बन्धी प्रश्न भी निश्चय ही स्वतन्त्र भारत के महत्त्वपूर्ण मुद्दे थे। इन मुद्दों पर भी डॉ. अम्बेडकर स्पष्ट राय रखते थे और उन्होंने बेहिचक अपनी बातों को सामने रखा। इस सन्दर्भ में उनकी पुस्तक 'भाषाई राज्यों पर विचार' छोटी किन्तु सारगर्भित पुस्तक है। उनकी राय थी कि राज्य छोटे होने चाहिए और उनके गठन का आधार भाषा होनी चाहिए। प्रशासन एवं विकास दोनों दृष्टियों से छोटे राज्य ही उचित होते हैं। अगर छोटे राज्य सम्बन्धी अवधारणा को स्वीकार कर लिया गया होता तो भाषा-विवाद सम्बन्धी पेचीदगी और मिश्रित भाषावाले क्षेत्रों में व्याप्त तनाव से सम्बन्धित आन्दोलन अत्यन्त सीमित हो सकते थे। बहुत सम्भव है, झारखण्ड प्रान्त, तेलंगाना, गोरखालैण्ड जैसे अनेक विवादों से देश को मुक्ति मिल गयी होती। लेकिन बड़ा राज्य और तदनुसार नेता की राजनीतिक औकात को नजरअन्दाज न किया जा सका।

इसी प्रकार डॉ. अम्बेडकर संस्कृत को राष्ट्रभाषा के रूप में चाहते थे क्योंकि इसी में देश का अतीत सुरक्षित है और इस भाषा को लेकर उत्तर और दक्षिण में कोई विवाद नहीं है। लेकिन उनका यह भी कहना था कि संस्कृत कामकाजी भाषा नहीं हो सकती। यह नये ज्ञान-विज्ञान की दृष्टि से बहुत पीछे छूट चुकी है। अतः उन्होंने हिन्दी को राजभाषा बनाये जाने का पुरजोर समर्थन किया। वे हिन्दीभाषी नहीं थे, फिर भी उनका मत था कि भारतीय भाषाओं में केवल हिन्दी ही राजभाषा बनने लायक है। लेकिन हिन्दी को वे एक गरीब और पिछड़ी भाषा मानते थे। अतः वे इस बात पर बल देते रहे कि हिन्दी के विकास के बारे में गम्भीरता से सोचा जाना चाहिए। जब तक हिन्दी विकसित न हो जाये, अंग्रेजी को राजभाषा के रूप में स्वीकारना उचित होगा। उनका यह भी मानना था कि अगर देश इस स्थिति को नहीं स्वीकारता तो कालान्तर में भाषागत राज्य राष्ट्रीय एकता के लिए खतरा बन जायेंगे। स्वतन्त्र भाषा के आधार पर 'स्वतन्त्र राष्ट्रीयता' एवं 'स्वतन्त्र राज्य' की विभाजक रेखा अत्यन्त ही पतली होती है। किसी अविभाजित राजभाषा के अभाव में देश विभाजित होकर मध्ययुग की तरफ लौट सकता है। लेकिन उस समय राष्ट्रीय अखण्डता एवं एकता की भावना मजबूत थी। ऐसी स्थिति में उन्होंने हिन्दी को राजभाषा के रूप में स्वीकार करने को राष्ट्रीय कर्त्तव्य के रूप में उछाला—"चूँकि

भारतीय चाहते हैं कि भारत एक हो और यहाँ एक समन्वित संस्कृति विकसित हो, अतः यह सारे भारतीयों का अपरिहार्य कर्त्तव्य है कि वे हिन्दी को ही अपनी भाषा के रूप में अपनावें।"

लेकिन उस समय भी राजभाषा का मुद्दा अत्यन्त ही जटिल हो चुका था। इस मुद्दे की संवेदनशीलता की ओर भी उन्होंने ध्यान खींचा। संविधान-सभा में इस पर तीखी बहसें होती रहीं। डॉ. अम्बेडकर ने लिखा, "यह हमें नहीं भूलना चाहिए कि भारतीय संविधान की धारा-115 जितनी विवादास्पद रही उतनी कोई भी धारा नहीं।" अन्ततः मामले को कांग्रेस पार्टी को सुपुर्द कर दिया गया। पार्टी में मतदान की नौबत आ गयी और हिन्दी के पक्ष में 78 और विपक्ष में 77 मत पड़े। इसी सन्दर्भ में डॉ. अम्बेडकर ने दक्षिण भारतीयों में उत्तर भारतीयों के प्रति व्याप्त आशंका, भय एवं नफरत की भी चर्चा की है। इसी सन्दर्भ में राजा जी का भारतीय महासंघ सम्बन्धी प्रस्ताव भी माने रखता था। डॉ. अम्बेडकर के अनुसार भाषा एकता का भी कारण बनती है और विभाजन का भी। भाषायी कट्टरता उतनी ही राष्ट्रघाती होती है, जितनी धार्मिक अथवा क्षेत्रीय कट्टरता। अतः इस मुद्दे पर उन्होंने अतिरिक्त सतर्कता, समझदारी और सहिष्णुता की वकालत भी की। आश्चर्य नहीं, भारतीय संविधान द्वारा राजभाषा के रूप में हिन्दी किसी पर थोपी नहीं गयी, बल्कि इसके प्रचार-प्रसार पर बल देते हुए इसे अहिन्दीभाषियों की सदिच्छा पर छोड़ दिया गया। लेकिन इस संवेदनशील मुद्दे पर डॉ. अम्बेडकर की स्थिति स्पष्ट थी। संविधान में किये गये समझौते के पीछे गुलामी से अभी-अभी मुक्त हमारे बहुभाषी राष्ट्र की अपनी विवशता थी।

## हिन्दू समाज व्यवस्था के आलोचक

समाज-सुधारक एवं हिन्दू समाज-व्यवस्था के आलोचक के रूप में डॉ. अम्बेडकर सर्वाधिक चर्चित एवं विवादित व्यक्ति रहे। वे एक हिन्दू शूद्र परिवार में पैदा हुए थे। बचपन से ही गरीबी और सामाजिक अपमान झेलने के लिए अभिशप्त थे। बचपन में इच्छा होते हुए भी संस्कृत नहीं पढ़ सके थे। संस्कृत के शिक्षक किसी शूद्र को देवभाषा पढ़ाने के लिए तैयार नहीं थे। पढ़-लिख लेने के पश्चात् बड़ौदा राज्य में वे एक उच्चस्थ कर्मचारी बने। वहाँ अपने ब्राह्मण चपरासी के अपमानजनक व्यवहार को उन्हें मुस्कराते-मुस्कराते झेलना पड़ता। बड़ौदा शहर में कोई भी सवर्ण मकान मालिक उन्हें किराये पर मकान देने को तैयार नहीं था। एक सिन्धी होटल से तो उन्हें अपमानित करके निकाला गया था। विदेशों से बड़ी-बड़ी डिग्रियाँ लेकर जब वे बम्बई के वेलिंगटन कॉलेज में अर्थशास्त्र के प्रोफेसर बने तो सवर्ण प्रोफेसर ने उन्हें स्टाफ रूम में बैठने एवं स्टाफ के घड़े और गिलास का उपयोग करने से मना

कर दिया। मजबूरन उन्होंने वकालत शुरू की। वहाँ पर भी स्थिति में कोई खास बदलाव नहीं आया। अपनी जाति के अन्य लोगों द्वारा झेले जा रहे अपमान से तो वे दुःखी थे ही। उन्हें यह बार-बार खटकता कि अगर वे सवर्ण रहे होते तो उनकी योग्यता एवं क्षमता का सही मूल्यांकन एवं उपयोग होता। यहीं से डॉ. अम्बेडकर हिन्दू दलितों एवं अस्पृश्यों की सामाजिक स्थिति में सुधार के लिए चलाये जा रहे आन्दोलनों से जुड़े। थोड़े ही दिनों में इन आन्दोलनों के वे बेताज बादशाह हो गये। देश की राजनीति में जो आदर गाँधी को मिला, दलित आन्दोलनों ने वही सम्मान डॉ. अम्बेडकर को दिया।

दलितों की सामाजिक-आर्थिक स्थिति में सुधार के लिए डॉ. अम्बेडकर द्वारा छेड़े गये जेहाद के तीन पक्ष थे– (1) दलितों का मन्दिरों में प्रवेश, तालाबों में स्नान, अन्य सार्वजनिक स्थानों में निर्विघ्न आने-जाने की छूट और उनकी शिक्षा; (2) दलितों के लिए राजनीतिक अधिकारों की व्यवस्था ताकि वे राजनीतिक सत्ता में दखलंदाजी करके सामाजिक-आर्थिक न्याय ले सकें; और (3) हिन्दू समाज-व्यवस्था एवं उसके दार्शनिक आधारों पर प्रहार ताकि हिन्दू अपनी सामाजिक-बौद्धिक अमानवीयता एवं गतिहीनता के प्रति संवदेनशील हो सके। दलितों का पहला प्रयास मन्दिर-प्रवेश, सार्थक होते हुए भी बहुत महत्त्वपूर्ण नहीं है। इस दिशा में उनके पूर्व भी बहुतों ने प्रयास किया था। उनमें महर्षि फुले, दयानन्द सरस्वती और अन्ततः महात्मा गाँधी महत्त्वपूर्ण हैं। लेकिन डॉ. अम्बेडकर के आन्दोलनों ने अछूत समस्या को उभारा। उन्होंने अछूतों को संगठित कर उनकी समस्याओं का राजनीतीकरण किया और इस प्रकार उन्हें देश की सामाजिक स्थिति के साथ जोड़ दिया। उन्होंने अछूतों को लड़ाकू बनाया और उन्हें आत्म-सम्मान की भावना देने की कोशिश की। साथ ही अम्बेडकर की इन सामाजिक गतिविधियों ने उन्हें एक राजनीतिक व्यक्तित्व के रूप में भी स्थापित किया। इन आन्दोलनों के अभाव में वे एक कोरे आक्रामक बुद्धिजीवी बनकर रह गये होते। उनके प्रयासों के दूसरे पक्ष पर चर्चा की जा चुकी है। इस सबका मूल मन्त्र यही था–दलितों की सामाजिक-आर्थिक स्थिति में सुधार के लिए उन्हें ठोस राजनीतिक अधिकार एवं सुरक्षा चाहिए न कि सन्तों का आशीर्वाद एवं सवर्णों के शाब्दिक आश्वासन।

हिन्दू समाज-व्यवस्था एवं संस्कृति के आलोचक के रूप में डॉ. अम्बेडकर ने दो महत्त्वपूर्ण कार्य किये। (1) शूद्रों एवं अन्त्यजों के मूल को उन्होंने टटोला और बताया कि सुदूर अतीत में उनकी सामाजिक स्थिति भिन्न थी। वे हिन्दू समाज-व्यवस्था के विधि-निषेधों का कालान्तर में शिकार बने और वर्तमान में अधम स्थिति को पहुँचे। उनकी राय में शूद्र ऋग्वेद के क्षत्रिय राजा सुदास की वंश-परम्परा का एक

सूर्यवंशी कबीला था। उसके पुरोहित वशिष्ठ ने युद्ध के दौरान उसके साथ धोखाधड़ी की और वह पराजित हुआ। अतः उसके पुत्र दिवोदास ने एक यज्ञ में वशिष्ठ के पुत्रों को अपमानित किया। कबीले द्वारा वशिष्ठों को अपमानित करने के कारण पुरोहितों ने उसका उपनयन संस्कार करने से इन्कार कर दिया जिससे यह कबीला ज्ञान एवं सम्पत्ति से वंचित होकर इस स्थिति को प्राप्त हुआ। इसी प्रकार, 'अन्त्यज' विजातीय लड़ाकू कबीले थे जो बौद्ध हो गये थे और गोमांस भक्षण के चलते अछूत घोषित हो गये। ज्ञान, सम्पत्ति और सत्ता से च्युत इन कबीलों का गुलाम बन जाना अत्यन्त स्वाभाविक था। उनकी दो पाण्डित्यपूर्ण पुस्तकों Untouchables और Who were the Shudras? में ये स्थापनाएँ सप्रमाण एवं सविस्तार दी गयी हैं। इन खोजपूर्ण स्थापनाओं में दलितों में आत्म-सम्मान की पुनर्प्रतिष्ठा तथा उनके राजनीतिक प्रयासों के प्रति क्रान्तिकारी सोच की सम्भावना निहित है। इनका प्रभाव महाराष्ट्र में चल रहे दलित आन्दोलनों पर देखा जा सकता है जिनके प्रेरणा-स्रोत अम्बेडकर के राजनीतिक, सामाजिक एवं बौद्धिक प्रयास हैं। 'हरिजनों' को प्राप्त संवैधानिक सुरक्षा के पीछे डॉ. अम्बेडकर की महत्त्वपूर्ण भूमिका सर्वविदित है।

डॉ. अम्बेडकर का तीसरा महत्त्वपूर्ण प्रयास था– हिन्दू समाज-व्यवस्था के वैचारिक आधारों की मीमांसा और उनकी निर्भीक आलोचना। डॉ. अम्बेडकर की राय में हिन्दू समाज-व्यवस्था में मौलिक परिवर्तन के लिए यह आवश्यक है कि हिन्दू शास्त्रों की तथाकथित अपौरुषेयता, चिरन्तनता और भ्रमातीतता को तोड़ा जाये। वास्तविक समाज-सुधार के लिए सामाजिक सोच एवं दृष्टिकोण में सुधार आवश्यक है। अनेक सामाजिक बुराइयों एवं अमानुषिक कृत्यों को लोग यान्त्रिक रूप से इसीलिए मानते हैं कि वे शास्त्र-सम्मत हैं। मेरी समझ है कि जब समाज की अगुआ ताकतें केवल अपने निहित स्वार्थों एवं सामाजिक नेतृत्व को कायम रखने में सचेष्ट हो जाती हैं तब समाज में कठोर नियमन, धर्मान्धता, अतीत व्यामोह तथा चमत्कारपूर्ण पौराणिक कथाओं का दौर शुरू होता है। बुद्धिजीवी यथास्थितिवादी बन जाता है। इस दौर में शासक वर्ग एक तरफ तो प्रत्येक असहमति को क्रूरता से दबाता है और दूसरी तरफ अपने हितों को ही मानव हित के रूप में उछालता है। वेदों की असीम प्रतिष्ठा, राम द्वारा शम्बूक-वध, हिन्दू स्मृतियों एवं अन्य धर्मशास्त्रों का कठोर नियमन इत्यादि को इसी सन्दर्भ में देखना सामाजिक दृष्टि से उपादेय होगा। परिणाम भी देखे जाने चाहिए न कि कोरे आदर्श वाक्य।

डॉ. अम्बेडकर को यह तकलीफ थी कि 20वीं सदी में भी हिन्दुस्तान एक मध्ययुगीन मानसिकता एवं समाज-व्यवस्थावाला देश है। उन्हें इस बात की भी तकलीफ थी कि इतनी पुरानी एवं समृद्ध सांस्कृतिक धरोहर के बावजूद देश विद्वान्

तो पैदा कर सका, बुद्धिधर्मी नहीं। इस देश ने केवल भारी-भरकम शास्त्रज्ञ पैदा किये जिनमें सामाजिक विवेक एवं निस्पृह तर्क-शक्ति का नितान्त अभाव रहा। भारतीय शास्त्रज्ञ केवल परम्परा में लिपटा रहनेवाला विद्वान् था। वह व्यवस्था का सिद्धान्तकार बना, दृष्टि-सम्पन्न विद्रोही नहीं। अम्बेडकर की दृष्टि में गौतम बुद्ध प्रथम एवं अन्तिम दृष्टि-सम्पन्न एवं विवेकवान् विद्रोही थे। आश्चर्य नहीं, अपनी एवं दलितों की समस्याओं के समाधान की दृष्टि से अम्बेडकर को गौतम बुद्ध ही प्रकाशस्तम्भ के रूप में दिखायी दिये। परिणामतः सन् 1935 में उन्होंने हिन्दू धर्म के परित्याग की घोषणा की और अपनी मृत्यु के थोड़े दिन पूर्व 14 अक्टूबर, 1956 को अपने लाखों अनुयायियों एवं समर्थकों के साथ बौद्धधर्म को अपनाया। उनका विश्वास था कि हिन्दू समाज-व्यवस्था में रहकर हिन्दू दलित सामाजिक सम्मान के हकदार नहीं हो पायेंगे। सामाजिक संवेदना के धरातल पर अभी भी कोई विशेष बदलाव नहीं आया दिखता। अभी हाल की नाथद्वारा मन्दिर की हिंसक घटनाएँ डॉ. अम्बेडकर के विश्वास को ही पुष्ट करती हैं।

डॉ. अम्बेडकर की दृष्टि में वर्णाश्रम धर्म पर आश्रित हिन्दू समाज-व्यवस्था श्रेणीबद्ध असमानता पर टिकी है। इस व्यवस्था की सोच में ही सामाजिक असमानता एवं अन्याय निहित है। इसमें ब्राह्मण जन्मना श्रेष्ठतम तथा शूद्र जन्मना निकृष्टम होता है। इसमें व्यक्ति की गुणवत्ता के लिए कोई स्थान नहीं है। इसके फौलादी ढाँचे में व्यक्तिगत प्रयास एवं पराक्रम बेमानी हैं। व्यक्ति केवल अपनी जाति का प्रतीक बनकर रह जाता है। एक बार मेरे एक मित्र डॉ. जितेन्द्र राय ने मजाक में ही पूछा था कि गाँधी का नाम अगर 'मोहन दास गुप्त' रहा होता तो क्या वे राष्ट्रपिता बन पाये होते? प्रश्न अत्यन्त ही सार्थक है। शायद हिन्दी क्षेत्र उन्हें नहीं ही स्वीकारता। प्रतिलोम विवाह-पद्धति को निषिद्ध करके समाज को गतिहीन बना दिया गया। वर्ण-व्यवस्था विकृत होकर जाति-व्यवस्था में बदल गयी। इसे ही दैवीय, सनातन और सर्वश्रेष्ठ सिद्ध करने के लिए ब्राह्मण शास्त्रज्ञों ने ऋग्वेद के पुरुष सूक्त में अनुकूल श्लोक ठूँस दिये। सीधी-सादी कविताओं को मन्त्र कहकर रहस्यीकृत किया गया। जब एक वर्ग-विशेष ज्ञान की ठेकेदारी ले लेता है तो अपने एकाधिकार को बनाये रखने के लिए यही करता है। प्राचीन काल में मिस्र के पुरोहितों ने और मध्यकाल में ईसाई पुरोहितों ने भी यही किया था। इस सामाजिक बौद्धिक गतिहीनता और व्यावहारिक मक्कार संकीर्णता के चलते उच्चस्थ वर्णों का वर्चस्व तो कायम रहा, लेकिन सामाजिक अधःपतन अनिवार्य हो गया। डॉ. अम्बेडकर की यह मान्यता है कि हिन्दू समाज-व्यवस्था में केवल असमानता ही नहीं निहित है, इसमें आन्तरिक बँटवारा भी निहित है। इसमें समाज का बँटना स्वाभाविक है, जुटना अस्वाभाविक।

आश्चर्य नहीं, हिन्दू समाज 'विभिन्न असमान जातियों का एक ढीला-ढाला गठजोड़ या महासंघ' बनकर रह गया। विभिन्न जातियों के बीच रक्त सम्बन्ध निषिद्ध कर दिया गया। प्रत्येक जाति का परम्परागत स्वतन्त्र पेशा भी तय कर दिया गया। फलतः प्रत्येक जाति का अपना एक स्वतन्त्र संसार बनता गया। सबने अपनी-अपनी जातीय अहम्मन्यता विकसित कर ली। छोटी-से-छोटी जाति भी अपने संकीर्ण दायरे में आत्ममुग्ध थी क्योंकि अपने से भी कोई छोटी जाति आविष्कृत कर सकती थी। इसने अगर एक तरफ सामाजिक स्पर्द्धा समाप्त की तो दूसरी तरफ इसे संकीर्ण, असहिष्णु एवं गतिहीन भी बनाया। धीरे-धीरे इसने हिन्दू धर्म के विस्तार की सम्भावना को ही नष्ट कर दिया। प्रत्येक जाति का अपना पेशा इतना ठोस और सुरक्षित था कि इसमें किसी दूसरी जाति अथवा धर्म का आदमी स्वीकार नहीं किया जा सकता। अब इस फौलादी सामाजिक घेरे से किसी को निकाला तो जा सकता था, लेकिन किसी को सम्मानजनक प्रवेश दे पाना सम्भव नहीं रहा। सामाजिक गतिहीनता ने सामाजिक विवेकहीनता को जन्म दिया। हिन्दू समाज-व्यवस्था का सोच-समझ से नाता टूट गया। इसके विधि-निषेधों का निर्वाह यन्त्रवत्, आदतन होता रहा। इसमें निहित असमानता, अन्याय भी स्वाभाविक लगने लगे। कर्म के सिद्धान्त ने इसको सैद्धान्तिक आधार दे दिया। इस पर किसी भी प्रकार का प्रश्नचिह्न अस्वाभाविक ही नहीं, दैवीय विधान में हस्तक्षेप था। स्मृतिकाल में इस सामाजिक विभाजन को वेदसम्मत बना दिया। अतः प्रश्न करना ही अधार्मिक कृत्य बन गया। इस प्रकार मनुवाद ने सम्पूर्ण हिन्दू समाज को 'अपंग और नपुंसक' बना दिया। हिन्दू धर्मान्धता के लिए यह वरदान है, लेकिन किसी भी समाज-सुधारक एवं चिन्तनशील व्यक्ति के लिए यह व्यवस्था अभिशाप बन गयी। इसीलिए अम्बेडकर ने जोर देकर कहा कि हिन्दू समाज-व्यवस्था में सार्थक सुधार के लिए उसके प्रतीकों एवं दार्शनिक आधारों को प्रभावी चुनौती देना आवश्यक है। राम और कृष्ण जैसे हिन्दू प्रतीकों पर डॉ. अम्बेडकर की टिप्पणियों को इसी सन्दर्भ में देखा जाना चाहिए। उनकी टिप्पणियाँ निश्चय ही एकांगी हैं, लेकिन प्रत्येक समाज-सुधारक की यह विवशता होती है।

डॉ. अम्बेडकर यह कहा करते थे कि सवर्ण हिन्दू भी कभी-न-कभी जरूर समझेगा कि मैंने उसकी कितनी रक्षा की है। संकीर्ण सवर्ण हिन्दुओं के प्रति उनमें आक्रोश भी था और दया भी। अतः उन्होंने निशाना हिन्दू समाज-व्यवस्था एवं उसके दार्शनिक आधारों को बनाया। वह पारम्परिक, गतिहीन समाजों में संस्कारों के दबाव और गहराई को बखूबी समझते थे। फिर भी वह पारम्परिक तबकों पर दबाव बनाये रखते थे। एक बार उन्होंने आक्रोश के क्षण में कहा था कि मेरा एक निर्णय इस देश को बर्बाद करने के लिए काफी होगा—"अगर निश्चय कर लूँ तो पाँच वर्ष में

इस देश को बर्बाद कर सकता हूँ।" उनका सम्बोधन गाँधी और अन्य हिन्दू समाज-सुधारकों को था, और संकेत धर्म परिवर्तन की ओर। आश्चर्य नहीं, 1935 में जब उन्होंने घोषणा की कि वह पैदा भले ही हिन्दू हुए हों, लेकिन वह हिन्दू के रूप में नहीं मरेंगे, इस पर मुस्लिम संगठन सक्रिय हुए थे। हैदराबाद के निजाम और सर आगा खान ने व्यक्तिगत रूप से बाबा साहेब को इस्लाम कुबूल करने के लिए तत्काल पाँच करोड़ और फिर बाद में पाँच करोड़ और देने का, इस बिना पर प्रलोभन दिया था कि वह दलितों के लिए कुछ कर सकें। लेकिन डॉ. अम्बेडकर ने बेझिझक इस प्रलोभन को नकार दिया था। उनकी राय में अगर हिन्दू 'निकृष्ट' है तो मुसलमान 'क्रूर' है, और उन्हें निकृष्टता और क्रूरता के बीच कोई चुनाव नहीं करना है। वह सिक्ख धर्म की ओर झुके थे, लेकिन यह भी उन्हें उचित नहीं जँचा। इस्लाम और ईसाइयत को भारतीय सन्दर्भ में वह अप्रासंगिक मानते थे। अन्ततः 14 अक्टूबर, 1956 को उन्होंने बुद्धपथ अर्थात् प्रज्ञा, करुणा और मैत्री का पथ चुना था। उन्होंने हिन्दू धर्म छोड़ा था, भारतीय संस्कृति नहीं। ईसाइयत का प्रेम और सेवाभाव भी उनका विकल्प नहीं था। इससे उनकी भारतीयता सम्बन्धी सोच-समझ का भी पता चलता है। दरअसल, वह हिन्दू दलितों की समस्या का समाधान चाहते थे। एक बार बाम्बे विधान-सभा में बोलते हुए उन्होंने कहा था कि अगर उन्हें देशहित और दलित-हित में चुनाव की विवशता होगी तो वे दलित-हित ही चुनेंगे, देशहित नहीं। अम्बेडकर के निन्दकों ने इसका खूब ढिंढोरा पीटा है। लेकिन उनका यह कथन केवल दलित समस्या के प्रति उनकी संवेदनशीलता की गहनता को उद्भासित करता है। साथ ही, यह ध्यान में रखना ही होगा कि अगर किसी वर्ग को देशहित के नाम पर अस्पृश्य बने रहने के लिए मजबूर किया जायेगा तो वह ऐसे देशहित की हमेशा भर्त्सना करेगा। अन्ततः डॉ. अम्बेडकर ने अपनी एवं हिन्दू दलितों की समस्याओं का समाधान बुद्ध के जीवन-दर्शन में देखा। उनकी दृष्टि में, वहाँ सामाजिक असमानता का निषेध है, और जीवन सामाजिक नैतिकताओं से परिचालित है, न कि केवल गैर-सामाजिक आध्यात्मिकता और सामाजिक निषेधों से।

उपर्युक्त विवेचन डॉ. अम्बेडकर की सहज निर्भीकता, बुद्धिधर्मिता, राष्ट्रीय एकता, सांस्कृतिक दृष्टि, सामाजिक समता, राष्ट्रीय अखण्डता एवं स्वतन्त्रता के प्रति उनकी संवदेनशीलता और उनकी समाज-दृष्टि को रेखांकित करने का प्रयास मात्र है। वे अन्धे देशभक्त नहीं थे; वह एक व्यावहारिक राजनेता एवं महत्त्वपूर्ण समाज चिन्तक थे। गाँधी जी की तरह वे मनोगत आदर्शवादिता के शिकार भी नहीं थे। वे विचारक थे और विचारों की सामाजिक भूमिका में उनका अटूट विश्वास था। उनकी सामाजिक आलोचनाओं में वाल्तेयर का दंश और बुद्ध की रचनाधर्मिता है।

आश्चर्य नहीं, जमाने की लोकप्रिय राजनीति और वर्चस्वशील हिन्दू समाज-व्यवस्था का आलोचक होते हुए भी स्वाधीन भारत में समाज-निर्माण की प्रक्रिया में उनकी भूमिका को सबने स्वीकारा है। उनके विचारों के प्रचार-प्रसार के साथ उनका व्यक्तित्व निखरता गया है। मेरा तो यह तक मानना है कि भावी भारत के निर्माण में मार्क्स और गाँधी के साथ-साथ अम्बेडकर की वैचारिक-सामाजिक भूमिका भी निर्णायक होगी। इनमें से किसी की भी उपेक्षा करके भारतीय समाज का स्वस्थ पुनर्गठन सम्भव नहीं है। अतः आवश्यक है कि डॉ. अम्बेडकर का ठीक से अवलोकन-आकलन किया जाये और उनकी प्रासंगिकता को स्वीकार किया जाये।

●

# बी. आर. अम्बेडकर : एक भारतीय वाल्तेयर

14 अप्रैल, 1993 को अन्ततः अम्बेडकर जन्मशती-समारोह वर्ष का समापन हो पाया। सरकारें बदलती गयीं और जन्मशती-समारोह की औपचारिक अवधि भी बढ़ती गयी। कोई भी राजनीतिक दल डॉ. अम्बेडकर के नाम के इर्द-गिर्द बने विशाल वोट-बैंक को अप्रसन्न करने की स्थिति में नहीं था। दुःखद है कि हम राजनीतिक स्वार्थों को ध्यान में रखकर ही पूजा अथवा निन्दा करते हैं। अभी हम अपने किसी इतिहास-पुरुष का वस्तुनिष्ठ आकलन करने की स्थिति में नहीं हैं। कभी गाँधी-पूजा का दौर हुआ करता था, आज अम्बेडकर-पूजा का दौर है। कभी केवल गाँधी याद थे, आज केवल अम्बेडकर याद हैं। अपने ऋग्वैदिक ऋषियों की तरह हम आज भी एक बार एक ही देवता को याद रख पाते हैं। पूजा-भाव वही रहता है, केवल देवता बदलते जाते हैं। नीत्शे ने सही कहा था– 'उत्तराधिकारी बनना खतरनाक है।'

प्रत्येक इतिहास-पुरुष के स्मरण-सन्दर्भों में कुछ विडम्बनाएँ निहित रहती हैं। लोग अक्सर उन्हें अपने-अपने कारणों से याद करते हैं। डॉ. अम्बेडकर इसके अपवाद नहीं हैं। भारतीय दलितों ने तो सही ही उन्हें अपने एक मुक्तिदाता प्रतीक के रूप में पहचाना है। अम्बेडकर ने उनके सामाजिक सम्मान और राजनीतिक अधिकारों हेतु संघर्ष किया था। अब उनकी एक पढ़ी-लिखी उपकृत पीढ़ी राष्ट्रीय पटल पर उभरी है और उसने एक बौद्धिक एवं सामाजिक-राजनीतिक माहौल तैयार किया है। दलित-बोध के शिकार इस तबके में अनेक हैं जो समूची हिन्दू चेतना और उसके प्रतिनिधि पुराणपन्थी सवर्णों को अपमानित करने के लिए डॉ. अम्बेडकर का उपयोग करते हैं। उन्हीं से प्रेरणा लेकर कुछ ने मार्क्सवाद-विरोध का ठेका ले रखा है और कुछ ने गाँधी-विरोध का। सामान्यतया गैर-दलित नेताओं के लिए तो वे एक दलित वोट-बैंक हैं। सवर्णों में एक पढ़ा-लिखा तबका ऐसा भी है जो दलितों पर सदियों-सदियों तक हुए संगठित अत्याचारों को याद कर अपराध-बोध से पीड़ित है और अम्बेडकर-पूजा के माध्यम से वह अपने पूर्वजों के पाप का प्रायश्चित्त कर रहा

है। कुल मिलाकर उनके प्रति हमारी दृष्टि में भावुकता का अतिरेक है। उनके वास्तविक सन्देश और मन्शा को भुलाकर हम उनकी पूजा में लिपटे हैं। कम लोग हैं जो यह समझने-समझाने की कोशिश करते हैं कि डॉ. अम्बेडकर एक बड़े राष्ट्रीय नेता थे और उनके मन में स्वतन्त्र भारत का एक ठोस सपना था जिसे रूपायित करने के लिए उन्होंने आजीवन संघर्ष किया था। पुराणपन्थी हिन्दू समाज-व्यवस्था के वे एक प्रखर, मेधावी और विद्वान् आलोचक जरूर थे, लेकिन उनका वही सब-कुछ नहीं था। उनके पास आलोचना का एक राष्ट्रीय एवं मानवीय परिप्रेक्ष्य था, और आज आवश्यकता इस बात की है कि उनके इसी सकारात्मक परिप्रेक्ष्य को उभारा जाये ताकि राष्ट्र-निर्माण की दिशा में उनकी सोच का प्रभावी उपयोग हो सके।

डॉ. भीमराव अम्बेडकर एक बहुआयामी व्यक्तित्व थे। अर्थशास्त्र, धर्म, दर्शन, राजनीतिशास्त्र, इतिहास आदि विषयों में उनका गहरा एवं विश्वसनीय प्रवेश था। व्यावहारिक राजनीति के भी वे कुशल नायक थे। संविधानवेत्ता के रूप में उनकी ख्याति से सभी परिचित हैं। देश में दलित आन्दोलनों को उन्होंने वैचारिक एवं सांगठनिक आधार दिया। लोकप्रिय अर्थ में वे न ब्राह्मण-विरोधी थे और न सवर्ण-विरोधी। लेकिन वे उस परम्परागत हिन्दू वर्ण-व्यवस्था के अवश्य तिरोधी थे जिसके चलते हिन्दू समाज के एक बहुत बड़े तबके के साथ संगठित अन्याय होता रहा और जिसने समूत्ते रामाज को भीतर से इतना जर्जर और छिन्न-भिन्न कर दिया कि भारत को सदियों तक गुलाम रहना पड़ा। दरअसल, वे एक सच्चे भारतीय और मानवतावादी थे। उनके इन विभिन्न पक्षों पर प्रकाश डालना बर्तमान निबन्ध में सम्भव नहीं है। अतः फिलहाल, जाति-व्यवस्था से सम्बन्धित उनके विचारों को ही यथासम्भव रेखांकित करने की कोशिश की जायेगी, क्योंकि अभी आज भी जाति-व्यवस्था भारतीय समाज की सबसे बड़ी कमजोरी है और इसने हमारे समूचे सार्वजनिक एवं व्यक्तिगत जीवन को प्रदूषित कर रखा है।

बाबा साहेब शूद्र परिवार में पैदा हुए थे। शूद्र परिवार में जन्मने और महान् बनने की पीड़ा उन्होंने झेली थी। हिन्दू समाज में व्याप्त जातिवादी भेद-भाव, मान-अपमान ने उन्हें बहुत चोट पहुँचायी थी। आश्चर्य नहीं, अर्थशास्त्र का छात्र होते हुए भी उनका ध्यान इस सामाजिक समस्या की तरफ गया और यह समस्या उनके बौद्धिक एवं राजनीतिक प्रयासों के केन्द्र में बनी रही। जाति-प्रथा को हिन्दू समाज के पतन का वे प्रमुख कारण मानते थे। उनका कहना तो यहाँ तक था कि हिन्दू जाति-व्यवस्था ने केवल हिन्दू समाज को ही प्रदूषित और विकृत नहीं किया, इसने

समूचे भारतीय समाज को रुग्ण बनाया। उनकी दृष्टि में हिन्दू भारत का एक ऐसा बीमार व्यक्ति है जो अपनी बीमारी को अपने चारों तरफ फैलाता फिरता है। अतः अगर भारत को विकसित होना है तो उसे सर्वप्रथम जाति-मुक्त होना पड़ेगा। इसलिए उन्होंने आजीवन इस जाति-व्यवस्था के विरुद्ध संघर्ष किया, और जब वे यह मान गये कि हिन्दू जाति-मुक्त हो ही नहीं सकता तो उन्होंने अन्ततः हिन्दू धर्म को छोड़कर बौद्ध धर्म अपना लिया। उन्हें विश्वास था कि भारतीय दलित बौद्ध धर्म को अपना लेने के बाद अपने सामाजिक स्वाभिमान की रक्षा कर सकेंगे और भारतीय समाज के नवनिर्माण में सकारात्मक भूमिका निभा सकेंगे। बौद्ध धर्म उन्हें भारतीय संस्कृति से जोड़े रहेगा और साथ ही उन्हें सामाजिक स्वाभिमान और मानवीय विवेक देगा।

## जाति-प्रथा क्या है?

हिन्दू जाति-प्रथा पर उन्होंने अपना पहला निबन्ध 'The Castes in India, Their Mechanism Genesis and Development' मई, 1916 में अमेरिका के कोलम्बिया विश्वविद्यालय में मानव-विज्ञान पर आयोजित एक संगोष्ठी में पढ़ा था। इस शोध-पत्र में उन्होंने अन्तर्विवाह (endogamy) को हिन्दू जाति-प्रथा की अजेयता का मूल कारण बताया। इस विवाह-पद्धति के चलते ही कालान्तर में विभिन्न पेशेगत समुदायों ने जातियों का रूप ले लिया। खूनी रिश्तों का फैलाव बन्द हो गया। विभिन्न पेशेगत समुदाय जाति की छोटी-छोटी कोठरियों में सिकुड़ गये। सामाजिक आदान-प्रदान की प्रक्रिया अवरुद्ध हो गयी। हिन्दुओं का सामाजिक-सांस्कृतिक मन एवं व्यक्तित्व उनकी अपनी-अपनी जातियों की संकीर्ण चहारदीवारी में बन्द निर्मित होता रहा। डॉ. अम्बेडकर के अनुसार मनुस्मृति के पूर्व ही जाति-प्रथा रूढ़ हो चुकी थी। मनु ने तो इसे केवल दैवीय एवं शास्त्रीय आधार प्रदान किया।

लेकिन अपनी एक महत्त्वपूर्ण पुस्तक Annihilation of Caste (1936) में जो 1935 में लाहौर में जात-पाँत-तोड़ो मण्डल के वार्षिक अधिवेशन में अध्यक्षीय अभिभाषण के लिए लिखी गयी थी, हिन्दू समाज की जाति-व्यवस्था पर उन्होंने सविस्तार विचार किया। इसमें जाति-प्रथा के लक्षण, विनाशक सामाजिक परिणाम और इससे मुक्ति के तरीकों पर विचार किया गया है। इसमें उन्होंने हिन्दू जाति-व्यवस्था के कई लक्षण गिनाये हैं।

1. जाति-व्यवस्था केवल श्रम-विभाजन नहीं है, यह 'श्रमिकों का भी विभाजन' है। श्रेणीबद्ध वंशानुगत श्रम-विभाजन श्रमिकों में भी एक-दूसरे से ऊँच-नीच

समझने की प्रवृत्ति पैदा करता है। अर्थात् जाति-व्यवस्था के शिकार निचली जातियों को भी यह इस प्रकार से ऊँच-नीच में बाँट देती है कि इसके विरुद्ध नीचे से भी कोई संगठित प्रयास सम्भव नहीं है।

2. यह हिन्दू-समाज का लम्बवत् विभाजन है जिसमें जैसे-जैसे हम ऊपर से नीचे आते हैं, व्यक्तियों के प्रति सामाजिक सम्मान घटता जाता है, और जैसे-जैसे नीचे से ऊपर जाते हैं, सामाजिक सम्मान की भावना बढ़ती जाती है।

3. इसमें श्रम का बँटवारा व्यक्ति की निजी क्षमता और गुणवत्ता पर स्वतः स्फूर्त न होकर उसके पिता-माता की जन्मना सामाजिक स्थिति और हैसियत पर आधारित है। इस प्रकार इसमें व्यक्ति की अपनी पसन्द और भावना के लिए कोई स्थान नहीं रह जाता।

4. जाति-व्यवस्था कर्म-सिद्धान्त की हठवादिता पर टिकी हुई है। वास्तविक एवं अन्यायपूर्ण सामाजिक विभाजन को कल्पित पूर्व-जन्म के कल्पित कृत्यों एवं कुकृत्यों के बहाने उचित ठहराया जाता है।

5. यह विभिन्न नस्लों के लोगों का बँटवारा नहीं है, बल्कि एक ही नस्ल के लोगों का आन्तरिक सामाजिक बँटवारा है, क्योंकि भारत में जाति-व्यवस्था के प्रादुर्भाव के पूर्व विभिन्न नस्लें एवं संस्कृतियाँ आपस में काफी हद तक रच-पच गयी थीं।

6. जातिवाद केवल सामाजिक तथ्य नहीं है, यह हिन्दू मन की एक विशेष स्थिति भी है जो शास्त्रों और धार्मिक संस्कारों द्वारा निर्मित है। अर्थात् विभिन्न जातियों के लोग केवल सामाजिक रूप से ही एक-दूसरे से बँटे नहीं हैं, बल्कि मानसिक एवं भावनात्मक रूप से भी बँटे हैं। बँटवारा इतना गहरा होता गया है कि जाति के बाहर के दुःख-सुख के प्रति संवेदनशीलता भी मर गयी है।

## जाति-प्रथा के आत्मघाती परिणाम

इसलिए अम्बेडकर साहेब ने जोर देकर बार-बार याद दिलाया कि ऐसी सामाजिक एवं मानसिक स्थिति राष्ट्र-निर्माण की प्रक्रिया को अवरुद्ध करेगी। उन्होंने जाति-व्यवस्था को राष्ट्रीय एवं मानवीय दृष्टि से पूर्णतया 'नकारात्मक' बताया। यह न तो श्रम की उत्पादकता में सहायक है और न ही सामाजिक समायोजन में। आर्थिक उत्पादकता की दृष्टि से यह बेमानी है क्योंकि इसमें कार्य-क्षमता और कार्य-निपुणता के सिद्धान्त की पूरी अवहेलना है। इसमें छोटे एवं हीन समझे जानेवाले कार्यों को समाज के कमजोर लोगों पर लाद दिया जाता है। ऐसे कार्य न तो उपयुक्त रुचि पैदा कर पाते हैं और न ही आर्थिक आधार को मजबूत बनाते हैं। इस अवस्था में श्रम से सीधे सटा व्यक्ति इतना ही कमा पाता है कि वह किसी-किसी प्रकार स्वयं को जीवित रखकर उस पर लदे उपजीवी वर्गों को मौज-मस्ती में रख सके। ऊपरी तबके उपजीवी बन जाते

हैं और निचले तबके हीन और तुच्छ। परिणामतः, आर्थिक उत्पादन और समाज-निर्माण दोनों ही स्तरों पर स्थिरता और सड़ायँध आती है। इसके दुर्भाग्यपूर्ण राजनीतिक परिणाम भी होते हैं। इतना ही नहीं, ऐसा समाज कभी भी बाहरी आक्रमणों को झेल नहीं सकता। भारतीय इतिहास इसका सबसे बड़ा उदाहरण है। राजनीतिक और सांस्कृतिक दृष्टि से भारत पराजित होता रहा है।

जाति-व्यवस्था ने हिन्दू समाज को अन्य दुर्भाग्यपूर्ण स्थितियों में भी फँसा दिया जिनसे निजात अब बहुत मुश्किल है। जाति-व्यवस्था के चलते सभी जातियों में एक मिथ्या गौरव-बोध पैदा हुआ। विभिन्न जातियाँ अपने-अपने संकीर्ण दायरों में ही गौरव, आत्मतोष और पवित्रता का अहसास करने लगीं। अन्तरर्जातीय खान-पान एवं विवाह आदि बन्द हो गये। परस्पर आदान-प्रदान के दायरे सिकुड़ते गये। अन्ततः हिन्दू-समाज एक प्रकार से समाज न रहकर 'जातियों का एक ढीला-ढाला महासंघ' बन गया। हिन्दू-समाज जैसी अवधारणा को डॉ. अम्बेडकर ने 'मिथक' बताया। इस समाज में 'स्वतन्त्रता, समानता और भाईचारा' के लिए कोई व्यावहारिक स्थान नहीं है। उनके अनुसार, विशिष्ट हिन्दू चेतना उस चूहे की-सी है जो अपने बिल में ही सिमटा रहता है और किसी अन्य से स्पर्श मात्र से भी डरता है। व्यक्तियों के भौतिक सामीप्य मात्र से ही समाज नहीं बना करता। समाज बनने के लिए विचारों, भावनाओं, दृष्टिकोणों तथा कार्यों आदि के सामीप्य को वह आवश्यक बताते हैं। लेकिन हिन्दू की सामाजिक संवेदना जाति से ऊपर नहीं उठ पाती—"एक हिन्दू के लिए उसकी जाति ही अवाम है। वह मात्र अपनी जाति के प्रति उत्तरदायी होता है। उसकी निष्ठा भी उसकी जाति तक ही सीमित है। उसके गुण और नैतिकता भी उसकी जाति द्वारा ही अनुशासित हैं।" अतः हिन्दू समाज-व्यवस्था की मूल-प्रकृति 'समाज-विरोधी' है। हिन्दू के आत्म-सम्मोहन में संकीर्णता ही नहीं, निकृष्टता और निष्ठुरता भी निहित है। इसी कारण उन्होंने यहाँ तक कहा—"मुझे यह कहने में जरा भी हिचक नहीं है कि अगर मुसलमान क्रूर रहे हैं तो हिन्दू निकृष्ट और निकृष्टता क्रूरता से बुरी चीज है।"

इतना ही नहीं, डॉ. अम्बेडकर ने हिन्दू जाति-व्यवस्था के तीन अन्य दुष्परिणामों की ओर भी ध्यान खींचा।

1. इसकी संकीर्ण जातिवादी कट्टरता ने हिन्दू धर्म को 'मिशनरी' बनने से रोका क्योंकि इससे इसकी मौलिक सामाजिक उदारता ही विनष्ट हो गयी। अन्य ध र्मों के लोग इसे अपनाकर केवल अन्त्यज अथवा बाहरी बने रह जाते। हिन्दू समाज में प्रत्येक जाति अपने संकीर्ण घेरे में पवित्र निष्ठा के साथ जीती है। अतः इनके प्रवाह एवं प्रसार में ठहराव आया है। कोई भी गैर-हिन्दू इनमें रच-पच नहीं सकता।

2. जातिवादी संकीर्णता और बँटवारे के चलते हिन्दू समाज न तो दूसरों को परास्त कर सका और न ही अपनी सुरक्षा कर पाया। इसमें आन्तरिक संगठन एवं सहकार का नितान्त अभाव था। एक जाति-विशेष को सुरक्षा का दायित्व दे दिया गया और युद्धों के दौरान शेष लोगों ने अपना कोई दायित्व नहीं समझा। जाति-व्यवस्था ने इसी प्रकार कार्य एवं दायित्वों का बँटवारा कर रखा था। समाज में 'भीरुता और कायरता' आ गयी। इसी कारण बाहर के संगठित आक्रमणों को यह समाज झेल न सका। आन्तरिक रूप से बँटा यह समाज निर्वीर्य था। 3. सामाजिक संघर्षों के प्रति भी यह समाज 'उदासीन', 'निष्क्रिय', 'कमजोर और कातर' बन गया। दरअसल, 'हिन्दू सहिष्णुता का दावा एक गलती है।' अपनी सामाजिक उदासीनता के चलते इसे प्रत्येक अपमान एवं अन्याय के प्रति सहिष्णु होना पड़ा। अपनी इस स्थापना की पुष्टि में उन्होंने मोरिस को उद्धृत किया कि हिन्दू समाज में "बड़ा छोटों को रौंदता है, मजबूत कमजोरों को प्रताड़ित करता है, क्रूर निर्भीक है, दयालु निर्वीर्य और ज्ञानी अनासक्त।" जाति-व्यवस्था ने हिन्दू मन को संकीर्ण बनाया, उसके बाहुबल को कमजोर किया, उसके सामाजिक विवेक और संवेदना को कुण्ठित किया और बौद्धिक स्तर पर उसे निष्क्रिय, रूढ़िग्रस्त, जिज्ञासाहीन और आत्ममुग्ध किया। किसी भी पतनशील समाज की ये ही विशेषताएँ हुआ करती हैं। अर्थात् हिन्दू समाज एक पतनशील समाज हो गया।

### रास्ता क्या है?

हिन्दू समाज को जाति-प्रथा की आत्मघाती गिरफ्त से छुटकारा दिलाने के लिए डॉ. अम्बेडकर ने कुछ एक बहुमूल्य सुझाव भी दिये। ये सुझाव इस समस्या के समाधान की दिशा में काफी हद तक सहायक हो सकते हैं। सर्वप्रथम, उन्होंने अन्तरजातीय खान-पान को प्रोत्साहित करने की बात कही। इससे विभिन्न जातियों के बीच की दूरी को कम करने एवं उनमें परस्पर सहानुभूति और सहकार विकसित करने में कुछ सहायता मिल सकती है। दूसरा महत्त्वपूर्ण सुझाव अन्तरजातीय विवाह का था। इससे खूनी रिश्तों के ताने-बाने में प्रसार आयेगा जिसके चलते आम हिन्दू को जातिवादी संकीर्णता से ऊपर उठने में सहायता मिल सकेगी। हिन्दू सामाजिक सोच और संवेदना में गुणात्मक परिवर्तन के लिए यह अत्यावश्यक है। इसे उन्होंने 'वास्तविक उपचार' माना। लेकिन दुर्भाग्यवश यह एक पुराणपन्थी हिन्दू के लिए विधर्मी होने जैसा है।

डॉ. अम्बेडकर की मान्यता थी कि जातिविहीन हिन्दू की परिकल्पना सम्भव नहीं है। जाति और हिन्दू धर्म प्रायः पर्यायवाची हैं। जाति-व्यवस्था एक हिन्दू के लिए एक दैवीय और शास्त्रीय व्यवस्था है। इसलिए जाति-व्यवस्था को तोड़ने के

लिए उनका तीसरा महत्त्वपूर्ण सुझाव था कि इसके लिए उन विश्वासों एवं वैचारिक आधारों को तोड़ना आवश्यक है जो जाति-धर्म को ही पवित्र सनातन धर्म के रूप में प्रस्तुत करते हैं– "अन्तरर्जातीय खान-पान एवं विवाहों के लिए अभियान चलाना तथा संगठन बनाना कृत्रिम तरीकों से जबरन खिलाने जैसा है। प्रत्येक स्त्री-पुरुष को शास्त्रों की दासता से मुक्त कर दीजिये, शास्त्र-सम्मत घातक विचारों को उसके मस्तिष्क से निकाल दीजिये, आपके कहे बिना ही अन्तरर्जातीय खान-पान एवं विवाह होने लगेंगे।" सूक्ष्म अर्थ-मीमांसा अथवा शब्द-चातुर्य से काम चलनेवाला नहीं है। अतीत का मोहक गीत गाने से भी काम नहीं चलेगा। अम्बेडकर का कहना था कि अगर हिन्दू अपने समाज को बचाना चाहते हैं तो उन्हें वही निर्णय लेना पड़ेगा जो गौतम बुद्ध ने करीब ढाई हजार वर्ष पूर्व लिया था। उन्होंने गौतम बुद्ध के शब्दों को भी उद्धृत किया–"सत्य को सत्य की तरह और असत्य को असत्य की तरह जानो।" लेकिन सत्य सामाजिक होता है निरा वैयक्तिक नहीं। अतः उन्होंने थार्नडाइक के शब्दों को भी दुहराया–"सोचना मनुष्य का जैविकीय तथ्य है, लेकिन वह क्या सोचता है यह सामाजिक तथ्य है।" अतः 1935 में उन्होंने जात-पाँत-तोड़ो मण्डल में सक्रिय हिन्दू समाज-सुधारकों से पूछना चाहा था–"क्या आप यह साहस दिखा सकेंगे?" अर्थात् क्या हिन्दू समाज सामाजिक विवेक प्राप्त करने के लिए अपने धर्मशास्त्रों की आलोचना करने का साहस कर सकेगा? प्रश्न अभी तक अनुत्तरित है। हमने अभी तक इस दिशा में कोई उल्लेखनीय संगठित साहस नहीं दिखाया है। बल्कि हम सम्प्रति जात-पाँत-तोड़ो नहीं बल्कि जात-पाँत बनाओ आन्दोलन में जुटे हुए हैं। जिस जातिवादी जड़ता में सवर्णों ने अपने हित को सुरक्षित पाया था, आज गैर-सवर्ण तबके उसी जड़ता में अपना हित सुरक्षित महसूस कर रहे हैं। आशय यह कि जातिवादी वर्चस्व के स्वरूप बदले हैं, इसके पक्षधर हमेशा रहे हैं।

लेकिन इससे निराश होने की आवश्यकता नहीं है। बुद्धिधर्मी अपने अध्ययन और सोच के सहारे जिस निष्कर्ष पर थोड़ा पहले पहुँचता है, आमजन भी अपने खट्टे-मीठे अनुभवों के सहारे वहाँ थोड़ी देर बाद पहुँचते हैं। अतः जाति-बद्ध राजनीतिक उठा-पटक से आम आदमी भी देर-सबेर थकेगा और राजनीति सँभलेगी। साथ ही तकनीकी क्रान्ति और उद्योग-धन्धों में विस्तार के साथ विभिन्न वर्गों में अभिजन पैदा होगा जो जाने-अनजाने सामाजिक गतिशीलता में सहायक होगा। सम्पत्ति और सत्ता में भागीदारी इस दिशा में महत्त्वपूर्ण योगदान करेगी। अन्ततः सनातन सत्य के रूप में न जाति रह जायेगी और न वे शास्त्र ही जिन्होंने इसे वैचारिक एवं दैवीय आधार दिया है।

लेकिन फिलहाल डॉ. अम्बेडकर का प्रश्न अत्यन्त प्रासंगिक है। यह उन लोगों के लिए विशेष रूप से प्रासंगिक है जो हिन्दू समाज को लेकर आज भी अपनी

चिन्ता व्यक्त कर रहे हैं। अगर उनकी चिन्ता केवल सत्ता-प्राप्ति का बहाना है तो इससे कोई दूरगामी लाभ मिलनेवाला नहीं है। डॉ. अम्बेडकर को कांग्रेसी राजनीति से यही विशेष शिकायत थी, क्योंकि उसने भी सत्ता-प्राप्ति के प्रश्न को केन्द्रीय प्रश्न बना लिया था और समाज सुधार के प्रश्न को हाशिये पर फेंक दिया था। लोग यह भूल गये कि सुधरा समाज ही सुधरी राजनीति दे सकता है, कि बीमार समाज की राजनीति भी बीमार होती है। लोग वैसी ही सरकार पाते हैं जिसके वे लायक होते हैं। अर्थात् व्यापक राष्ट्रीय हित में समाज-सुधार आन्दोलन, सत्ता-संघर्ष से अधिक महत्त्वपूर्ण है। इसी सन्दर्भ में डॉ. अम्बेडकर ने रानाडे की भूरि-भूरि प्रशंसा की थी, और महात्मा फुले को अपना आदर्श माना था। इसी सन्दर्भ में भगवान् बुद्ध उनके मानक सन्दर्भ बने। आशय यह कि अगर जाति-प्रथा के घातक सामाजिक, राजनीतिक, बौद्धिक एवं संवेदनात्मक दुष्परिणामों से हमें बचना है तो डॉ. अम्बेडकर द्वारा उठाये गये सवालों और उनके द्वारा सुझाये गये समाधानों को गम्भीरता से लेना होगा।

निबन्ध के शीर्षक में मैंने डॉ. अम्बेडकर को भारतीय वाल्तेयर कहा है। वाल्तेयर (1694-1778) एक फ्रान्सीसी विचारक थे जिन्होंने 18वीं सदी के प्रबोधन काल के निर्माण में महत्त्वपूर्ण भूमिका निभायी थी। उन्होंने आजीवन सामाजिक, राजनीतिक और धार्मिक सत्ता-केन्द्रों की प्रखर आलोचना की थी। धार्मिक अन्धविश्वासों को वे मानवीय विवेक का शत्रु मानते थे। स्वतन्त्र चिन्तन और आलोचनात्मक विवेक के वे पुजारी थे और अपने विचारों के चलते उन्हें बहुत-कुछ झेलना पड़ा था। अपने लेखन में डॉ. अम्बेडकर ने उन्हें बार-बार याद किया है। डॉ. अम्बेडकर की मान्यता थी कि भारत में शास्त्रज्ञ और विद्वान तो बहुत पैदा हुए लेकिन वाल्तेयर जैसा बुद्धिधर्मी मनीषी नहीं पैदा हुआ। दरअसल वे स्वतः आधुनिक भारतीय वाल्तेयर थे। उनमें भी वाल्तेयर जैसी मेधा, आलोचनात्मक विवेक और साहस था और उन्होंने भी हिन्दू-समाज की मानसिक जड़ता को तोड़ने के लिए अद्भुत साहस का परिचय दिया। अधिक समीचीन होगा अगर उन्हें आधुनिक धर्मकीर्त्ति कहा जाये जिन्होंने सातवीं सदी में यह कहा था– "बुद्धि के ऊपर पोथी को रखना, संसार का कर्त्ता ईश्वर को मानना, स्नान से धर्मेच्छा रखना, जन्म-जाति का अभिमान करना और पाप-नाश के लिए शरीर को सन्तप्त करना– अक्ल मारे हुओं की जड़ता के ये पाँच लक्षण हैं।" अम्बेडकर ने इसी जड़ता के विरुद्ध संघर्ष किया था, और उनके नाम से जुड़े राजनीतिक आन्दोलन, सत्ता-केन्द्रित होते हुए भी, प्रायः सभी सामाजिक संघर्षों से कमोबेश जुड़े हुए हैं। उनके इस जुड़ाव का टिकाऊ और प्रभावी बनना उनकी वैचारिक प्रौढ़ता और सामाजिक विवेक पर निर्भर करेगा।

# बी. आर. अम्बेडकर : भारतीय मार्क्स

भारतीय सन्दर्भ में बाबा साहेब अम्बेडकर की चर्चा करते समय कुछ नाम कौंधते हैं जिनकी दो श्रेणियाँ हैं—

1. गौतम बुद्ध—कबीर—महात्मा फूले— अम्बेडकर और
2. गौतम बुद्ध—महात्मा गाँधी—नेहरू—अम्बेडकर।

**पहली श्रेणी** के बाबा साहेब ने भारतीय संस्कृति की एक वैकल्पिक परम्परा को जो दरकिनार और उपेक्षित थी, केन्द्रस्थ किया जिसे सामान्यतया गैर-सनातनी या अब्राह्मणी या श्रमण परम्परा कहते हैं। लेकिन इसे उन्होंने केन्द्रस्थ ही नहीं किया, इसकी निवृत्तिमार्गिता को त्यागकर इसे इहलौकिक जीवन में रूपान्तरित करने, इसे विवेकशील बनाने का प्रयास किया और इसे मानवीय/सांस्कृतिक अभिकरण के रूप में स्थापित भी किया। उन्होंने कबीर और महात्मा फुले के प्रति असीम श्रद्धा व्यक्त की। महात्मा फूले को तो वे अपना प्रेरक मानते थे। लेकिन दोनों उन्हें अपर्याप्त लगे, और गौतम बुद्ध में उन्हें समग्र भारतीय जीवन-बोध मिला जिसकी वह तलाश में थे।

**दूसरी श्रेणी** में महात्मा गाँधी आते हैं जिनके तीन अवदान मुझे महत्त्वपूर्ण और युगान्तकारी लगते हैं।

1. वे एक ऐसे हिन्दू थे जिसके पास सामाजिक विवेक था, जिसने भारतीय हिन्दू समाज के दबे-कुचले दलित तबकों की सामाजिक पीड़ा को समझा था और अपने राष्ट्रीय प्रयासों में इसे यथासम्भव केन्द्रीयता देने का प्रयास किया था।

2. उन्होंने ही राष्ट्रीय जागरण दिया और राष्ट्रीय मुक्ति संग्राम को, जो पहले पढ़े-लिखे अभिजन तक सीमित था, धीरे-धीरे आमजन का सरोकार बनाया। कांग्रेस अभिजन का प्लेटफार्म न बनकर निम्न-मध्यम वर्ग, निम्न-सामन्त वर्ग और किसानों का प्लेटफार्म बनी और सत्याग्रह की अपनी अनूठी अवधारणा (थोरो के वैयक्तिक विरोध को उन्होंने अतिक्रमित किया था) द्वारा राष्ट्रीय मुक्ति आन्दोलन को राजनीतिक रखते हुए भी नैतिक बनाये रखने का अथक प्रयास किया।

3. सत्य, अहिंसा और अवज्ञा इसके तीन पाये हैं और शेष सारे आयाम अनुषंगी हैं, और इन्हीं तीन केन्द्रीय सरोकारों से निःसृत हैं। उन्होंने अपने जीवन को ही नहीं, बल्कि समूचे राष्ट्र को एक प्रयोगशाला में बदल डालने का यथासम्भव प्रयास किया।

इसी प्रकार जवाहरलाल नेहरू को आधुनिक भारत का निर्माता बनने का अवसर मिला और उन्होंने अपनी विश्वदृष्टि और सामाजिक सोच को केन्द्र में रखते हुए राष्ट्र-निर्माण की एक मजबूत आधारशिला रखी जिसके निम्नांकित पाये थे–1. आत्मनिर्भर विकास हेतु योजनाबद्ध विकास; 2. राज्य की प्रमुख भूमिका; 3. औद्योगिक विकास की आधारशिला; 4. लोकतन्त्र का संस्थागत विकास जिसमें सत्ता परिवर्तन से आर्थिक विकास और सामाजिक परिवर्तन को एक यान्त्रिक प्रक्रिया के रूप में स्वीकार कर लिया गया; 5. एक धर्म विभक्त राष्ट्र में, इसकी दूरगामी आवश्यकताओं एवं निर्माण की अपेक्षाओं को ध्यान में रखते हुए, राज्य को यथासम्भव सेक्यूलर बनाये रखने का प्रयास; और 6. एक गुट-निरपेक्ष विदेश नीति जिसकी रक्षा उन्होंने तमाम बड़ी चुनौतियों के बीच की। कुल मिलाकर, नेहरू ने भारत को एक आधुनिक राष्ट्र के रूप में विकसित करने हेतु एक ठोस आधारशिला रखी जिसे तोड़ने के बहुत-सारे नारे तो दिये गये, लेकिन दिल्ली पहुँचने पर जिसकी आवश्यकता सबको पड़ी। नेहरू एक आदर्श मध्यमार्गी नेता थे जहाँ सामाजिक विवेक बसता है। इस बिन्दु पर नेहरू की आलोचना कर्मकाण्डी गाँधीवादियों ने की तथा दक्षिणपन्थी राष्ट्रवादियों और मार्क्सवादी रैडिकल्स ने भी की।

बाबा साहेब, गाँधी और नेहरू के बीच में खड़े होते हैं। महात्मा गाँधीऔर बाबा साहेब में कई एक बिन्दुओं पर संघर्ष हैं–

1. महात्मा का केन्द्रीय सरोकार राष्ट्रीय मुक्ति आन्दोलन है और बाबा साहेब का केन्द्रीय सरोकार दलित-मुक्ति है। अपनी इस केन्द्रीयता के चलते महात्मा गाँधी संघर्ष-समझौते करते रहते हैं; अपनी दलित केन्द्रीयता के चलते बाबा साहेब भी तरह-तरह के संघर्ष और समझौते करते हैं। गाँधी, दलित-मुक्ति के प्रति संवेदनशील हैं, लेकिन राष्ट्रीय-मुक्ति को दलित-मुक्ति की पूर्व शर्त मानते हैं। इसी प्रकार बाबा साहेब राष्ट्रीय-मुक्ति के प्रति संवेदनशील हैं, लेकिन दलित-मुक्ति को राष्ट्र-मुक्ति की पूर्व शर्त बताते हैं। दोनों की अपनी-अपनी प्राथमिकताओं, जरूरतों की समझ अलग-अलग हैं। यहीं से राजनीतिक-सामाजिक रणनीति अलग-अलग बनती है और अक्सर परस्पर-विरोधी। जहाँ तक मेरी समझ है, इस बिन्दु पर गाँधीबाबा साहेब की तुलना में अधिक सही हैं। सामाजिक प्रश्नों को केन्द्रस्थ कर राष्ट्रीय-मुक्ति

संग्राम सम्भव नहीं था। आश्चर्य नहीं, इस बिन्दु पर इतिहास ने भी महात्मा गाँधीका ही साथ दिया।

2. दलितोत्थान को गाँधी ने केवल छूआछूत-विरोधी आन्दोलन तक ही सीमित रखा और इसके राजनीतिक-आर्थिक आयाम को अपेक्षित केन्द्रीयता नहीं प्रदान कर सके। डॉ. अम्बेडकर ने अस्पृश्यता आन्दोलन को मात्र प्रतीकात्मक माना और दलितों की सत्ता में प्रभावी भागीदारी और उनके आर्थिक विकास को केन्द्रीयता दी। गोलमेज कान्फ्रेन्स में यही मुद्दा केन्द्रीय बना।

3. गाँधीभी सामाजिक समता के पक्षधर थे और आर्थिक विषमता को विवेकशील बनाने का आग्रह करते रहे, लेकिन अपने 'ग्राम स्वराज' की अवधारणा के माध्यम से। बाबा साहेब 'ग्राम समाज' को अज्ञानता और अत्याचार की जड़ बताते हैं और राष्ट्रीय पुनर्निर्माण में इसके विखण्डन की बात करते हैं। इस मामले में बाबा साहेब आधुनिकतावादी हैं और नेहरू के अधिक निकट हैं। दोनों अन्ततः लोकतान्त्रिक समाजवाद के पक्षधर बनते हैं और इसके विकास के वास्तविक तर्क की व्यावहारिक विवशताओं की दोनों ही उपेक्षा करते हैं। दोनों ही पश्चिमी लोकतान्त्रिक ढाँचे में सोवियत प्रयोगों की प्रशंसा करते हैं, जिसके बारे में सोचने पर मुझे परेशानी होती है।

4. सांस्कृतिक दृष्टि से गाँधी मूलतः वैदिक सनातनी परम्परा के आदमी हैं, यद्यपि श्रमण संस्कारों के दायरे में जीते हैं। वे जाति को तो अन्ततः अतिक्रमित करते हैं, लेकिन वर्णाश्रम संस्कृति के प्रति उनका सम्मोहन बना रहता है। बाबा साहेब इसी संस्कृति की सामाजिक क्रूरता के शिकार हैं और अपने इर्द-गिर्द अन्य शिकार लोगों को देखते हैं। महार आन्दोलन (1927) के बाद तो इससे उनका मोहभंग गम्भीरता से आरम्भ हो जाता है तथा 1935 में जालन्धर के 'जात-पाँत-तोड़ो आन्दोलन' (1935) के नेताओं के धर्मग्रन्थों में कर्मकाण्डी आस्था को देखने के पश्चात् वे इससे हमेशा-हमेशा के लिए अलग हो जाते हैं। इसके बाद राष्ट्र में उपलब्ध ा वैकल्पिक सांस्कृतिक परम्परा जिसे श्रमण परम्परा कहते हैं, की ओर मुड़ते हैं और उसमें भी बुद्धधर्म को चुनते हैं, क्योंकि इसमें उन्हें अपेक्षित सामाजिक-नैतिक विवेक दिखता है। इसे भी वे इसकी निवृत्तिमार्गिता को संशोधित कर इहलौकिक और अद्यतन बनाते हैं। अतः बाबा साहेब धर्मान्तरण की वकालत करते हैं, और महात्मा गाँधीसारे धर्मों के प्रति समभाव रखते हुए अपने धर्म को परिष्कृत करते रहने पर बल देते हैं।

5. साध्य और साधन, हिंसा और अहिंसा इत्यादि के सन्दर्भ में भी दोनों में मतवैभिन्य है। अहिंसा अम्बेडकर साहेब के लिए, गाँधी की तरह कोई सैद्धान्तिक

मसला नहीं है। वे 'need to kill' और 'will to kill' में अन्तर करते हैं और इस रूप में परिस्थिति-विशेष में वे हिंसा को जायज ठहराते हैं। हिंसा-अहिंसा साधन हैं, साध्य नहीं और इसके लिए बुद्ध-वचनों को उद्धृत भी करते हैं। वे हिंसा का सिद्धान्त नहीं गढ़ते, हाँ 'शक्ति (energy) के रूप में बल के प्रयोग' की वकालत जरूर करते हैं और यदि आवश्यक ही हुआ तो 'बल के रूप में हिंसा' को अनिवार्य मानते हैं। इस मुद्दे पर डॉ. अम्बेडकर व्यावहारिक हैं, निरे सैद्धान्तिक नहीं।

गाँधी के लिए साध्य और साधन में कोई फर्क नहीं है। यह तत्त्वमीमांसा की दृष्टि से तो सही है, लेकिन व्यवहार में इसकी सीमाएँ स्पष्ट हैं। ध्यातव्य यह भी है कि गाँधी जी भी सबलों की अहिंसा को महत्त्व देते हैं, और निर्बलों की हिंसा के प्रति लगभग मौन हैं। अम्बेडकर साहेब भी आक्रामकता की वकालत तो करते हैं, हिंसा की नहीं। इस दृष्टि से देखने पर सांस्कृतिक और धार्मिक संवेदना के दायरे में दोनों में अद्भुत समानता है। दोनों ही धर्म और संस्कृति को कर्मकाण्डों से अलग करके देखते हैं, यद्यपि उत्तरोत्तर अम्बेडकर हिन्दू धर्म से अलग होकर उसके प्रोटेस्टेण्ट (Protestant) संस्करण बौद्ध धर्म की ओर मुड़ते हैं, लेकिन गाँधी हिन्दू समाज को विघटन से बचाते हुए इसका संशोधन, परिष्करण चाहते हैं। इसका कारण राजनैतिक भी है। डॉ. अम्बेडकर इस निष्कर्ष पर पहुँचते हैं कि हिन्दू धर्म दरअसल धर्म ही नहीं है और न हिन्दू समाज, समाज है। धर्म के रूप में यह रूढ़ियों एव कर्मकाण्डों का जखीरा है, और समाज के रूप में यह विभिन्न जातियों का एक ढीला-ढाला गठजोड़ या महासंघ है। इसी सन्दर्भ में वे हिन्दुओं के दलितों एवं मुसलमानों के प्रति आचरण में भिन्नता को एक स्थान पर रेखांकित भी करते हैं। आखिर वे मुसलमानों के समक्ष इतने निरीह और दलितों के प्रति इतने क्रूर क्यों हैं? इसका कारण वे हिन्दुओं में नहीं, बल्कि हिन्दू धर्मग्रन्थों में देखते हैं, जिनके चलते सामान्य हिन्दू उस तालाब के पानी को शुद्ध मानता है जिसमें सूअर और कुत्ते पानी पीते हैं, लेकिन उसे अशुद्ध मानता है अगर उसका पानी शूद्र छू दे। यह मानसिक ग्रन्थि है जिसे हिन्दू धर्म-ग्रन्थों ने विकसित और पुष्ट किया है। अतः वे हिन्दुओं को 'भारत के डाबरमैन' बताते हैं जो अपनी इसी ग्रन्थि के साथ अन्य धर्मों में जाते हैं और वहाँ भी जात-पाँत संरचना और छूआछूत को प्रचलित कर देते हैं। गाँधी भी सामान्य हिन्दू को रुग्ण मानते हैं, लेकिन इसका इलाज वे इसे छोड़ने में नहीं बल्कि इसके परिष्कार में देखते हैं। अम्बेडकर साहेब इस निष्कर्ष पर पहुँचते हैं कि जिसे इसने सामाजिक-आर्थिक-राजनीतिक वर्चस्व दिया है वही इसे सुधारे-सँवारे। यह उससे पीड़ित-प्रताड़ित लोगों का दायित्व नहीं है। अतः बाबा साहेब अन्ततः महामानव गौतम बुद्ध की शरण में चले गये। उन्होंने हिन्दू धर्म छोड़ा, लेकिन भारतीय संस्कृति

के प्रति उनकी प्रतिबद्धता कायम रही। इस दृष्टि से देखने पर महात्मा गाँधी'सनातनी' परम्परा के सर्वोत्तम प्रतीक हैं, लेकिन डॉ. अम्बेडकर उस वृहत्तर किन्तु उपेक्षित श्रमण परम्परा के आधुनिक व्याख्याकार एवं महापुरुष हैं, जिसके बिना भारतीय समाज को विवेक दे पाना अति दुष्कर है। गाँधी ने हिन्दू धर्म को सुधारने का असफल प्रयास किया। बाबा साहेब इस निष्कर्ष पर पहुँचे कि हिन्दू बर्बाद तो हो सकता है, लेकिन सुधर नहीं सकता। उन्होंने प्रारम्भिक दिनों में इसे सुधारने के दो महत्त्वपूर्ण नुस्खे दिये थे—1. योग्य, जाति-मुक्त पुरोहित, और 2. एक विवेकशील, सर्वसम्मत हिन्दू धर्मग्रन्थ। अब तक इस दिशा में कुछ भी नहीं किया जा सका है। दरअसल, अगर नैतिक-राजनैतिक जनजागरण के मानक सन्दर्भ महात्मा गाँधीहैं तो सामाजिक-सांस्कृतिक नवजागरण के मानक सन्दर्भ बाबा साहेब हैं। एक बात और, अगर प्राचीन वर्चस्वशील सामाजिक-राजनीतिक चेतना के दायरों के सर्वोत्तम रचनाशील पुरोधा महात्मा गाँधीहैं, तो उसी युगीन चेतना को अतिक्रमित करते हुए सर्वोत्तम को रेखांकन करनेवाले पुरोधा बाबा साहेब अम्बेडकर हैं।

इन दोनों का एक अन्तरराष्ट्रीय सन्दर्भ भी उभरता है। गाँधी का नाम आते ही मुझे सुकरात और जीसस याद आते हैं, और बाबा साहेब का नाम आते ही वाल्तेयर और कार्ल मार्क्स। सुकरात, जीसस, जॉन ऑफ आर्क और गाँधी इतिहास के ऐसे सुविख्यात शहीद हैं जिनकी उन लोगों ने हत्या की जिनके ये वास्तविक हितैषी थे। सुकरात का विवेक यूनान के पैट्रीसियन्स (शासक एवं पुरोहित वर्ग) के रूढ़ विवेक से टकराता था, और जीसस का विवेक फिलिस्तीन फरीसीज और रोमन साम्राज्य के दलालों के विवेक से। जॉन ऑफ आर्क का राजनीतिक-धार्मिक विवेक फ्रान्सीसी सामन्तवर्ग और कैथोलिक पादरियों के हितबोध से टकराता था। इसी प्रकार भारत में महात्मा गाँधीका सामाजिक-राजनीतिक विवेक जड़ सनातनियों से टकराता था। डॉ. अम्बेडकर ने पाँच प्रकार के हिन्दुओं को गिनाया है——1. रूढ़िवादी; 2. आर्यसमाजी; 3. वे हिन्दू जो अपने धर्म की बुराइयों को मानते हुए भी उन पर आक्रमण करना उचित नहीं मानते; 4. राजनैतिक लोग जो हिन्दू धर्म की बुराइयों के प्रति उदासीन रहते हैं; और 5. बुद्धिवादी जो कहते हैं कि सामाजिक उद्धार स्वराज से अधिक आवश्यक है। गाँधी इन्हें संवेदनशील एवं गतिशील बनाकर युगानुकूल बनाना चाहते थे।

गाँधी को पहचान और प्रतिष्ठा तो मिली, सफलता नहीं। गाँधी का वास्तविक भारत, अर्थात् दादी-माँ की तकनीक पर आधारित 'ग्राम स्वराज' वाला भारत नहीं बना, जो अपनी सांस्कृतिक-सामाजिक भाव-भूमि पर पैर जमाये बाह्य को अपनी शर्तों पर स्वीकार करता। शायद बन भी नहीं सकता था। गाँधी का कल्पित आदर्श भारतीय

इतिहास के स्वाभाविक तर्क से टकराता था। अतः गाँधी प्रेरणास्पद सन्दर्भ बन सकते थे, रणनीतिक यथार्थ नहीं। दरअसल, 15 अगस्त, 1947 के बाद महात्मा गाँध ीऐतिहासिक दृष्टि से चुके हुए थे।

बाबा साहेब अम्बेडकर का स्मरण होते ही, जैसा कि मैंने ऊपर कहा है, वाल्तेयर और कार्ल मार्क्स का नाम कौंधता है। बाबा साहेब ने बार-बार कहा है कि भारतीय सनातनी मनीषा ने कोई वाल्तेयर नहीं पैदा किया जो अपनी परम्पराओं की तटस्थ और बेलौस आलोचना करता और अपने लोगों को अपनी परम्पराओं की क्रूर सीमाओं का अहसास करा पाता। इसी सन्दर्भ में उन्होंने कहा था कि भारत ने विद्वान् (learned) तो बहुत पैदा किये, लेकिन बुद्धिधर्मी (intellectual) नहीं। यह परेशानी अभी तक कायम है। या तो हमारे पास ये पारम्परिक बुद्धिजीवी हैं, या नितान्त अवयवी बुद्धिधर्मी। पहला वायवीय आदर्श और अकांक्षा व्यक्त करता है और दूसरा अपने हितबोध को अतिक्रमित करने की स्थिति में नहीं होता। अतः दोनों अविश्वसनीय बन गये हैं। कबीर का नीर-क्षीर वाला विवेक अभी नहीं जन्मा है। अतः अभी भी आलोचनाएँ-प्रत्यालोचनाएँ आर्थिक हितबोध से संचालित हैं न कि किसी रचनात्मक विवेक से।

अभी तक हम वाल्तेयर जैसा साहसी और फक्कड़ बुद्धिधर्मी नहीं पैदा कर पाये हैं जो युग के सामाजिक विवेक को प्रभावित करता है। लेकिन बाबा साहेब भारतीय वाल्तेयर के रूप में अभिहित किये जा सकते हैं। बाबा साहेब के सन्दर्भ में कार्ल मार्क्स का याद आना भी स्वाभाविक है। विश्व पटल पर जो कार्ल मार्क्स ने किया, वही बाबा साहेब ने भारतीय पटल पर किया है। लॉर्ड मेघनाथ देसाई ने बी.बी.सी. पर बोलते हुए यह कहा था कि कार्ल मार्क्स ने विश्व-इतिहास को देखने का नजरिया ही बदल दिया। उसने इतिहास की शक्ति को उत्पादन तकनीक से जुड़ी उत्पादन की शक्तियों में देखा, और विश्व को यह समझाया कि इतिहास ऐसी ही अभिशप्त एवं शोषित शक्तियों के सपनों एवं संगठित प्रयासों की परिणति हुआ करता है। इस प्रकार मार्क्स ने 'जन' को इतिहास की शक्ति के रूप में रेखांकित किया और आर्थिक ताकतों को केन्द्रीयता प्रदान की। इनकी उपेक्षा अब सम्भव नहीं है। उनके विचारों के प्रचार-प्रसार के साथ ही इतिहास का नायक 'सर्वहारा' बना जो एक अरसे तक लेनिन, स्टालिन और माओ के नेतृत्व में इतिहास को दिशा देता रहा। इसी प्रकार, बाबा साहेब के हस्तक्षेप ने भारतीय दलितों को इतिहास-नायक की भूमिका में रखा। बाबा साहेब के विचारों को जमीन देनेवाले विशेषकर उत्तर प्रदेश में कांशीराम और मायावती मिलीं। इधर परिस्थितियों में गुणात्मक बदलाव आया है। जब व्यवस्था बदलाव के दर्शन को स्वीकार कर लेती है तभी वह कमोबेश उदीयमान

नये तबकों को आत्मसात् कर पाती है और अगर अपनी उत्पादकता को भी कायम रख पाती है तो इतिहास में धमाके नहीं होते।

बाबा साहेब स्वयं भी इतिहास में किसी क्रान्तिकारी धमाके की फिराक में नहीं थे। वे एक लोकतान्त्रिक-संवैधानिक दायरे में लोकसम्मत परिवर्तन के हामी थे। अधिकतम उन्हें 'रैडिकल डिमोक्रैट' कहा जा सकता है। इस रूप में वे जवाहरलाल नेहरू के बहुत निकट पड़ते हैं। बाबा साहेब की अर्थनीति, राजनीति और समाजनीति पर बहुत-कुछ कहा जा सकता है। यहाँ उनके कुछ बिन्दु ऐसे हैं जिन्हें मैं रेखांकित करना चाहूँगा। बाबा साहेब ने महापुरुषों के पाँच गुण गिनाये हैं– 1. बौद्धिकता; 2. निष्ठा; 3. सामाजिक उद्देश्यों की समझ; 4. साहस; और 5. समाज का मेहतर तथा कोड़ा दोनों एक साथ। ऐसा आदमी ही जनमानस पर युगान्तरकारी प्रभाव छोड़ पाता है। अम्बेडकर साहेब ऐसे ही युगान्तरकारी प्रभाव छोड़नेवाले महापुरुषों में हैं। वे बार-बार भवभूति को याद करते हैं और किसी समानधर्मा की तलाश में रहे। हिन्दू समाज रचना को उन्होंने एक ढीले-ढाले जात-पाँतवादी गठजोड़ (loose federation of castes) के रूप में देखा और इसकी क्रूरता को इसके ध ार्मिक निर्देशों से जोड़ा। आखिर क्यों सामान्यतया विनम्र दिखनेवाला हिन्दू अपने सामाजिक सरोकारों में दलितों के प्रति इतना क्रूर हो जाता है? इसे उन्होंने स्मृतियों, महाकाव्यों एवं पुराणों में जात-पाँत सम्बन्धी क्रूर विधि-निषेधों से जोड़ा और उदाहरणों के द्वारा इसे पुष्ट भी किया। हिन्दू समाज-व्यवस्था में निहित 'सीढ़ीगत असमानता' (graded inequality) को दूर करने के लिए उन्होंने चार उपाय सुझाये– 1. एक साथ खान-पान; 2. मिल-जुलकर रहना; 3. अन्तर्जात-पाँतवाली शादियाँ और 4. शास्त्रों में जहाँ आपत्तिजनक चीजें हैं उनकी सख्त आलोचना। दरअसल, सबके मूल में indogamy ही है जिसकी चर्चा उन्होंने अपने प्रथम महत्त्वपूर्ण निबन्ध Caste in India (1916) में की है। यह नियम-कानून से सम्भव नहीं है। इसके लिए निम्न चीजें आवश्यक हैं–1. राजनीति में भागीदारी; 2. आर्थिक विकास-औद्योगिक विकास; 3. न्यायसंगत वितरण ताकि विकास का लाभ नीचे तक पहुँचे; 4. व्यापक शिक्षा आन्दोलन ताकि विचारों का आवागमन सुनिश्चित हो; 5. आर्थिक-सामाजिक गतिशीलता की सुनिश्चितता ताकि एक विराट् मध्यम वर्ग बन सके; और 6. सामाजिक-सांस्कृतिक आन्दोलन।

बाबा साहेब ने धर्म-परिवर्तन किया, और एक लम्बी प्रतीक्षा, प्रयोग, अध्ययन और चिन्तन-मनन के बाद किया। वे हिन्दू धर्म को धर्म मानते ही नहीं थे। यह एक स्वाभाविक प्रवाह है जिसमें विवेक-अविवेक इतने गड्डमड्ड हैं कि उन्हें अलग कर पाना सम्भव नहीं है। बाबा साहेब धर्म को मानव समाज के लिए आवश्यक

मानते थे। उनकी दृष्टि में राज्य-केन्द्रित प्रयास मानव चेतना पर बाह्य दबाव पैदा करते हैं, लेकिन इससे सामुदायिकता का निर्माण सम्भव नहीं है। सामुदायिक भावना के लिए आन्तरिक दबाव होने चाहिए जो धर्म द्वारा ही सम्भव है। किन्तु यहाँ मुख्य प्रश्न है कि धर्म कैसा हो? उन्होंने अपने चर्चित निबन्ध 'बुद्ध या कार्ल मार्क्स' में धर्म के पच्चीस लक्षण गिनाये हैं, जिनमें निम्न महत्त्वपूर्ण हैं– 1. स्वतन्त्र समाज के लिए धर्म जरूरी है; 2. प्रत्येक धर्म काम लायक नहीं है; 3. धर्म का सम्बन्ध जीवन के तथ्यों से जरूर होना चाहिए, न कि ईश्वर से सम्बन्धित सिद्धान्तों और अनुमानों पर या आत्मा अथवा स्वर्ग पर या पृथ्वी पर; 4. मनुष्य और नैतिकता धर्म का केन्द्रीय सरोकार होना चाहिए; 5. नैतिकता ही जीवन का आधार होना चाहिए; 6. केवल अष्टांग-मार्ग ही मनुष्य की मजबूरियों को अतिक्रमित करने में सहायक हो सकता है और जीवन को सुखी बना सकता है; 7. निजी सम्पत्ति सभी वर्गों को शक्ति व खुशी देती है और दूसरों को दुःख व शर्म; 8. अष्टांगिक मार्ग द्वारा ही दुःख के कारणों को दूर किया जा सकता है; 9. मैत्री भाव का विचार कभी नहीं छोड़ना चाहिए; और 10. कुछ भी अन्तिम नहीं है। उनका मानना था कि ये ही भारतीय समाज के सुख और शान्ति की दृष्टि से उपादेय होंगे।

बाबा साहेब ने इन्हीं के आधार पर 'कम्युनिस्ट हिंसा और सर्वहारा की तानाशाही' की आलोचना की। जान ड्यूवी को उद्धृत करते हुए उन्होंने 'बल का ऊर्जा के रूप में उपयोग' की बात भी की जो लोकतन्त्र के भीतर ही सम्भव है। उन्होंने बुद्ध के पक्ष को पूर्णतः अहिंसक नहीं, लोकतान्त्रिक माना–"बुद्ध जन्मना लोकतान्त्रिक थे, लोकतान्त्रिक के रूप में जीये और लोकतान्त्रिक के रूप में ही मरे।"

इसी प्रकार बाबा साहेब की दृष्टि में बुद्ध समतावादी भी हैं। संघ की व्यवस्था शक्ति पर नहीं, मनुष्य के नैतिक संकल्पों पर टिकी होती है। मुक्तिदाता के रूप में बाबा साहेब 'साम्यवादी तानाशाही' की भी मुखालफत इसलिए ही करते हैं कि यह हिंसा को पक्ष और विपक्ष दोनों में संस्थाबद्ध करती है। आशय यह कि मार्क्स, गाँधी जी और बाबा साहेब तीनों ही अपने-अपने ढंग से मनुष्य की अभावग्रस्त स्थितियों से मुक्ति चाहते हैं। यह मुक्ति काल्पनिक नहीं, वास्तविक है। मार्क्स आर्थिक मुक्ति पर बल देते हैं, अम्बेडकर साहेब सामाजिक मुक्ति पर और गाँधी जी सत्य और अहिंसा के माध्यम से अपनायी गयी वैयक्तिक मुक्ति पर। तीनों के अलग-अलग विशेष क्षेत्र हैं, लेकिन मानव-जीवन तो एक ही है। ये तीनों अलग-अलग अधूरे हैं। इसीलिए मार्क्स, गाँधी और अम्बेडकर के सार्थक निष्कर्षों को सावधानीपूर्वक लागू करने में ही मानव समाज का हित है।

# अम्बेडकर चिन्तन के समाजवादी आयाम

जब भी मैं बाबा साहेब अम्बेडकर के बारे में सोचता हूँ तो मुझे एक अंग्रेज मनीषी ए. एन. ह्वाइटहेड की स्थापना याद आती है : सांस्कृतिक प्रतीक समाजों को भावनात्मक रूप से जोड़ते हैं और जिन समाजों के पास प्रतीकों की परम्परा कमजोर होती है वे जल्दी ही चुनौतियों के समक्ष बिखर जाते हैं, लेकिन अगर ये समाज अपने प्रतीकों का बदलती परिस्थितियों की रोशनी में सतत एवं सजग आकलन-मूल्यांकन नहीं करते रहते तो वे पथरा जाते हैं और किसी भी बाह्य अथवा आन्तरिक चुनौती का सामना करने में अक्षम सिद्ध होते हैं। कमोबेश इस पथराये भारतीय हिन्दू समाज में एक लम्बे अन्तराल के बाद एक दलित नायक बाबा साहेब अम्बेडकर सामाजिक विद्रोह के प्रतीक के रूप में उभरे एवं स्थापित हुए। आज इनके साथ करोड़ों लोगों की भावनाएँ, आशाएँ एवं आकांक्षाएँ जुड़ी हैं। अब यह स्वीकार किया जा चुका है कि स्वतन्त्रता-संग्राम के दौरान जैसे बालगंगाधर तिलक ने राष्ट्रीय जागरण को शहरी मध्यम वर्ग तक पहुँचाया और महात्मा गाँधी ने उसे किसान-चेतना से जोड़कर गाँव-गाँव तक पहुँचाया, उसी प्रकार स्वातन्त्र्योत्तर भारत में बाबा साहेब के विचारों ने सामाजिक जागरण को दलितों-वंचितों तक पहुँचाकर पारम्परिक समाज के सर्वाधिक कमजोर तबकों में राजनीतिक महत्त्वाकांक्षा जगायी है और एक नया समाज एवं राजनीति गढ़ने के लिए प्रोत्साहित किया है जिससे भारत में एक स्वस्थ, न्यायसंगत, लोकतान्त्रिक समाज के निर्माण की प्रभावी पहल सम्भव है। अम्बेडकर-विचारों के हस्तक्षेप के बाद भारतीय राजनीति और समाज वह नहीं रहे, न रह सकते हैं जो इससे पूर्व हुआ करते थे। इससे दलित राजनीति के भविष्य का भी उद्घाटन होता है।

लेकिन बाबा साहेब के बारे में सोचते समय राजनीतिक-सांस्कृतिक सन्दर्भों में उनके आकलन-मूल्यांकन की चुनौती भी हमारे सामने है। वैदिक परम्परा के लोग जो पहले आहत हुए अब उन्हें 'आधुनिक मनु' के रूप में अभिहित करते हैं और

उन्हें अपने महापुरुषों में समायोजित करने हेतु प्रयासरत हैं। अगर गौतम बुद्ध 10वें अवतार थे तो महात्मा गाँधी 11वें और बाबा साहेब 12वें अवतार के रूप में प्रतिष्ठित किये जा सकते हैं। लेकिन यह बाबा साहेब की सोच, मन्शा एवं बौद्धिक राजनीतिक प्रयासों के बिलकुल प्रतिकूल होगा। एक दूसरा प्रयास भी है जो अत्यन्त स्वाभाविक और बाबा साहेब की मन्शा के अनुकूल है, और वह है उन्हें गौतम बुद्ध, कबीर, रैदास, ज्योतिराव फुले की परम्परा में देखने का। यह परम्परा भी अत्यन्त प्राचीन है और इसे अवैदिक परम्परा के रूप में अभिहित किया जाता है। 1935 में हिन्दू धर्म के परित्याग की घोषणा के पश्चात् बाबा साहेब ने लगभग 20 वर्षों के अध्ययन एवं चिन्तन के बाद 14 अक्टूबर, 1956 को बौद्ध धर्म अपनाकर इसी अवर्ण परम्परा से स्वयं को जोड़ा था। यह परम्परा देशज होने के साथ-साथ सामाजिक दृष्टि से विवेकशील थी। इसमें बौद्धिक विवेचना एवं अस्पृश्यों के लिए सम्मानजनक जगह थी। बाबा साहेब की दृष्टि में यही परम्परा स्वस्थ, सामुदायिक एवं राष्ट्रीय विकल्प भी थी। इसी में वे राष्ट्रहित भी देखते थे। वैदिक परम्परा को वह स्वीकार नहीं कर सकते थे क्योंकि उसमें उन्हें परिष्कार की कोई सम्भावना नहीं दिखती थी। उन्होंने महात्मा गाँधी से स्पष्ट कहा था—"मैं वही रास्ता चुनूँगा जिससे देश की न्यूनतम क्षति हो, और बौद्ध धर्म अपनाकर मैं देश को अधिकतम लाभ पहुँचा रहा हूँ क्योंकि बौद्ध धर्म भारतीय सभ्यता का अनिवार्य अंग है। मैंने यह सावधानी बरती है कि मेरा धर्मान्तरण इस भूमि की परम्परा, संस्कृति एवं इतिहास को क्षतिग्रस्त नहीं करेगा।" (उद्धृत, धनंजय कौर, पृ. 498)। धर्मान्तरण पर प्रकाश डालते हुए बाबा साहेब ने निम्नांकित लक्ष्यों को सामने रखा था—

> *"एक, अछूतों को धर्मान्तरण से सम्पत्ति अथवा राजनीतिक अधिकार तो नहीं मिलेंगे, जो वास्तविक नुकसान भी नहीं है, लेकिन सामाजिक दृष्टि से उन्हें बहुत कुछ मिलेगा, क्योंकि धर्मान्तरण से उन्हें एक समुदाय मिलेगा (जिससे वे हिन्दू धर्म से वंचित हैं), एक ऐसा समुदाय जिसके धर्म ने जीवन-मूल्यों को सार्वभौम एवं सम बनाया है। दो, इससे उनमें जड़ीभूत हीनताबोध का अन्त होगा; और तीन, वे एक ऐसे समुदाय में जायेंगे जो जातिवादी भावना से मुक्त होगा"(बी. आर. अम्बेडकर, 'अवे फ्राम द हिन्दूज' वाल्यूम 5, पृ. 413)।*

14 अक्टूबर, 1956 को अपने धम्मचक्कप्रवर्तन के अवसर पर बाबा साहेब ने ये विचार व्यक्त किये थे और अपने उपस्थित 5 लाख अनुयायियों को 22 प्रतिज्ञाएँ दिलाकर हिन्दू धर्म से विच्छेद का वैचारिक एवं व्यावहारिक आधार दिया था।

लेकिन महात्मा गाँधी ने बहुत पहले आगाह किया था कि धर्म बदलना कपड़ा बदलना नहीं है। अनुभव बताता है कि सामान्यतया लोग अपने पूर्व संस्कारों एवं पूर्वग्रहों के साथ धर्मान्तरण करते हैं। यही कारण है कि एक ही धर्म, विभिन्न समाजों में, विभिन्न स्थानीय रीति-रिवाजों के साथ, अपनी कुछ सार्वभौम स्वीकृतियों के लिए जीता है। इससे भारतीय नवबौद्ध आन्दोलन भी नहीं बच सकता था, ठीक वैसे ही जैसे भारत में इस्लाम या ईसाइयत नहीं बच सके। बौद्ध धर्म की एक शाखा महायान इसका अन्यतम उदाहरण है। एक दूसरी परेशानी भी सामने है—क्या धर्मान्तरित दलित उस विराट्-समन्वित, निरापद सामुदायिकता का अहसास कर सका है जिसकी बाबा साहेब ने कल्पना की थी? धर्मान्तरित दलित कुछ और अलग-थलग पड़ा है और अब दलित-बोध के साथ उसमें अल्पसंख्यक बोध भी जड़ीभूत हुआ है और कँवल भारती जैसे दलित लेखक इधर 'दलित राष्ट्र' की चर्चा भी करने लगे हैं। तीसरी बात यह कि बाबा साहेब ने यह भी सोचा था कि बौद्ध समुदाय जातिमुक्त होगा, लेकिन ऐसा कुछ होता नहीं दिखता। विभिन्न जातियाँ, अपनी-अपनी आक्रामक पहचान के साथ बौद्ध धर्म के दायरे में अस्तित्व में हैं। आज दलित तबकों से धर्मान्तरित ईसाई स्वयं को वहाँ दलित अथवा अछूत ही महसूस करता है। सामुदायिकता मात्र चर्च की पूजा तक सीमित है, ऐसा वह कहता है। यही भारतीय इस्लाम और खालसा की भी सच्चाई है। चौथी बात यह कि दलित हिन्दू धर्म का परित्याग कर इसकी आलोचना का नैतिक अधिकार खो बैठता है, क्योंकि किसी दूसरे धर्म की आलोचना भी साम्प्रदायिकता का ही एक आयाम है। इससे नुकसान अधिक फायदा कम हुआ है। प्रतिक्रियास्वरूप हिन्दू धर्म पुनरुत्थानवादी होता जा रहा है और नवबौद्ध अल्पसंख्यक ग्रन्थि का शिकार। मेरी समझ है कि हिन्दू धर्म के भीतर से दलित विद्रोह आन्तरिक आणविक परिवर्तन (molecular changes) की उस स्वाभाविक प्रगतिशील प्रक्रिया को जन्म दे सकता था जो राष्ट्रीय हित में होता। पिछड़ी जातियों के अपने राजनैतिक शक्तीकरण की लड़ाई में हिन्दू धर्म आड़े नहीं आ रहा है, और न ही हिन्दू धर्म छोड़ने से दलित शक्तीकरण के संघर्ष को कोई उल्लेखनीय लाभ ही मिला है। दरअसल, सामाजिक शक्तीकरण, औद्योगिकीकरण का विस्तार, शिक्षा का विस्तार, राजनीतीकरण, विकास का न्यायसंगत बँटवारा इत्यादि से अभिन्न रूप से जुड़ा है। आर्थिक आधार एवं शैक्षणिक क्षमता के अभाव में असन्तुलित राजनीतीकरण होता है और शक्तीकरण की प्रक्रिया विरूपित हो सामाजिक स्वास्थ्य के लिए अहितकर होती है।

पाँचवीं बात यह कि बाबा साहेब के धार्मिक अभियान ने समाज में वर्ग-विभाजन की प्रक्रिया को कमजोर किया है जिसके चलते राष्ट्रीय राजनीति में

सामाजिक-आर्थिक रूपान्तरण के सेक्यूलर क्रान्तिकारी प्रयास दरकिनार हुए हैं। आज की दलित राजनीति के पास सत्ता से बड़ा कोई सरोकार नहीं है, और इसके लिए ही वह चाहे चुप रहती है या अवसरवाद को सिद्धान्त के रूप में प्रस्तुत करती है। इसी कारण वह राजनीतिक समीकरणों की दृष्टि से अविश्वसनीय बनी है, और राष्ट्रीय स्तर का एक इतना विराट् संगठित जनमत नेतृत्वकारी भूमिका के लायक नहीं समझा जाता। जिस सामाजिक तबके से सामाजिक-राजनीतिक क्रान्ति की अपेक्षाएँ थीं, आज वह सत्ता की असफल बन्दरबाँट, जातिवादी वर्चस्व और आरक्षणवाद की लड़ाई तक सीमित है। इसका बुद्धिजीवी आर्थिक रूपान्तरण की वृहत्तर वर्गीय सामाजिक परिणामों की सचेतन अनदेखी करता है जिसके चलते आज अम्बेडकरवाद जातिवादी वर्चस्व और धर्मपरिवर्तन से जुड़े संघर्षों की विचारधारा बनता जा रहा है। इसमें निहित क्रान्तिकारी सम्भावनाएँ दरकिनार हैं। इसी जातिवादी एवं सामुदायिक परिप्रेक्ष्य के चलते अम्बेडकरवाद की सम्प्रति व्याख्या 'उल्टा मनुवाद' (inverted Brahminism) के रूप में भी की जा सकती है। अब यह अपनी मुक्ति को अन्यों की मुक्ति की पूर्व शर्त के रूप में देख पाने में अक्षम है। इस सन्दर्भ में ध्यातव्य है कि अपने जीवन-काल में ही बाबा साहेब ने दलितवादी राजनीति की सीमा का अहसास कर लिया था और उन्होंने शेड्यूल्ड कास्ट फेडरेशन की सभा में, जिसकी अध्यक्षता उन्होंने स्वयं की थी, आरक्षण को समाप्त करने तक का प्रस्ताव पारित करवाया था और दलितों को अपने समुदायहित से ऊपर उठकर राष्ट्रहित में सोचने का आग्रह किया था और साथ ही शेड्यूल्ड कास्ट फेडरेशन को भंगकर कोई राजनीतिक दल बनाने की पहल की थी ताकि गैर-दलित भी दलित उम्मीदवारों को मत दे सकें। इसी अहसास के साथ उन्होंने रिपब्लिकन पार्टी की स्थापना की योजना बनायी और 1952 के चुनाव में समाजवादियों से राजनीतिक ताल-मेल भी किया। (देखें– Source Material on Dr. B.R. Ambedkar and the Movement of Untouchables, Vol. I, Govt. Central Press, Bombay, 1982, pp 358-361)

आज की दलित राजनीति लगभग उसी स्थिति में है जिस स्थिति में 1946 और उसके बाद के वर्षों में शेड्यूल्ड कास्ट फेडरेशन था। कई एक प्रान्त में दलित जनमत कमोबेश संगठित है, लेकिन राष्ट्रीय स्तर पर उसका उभरता राजनीतिक व्यक्तित्व उसके वास्तविक सामाजिक आधार की अभिव्यक्ति नहीं बनता। अतः अपने परिनिब्बान के पूर्व बाबा साहेब ने एक बड़े राजनीतिक मंच की बात सोची थी ताकि दलित दावों की संकीर्णता को अतिक्रमित किया जा सके। उन्होंने समाजवादियों से तालमेल भी किया। लेकिन उन्हें साम्यवादियों से भय था क्योंकि

साम्यवादी एजेण्डा में सर्वहारा की तानाशाही की अवधारणा निहित थी जो बाबा साहेब के यूरोप-संस्कारित संसदीय लोकतन्त्र की अवधारणा से टकराती थी। लेकिन अब साम्यवादी राजनीति की स्थिति भी आरम्भिक समाजवादियों जैसी ही है और इसलिए, निश्चय ही, ताल-मेल की सम्भावना बढ़ी है।

## डॉ. अम्बेडकर और समाजवाद

दरअसल, अम्बेडकर-चिन्तन में समाजवादी और साम्यवादी मुद्दे उद्भासित होते रहते हैं। सर्वप्रथम 1935 में अपनी महत्त्वपूर्ण पुस्तिका 'एन्नीहिलेशन ऑफ कास्ट्स' में जिसे दलित सामाजिक अभियान के घोषणा-पत्र के रूप में पढ़ा जा सकता है, उन्होंने समाजवादियों/साम्यवादियों की आलोचना की। उनकी आलोचना के प्रमुख बिन्दु निम्नांकित हैं–

> *"समाजवादी/साम्यवादी चिन्तन में मूल इकाई वर्ग है जाति नहीं, जबकि भारतीय समाज की मूल इकाई जाति है वर्ग नहीं। एक ही आर्थिक आधार के ब्राह्मण एवं शूद्र या अन्य किसी जाति के व्यक्ति के सामाजिक स्तर भिन्न होते हैं।*
>
> *समाजवादी चिन्तन धार्मिक भावनाओं को दरकिनार करता है जबकि सत्य यह है कि धर्म भी सामाजिक स्तर प्रदान करता है। निर्धन साधु अथवा फकीर के समक्ष धनवान् और शक्तिशाली भी झुकते दिखायी देते हैं। इस प्रकार ध र्म केवल नैतिकता का ही स्रोत नहीं बल्कि सामाजिक स्तर और शक्ति का भी स्रोत है जिससे समाजवादी इन्कार करते हैं। उन्हीं के शब्दों में–"धर्म, सामाजिक स्तर और सम्पत्ति तीनों ही शक्ति और अधिकार के स्रोत हैं और इनमें से अगर एक भी किसी के पास है तो वह दूसरे की स्वतन्त्रता को नियन्त्रित करता है। एक की प्रधानता एक चरण में है और दूसरे चरण में दूसरे की।" (राइटिंग्स ऐण्ड स्पीचेज ऑफ बी. आर. अम्बेडकर, वाल्यूम एक, पृ. 45)*
>
> *समाजवादियों का आर्थिक समता-सम्बन्धी कार्यक्रम अत्यन्त आदर्शवादी, दूरस्थ और इसलिए अव्यावहारिक है। तात्कालिक सामाजिक असमानता और उत्पीड़न से यह दिमाग को हटाता है।*
>
> *समाजवादी यह भी नहीं समझ पाता कि जातियों ने उसके सर्वहारा को भी विभाजित कर रखा है जिसके परिणामस्वरूप क्रान्तिकारी सर्वहारा की कल्पना भारत में सम्भव नहीं।*
>
> *समाजवादी सत्ता-प्राप्ति की लड़ाई लड़ते हैं जबकि भारत में समाज-सुधार दलितों की मूल आवश्यकता है।*

इसी पुस्तिका में एक स्थान पर बाबा साहेब ने समता की बात विशेष रूप से उठायी है। वे समता के मुद्दे को अत्यधिक विवादित बताते हैं और कहते हैं कि इस विवाद में दम है (वही, पृ. 58)। उनकी दृष्टि में समता मात्र एक 'कल्पना' हो सकती है फिर भी इसे 'निर्धारक सिद्धान्त' के रूप में अपनाया जाना चाहिए। उनके अनुसार मनुष्य की शक्तिमत्ता तीन बातों पर निर्भर करती है–1. शारीरिक अनुवांशिकी, 2. सामाजिक उत्तराधिकार या माँ-बाप का उचित संरक्षण, शिक्षा तथा वैज्ञानिकी ज्ञान इत्यादि जो प्रत्येक व्यक्ति को किसी बर्बर से अलग करते हैं, और 3. उसके अपने प्रयास। इन तीन रूपों में निश्चय ही लोग असमान होते हैं। अतः असमानता एक स्वीकृत सत्य है। लेकिन अम्बेडकर साहेब प्रश्न उठाते हैं–"क्या किसी के प्रति इसलिए भेदभाव किया जाना चाहिए कि वह इन रूपों में असमान है?" और वे कहते हैं–"यह प्रश्न है जिसका उत्तर समता के विरोधियों को देना होगा" (पृ. 58)। पुनः डॉ. अम्बेडकर अपनी सामाजिक समता-सम्बन्धी पुरानी ध ारणा की ओर लौटते हैं और निष्कर्षतः कहते हैं कि–

> समता का सिद्धान्त स्पष्टतः भ्रामक है, लेकिन कुल मिलाकर एकमात्र यही रास्ता है जिस पर राजनीति में कोई स्टेट्समैन चल सकता है क्योंकि राजनीति कठोर व्यावहारिक सरोकार है जो कठोर व्यावहारिक निष्कर्ष की अपेक्षा रखती है। (वही, पृ. 58)

इस प्रकार बाबा साहेब समता की अवधारणा को राजनीतिक रूप से खारिज तो नहीं करते लेकिन इसकी अव्यावहारिक आदर्शवादिता को निश्चय ही रेखांकित करते हैं। फिर भी आर्थिक शक्ति और समता का प्रश्न बार-बार बाबा साहेब का ध्यान खींचता है। अपने चर्चित व्याख्यान 'रानाडे, गाँधी ऐण्ड जिन्ना' (1943) में वे अपनी चिन्ता व्यक्त करते हैं, जिससे अम्बेडकर साहेब की सोच की दिशा का अहसास होता है–

> शासन कौन करेगा– सम्पत्ति या मनुष्य? नेतृत्व कौन करेगा–धन या ज्ञानशक्ति? सार्वजनिक स्थानों को कौन भरेंगे– शिक्षित एवं देशभक्त स्वतन्त्र लोग या कारपोरेट पूँजी का सामन्ती अर्द्धदास? (वही, वाल्यूम एक, पृ. 227)

लेकिन बाबा साहेब ने दो स्थानों पर समाजवादी एवं साम्यवादी सिद्धान्तों तथा कार्यक्रमों को विशेष रूप से रेखांकित किया है। एक है उनका आलेख–'स्टेट्स ऐण्ड माइनारिटीज' जो 'ऑल इण्डिया शेड्यूल्ड कास्ट फेडरेशन' की ओर से संविधान मसविदा के रूप में 1947 में संविधान-सभा के विचारार्थ प्रस्तुत किया गया था। इस आलेख की मूल चिन्ता स्वतन्त्र भारत के लिए बन रहे संविधान में अल्पसंख्यकों के अधिकारों पर केन्द्रित थी। उस समय वे दलित समाज को भी अल्पसंख्यक समाज के रूप में प्रस्तुत करते थे जो महात्मा गाँधी से टकराव का प्रमुख कारण था। अपने इस

मसविदे में डॉ. अम्बेडकर ने कुछ सुझाव दिये हैं (देखें स्पीचेज ऐण्ड राइटिंग्स ऑफ बी. आर. अम्बेडकर, वाल्यूम 1, पृ. 411, 412, 396-97) जो प्रासंगिक हैं–

1. राजकीय समाजवाद की स्थापना लेकिन संसदीय लोकतन्त्र को कोई क्षति पहुँचाये बगैर–"समस्या है राजकीय समाजवाद बिना तानाशाही के, संसदीय लोकतन्त्र के साथ।" इसके लिए वे एक रास्ता यह सुझाते हैं कि संविधान में राजकीय समाजवाद का प्रावधान कुछ इस प्रकार से किया जाना चाहिए कि संसदीय बहुमत अथवा अल्पमत के दायरे से वह बाहर रहे।
2. आधारभूत उद्योगों का संचालन राज्य अथवा राज्य द्वारा निर्मित किसी निगम द्वारा किया जाये।
3. बीमा पर राज्य का एकाधिकार हो और हर व्यक्ति इसके अधीन अपनी मजदूरी के अनुसार रहे।
4. कृषि को राजकीय उद्योग माना जाये।
5. राज्य जिस सम्पत्ति का अधिग्रहण करे उसकी क्षतिपूर्ति भी करे।

इसी प्रकार कृषि-व्यवस्था के बारे में भी उन्होंने विस्तृत ब्यौरा प्रस्तुत किया है–

1. मानक के रूप में कृषि फार्म्स होंगे जिन पर सामूहिक खेती की जायेगी।
2. इसके लिए नियम-कानून राज्य बनायेगा।
3. कृषक लाभांश अपने में वितरित करेंगे।
4. खेतों के बँटवारे में जाति-धर्म का ध्यान नहीं रखा जायेगा–"न भूस्वामी, न रिआया और न ही भूमिहीन श्रमिक।"
5. कृषि फार्मों से जुड़ी आवश्यकताओं की पूर्ति राज्य करेगा।

इसी प्रकार अपने एक आलेख 'बुद्ध या कार्ल मार्क्स' में डॉ. अम्बेडकर ने बुद्ध और कार्ल मार्क्स का एक तुलनात्मक अध्ययन प्रस्तुत किया जिसमें उन्होंने बौद्ध समाज दर्शन के 25 और मार्क्सवादी समाज दर्शन के 10 केन्द्रीय बिन्दुओं को रेखांकित किया है। मार्क्सवाद के दस बिन्दुओं में 4 बिन्दु ऐसे हैं जो उन्हें बौद्ध जीवन-दर्शन की दृष्टि से भी निरापद एवं 'बहुत महत्त्वपूर्ण' दिखते हैं–

1. दर्शन का कार्य विश्व की रचना है न कि उसके उद्भव की व्याख्या में समय गँवाना।
2. वर्गीय हितों के बीच टकराव होते हैं।
3. व्यक्तिगत सम्पत्ति एक वर्ग को शक्ति प्रदान करती है और इससे दूसरे वर्ग का शोषण और उत्पीड़न होता है।

4. यह आवश्यक है कि समाज के भले के लिए व्यक्तिगत सम्पत्ति का खात्मा करके दुःख का अन्त किया जाये। (देखें, वही, वाल्यूम 6, पृ. 444)

लेकिन डॉ. अम्बेडकर इन समानताओं तक ही नहीं सीमित रहते। वे अपने मतभेद को भी रेखांकित करते हैं जो प्रमुखतः दो हैं–1. साध्य और साधन का प्रश्न और 2. राज्य का विलोपन। इन पर थोड़ा विचार आवश्यक है।

## साध्य एवं साधन

डॉ. अम्बेडकर साध्य को अपेक्षित महत्त्व देते हुए भी साधन की शुचिता पर अत्यधिक बल देते हैं। सर्वप्रथम, वे साधन के रूप में बौद्ध अष्टांगिक मार्ग, पंचशील और पारमिताओं को रेखांकित करते हैं। उनका निष्कर्ष है–

> *स्पष्ट है, बुद्ध द्वारा अपनाये गये साधन व्यक्ति के नैतिक स्वभाव को बदलते हैं और व्यक्ति स्वेच्छया कुशल कर्मों की ओर अग्रसर होता है। साम्यवादियों द्वारा अपनाये गये साधन संक्षिप्त और शीघ्रतावाले हैं–1. हिंसा और 2. सर्वहारा की तानाशाही...भगवान् बुद्ध और कार्ल मार्क्स के बीच भिन्नता और साम्य क्या है। भिन्नताएँ साधन की हैं। उद्देश्य (साध्य) एक है (वही, वाल्यूम 6, पृ. 450)*

हिंसा के सन्दर्भ में अम्बेडकर साहेब मानते हैं कि किसी-न-किसी सीमा तक हिंसा सामाजिक-आर्थिक रूपान्तरण में अपिरहार्य है। इसका उपयोग साम्यवादी और गैर-साम्यवादी दोनों ही प्रकार के देशों में किया जाता है। भगवान् बुद्ध भी न्याय के लिए हिंसा के उपयोग को उचित ठहराते हैं। हिंसा का औचित्य बनता है अगर यह निःस्वार्थ उद्देश्यों के लिए हो (वही, पृ. 451)। लेकिन हिंसा द्वारा प्राप्त की गयी उपलब्धियों के बारे में अम्बेडकर साहेब का मानना है कि इसका उपभोग अनिश्चित होता है क्योंकि विजित जिस दिन भी शक्ति अर्जित करता है उन्हें छीनता है। इस सन्दर्भ में वे अंग्रेज राजनीतिक चिन्तक एडमण्ड बर्क को उद्धृत करते हैं (पृ. 453)। डॉ. अम्बेडकर को अमेरिकी व्यावहारवादी (pragmatic) दार्शनिक जान ड्यूई की स्थापना सर्वोत्तम लगती है। ड्यूई ने बल प्रयोग को दो रूपों में देखा है– एक हिंसा के रूप में और दूसरा ऊर्जा के रूप में। हिंसा के रूप में बल का प्रयोग अनुचित है लेकिन ऊर्जा के रूप में इसका प्रयोग वांछित है। लोकतान्त्रिक आन्दोलन बल का प्रयोग ऊर्जा के रूप में करते हैं। भगवान् बुद्ध ने भी ऐसे बल प्रयोग को उचित बताया है। डॉ. अम्बेडकर ने बल प्रयोग की 'इच्छा' और बल प्रयोग की 'आवश्यकता' में अन्तर किया है। बल प्रयोग की इच्छा अनावश्यक हिंसा को जन्म देती है, लेकिन बल प्रयोग की आवश्यकता सुरक्षात्मक होती है और नैतिक दृष्टि से काम्य भी। बल का विवेकहीन अर्थात् हिंसक प्रयोग कुछ एक उपलब्धियों के लिए बहुत-सारी उससे

भी मूल्यवान् चीजों को विनष्ट करता है। अतः स्वस्थ समाज-रचना का सिद्धान्त यही होना चाहिए कि रचना के दौरान रचना का औसत उससे उत्पन्न परेशानियों अथवा बर्बादियों से हमेशा बहुत अधिक है। अम्बेडकर साहेब ने इसीलिए स्वयं को बर्क की तरह 'प्रगतिशील यथास्थितिवादी' (progressive conservative) या व्यावहारिक आदर्शवादी (pragmatic idealist) व 'ग्रेजुअलिस्ट' घोषित किया है। कुल मिलाकर साध्य-साधन के परिप्रेक्ष्य में अम्बेडकर साहेब को स्वीकृत अर्थों में क्रान्तिकारी नहीं माना जा सकता।

## सर्वहारा की तानाशाही

सर्वहारा की तानाशाही की मार्क्सवादी अवधारणा को अम्बेडकर साहेब अस्वीकार करते हैं। उनकी दृष्टि में यह तानाशाही अन्तरिम साधन के रूप में आती है, लेकिन इसका विलोपन नहीं हो पाता। इस सन्दर्भ में वे दो प्रश्न उठाते हैं– 1. क्या राज्य कभी विलुप्त होगा?; और 2. राज्य के विलोपन के बाद विकल्प क्या होगा? डॉ. अम्बेडकर का मानना है कि लोकतन्त्र के हित में अल्पकालिक तानाशाही का स्वागत किया जा सकता है। सम्राट् अशोक ने यह रास्ता दिखाया भी है (वही, पृ. 451)। लेकिन साम्यवादियों के पास इसका कोई उत्तर नहीं है क्योंकि अन्तरिम साधन सर्वहारा की तानाशाही के अन्त का अभी कोई आभास नहीं है। अम्बेडकर साहेब का यह भी मानना है कि राज्य किसी-न-किसी रूप में रहेगा। चेष्टा यह होनी चाहिए कि यह लोकतान्त्रिक और मानवीय हो। राज्य के विलोपन की बात कोरी काल्पनिकता या नितान्त आदर्शवादिता है।

## धर्म और मार्क्सवाद

इसी प्रकार वे एक तीसरा बिन्दु मार्क्सवादियों की धर्म सम्बन्धी अवधारणा पर तीखी प्रतिक्रिया व्यक्त करते हुए उठाते हैं। उनकी दृष्टि में मार्क्सवादी धर्म को अफीम के अतिरिक्त कुछ नहीं मानते। लेकिन उनकी यह समझ तथ्याधारित नहीं है। इतना ही नहीं, डॉ. अम्बेडकर 'अर्जित सम्पत्ति' की सुरक्षा के भी पक्षधर हैं। फिर प्रश्न यह उठ सकता है कि पूँजीपति की अर्जित सम्पत्ति का क्या होगा जिससे उनका विरोध है? वे आस्था, शील और विवेक पर अत्यधिक बल देते हैं, और यह भी बताते हैं कि आर्थिक मूल्यों के साथ-साथ आध्यात्मिक मूल्यों की भी आवश्यकता है (वही, पृ. 460-461)। इसी कारण वे बुद्धपथ को मार्क्सपथ से बेहतर बताते हैं। उनकी दृष्टि में बुद्धपथ व्यक्ति की चिति को रूपान्तरित करता है और यह रूपान्तरण स्वेच्छया होता है, बिना किसी बाह्य दबाव के। फिर भी वे रूसी क्रान्ति का 'स्वागत' करते हैं क्योंकि वह क्रान्ति फ्रान्सीसी क्रान्ति के समता के सिद्धान्त को व्यावहारिक

आयाम देने हेतु हुई थी। लेकिन वे आगाह भी करते हैं कि समता की तलाश में स्वतन्त्रता और भाईचारा का विलोप नहीं होना चाहिए। उनकी आस्था है कि बुद्धपथ ही इन तीनों के आदर्श व्यावहारिक समन्वय को साकार कर सकता है। (वही, पृ. 482)

उपर्युक्त विश्लेषण का आशय अम्बेडकर-चिन्तन, समसामायिक अम्बेडकरवाद और दलित राजनीति की सीमाओं को रेखांकित करना नहीं बल्कि अम्बेडकर-चिन्तन में निहित समाजवादी सम्भावनाओं की ओर ध्यान खींचना है। लेकिन समाजवादी चिन्तन एवं राजनीति की दृष्टि से तीनों ही समस्याग्रस्त हैं। इनमें निहित दो समस्याएँ प्रमुख हैं- एक जाति-आग्रह और दूसरा धार्मिक-आग्रह। जाति को समाज की मूल इकाई मानने से अम्बेडकर-चिन्तन उग्र जातिवादी संगठनों एवं उनकी सत्तापरक राजनीति का सैद्धान्तिक आधार प्रस्तुत करता है। इतना ही नहीं, इससे जाति-विशेष की संरचना में निहित स्तरीकरण, विषमता, शोषण एवं उत्पीड़न की सचेतन अनदेखी होती है और इस प्रकार व्यवहृत अम्बेडकरवाद दलित अभिजन के आर्थिक-राजनीतिक हितों का सम्पोषक साबित होता है। इसी सीमा के चलते वह द्विज जातियों के गरीबों के प्रति भी शंकालु एवं असहिष्णु है। इस रूप में यह मनुवाद का दलित संस्करण है जिसमें विजेता की श्रेष्ठता और विजित की अधीनता सुनिश्चित है और अगर ऐसा नहीं हो पाता है तो इसके कारणों की तलाश आधुनिकता की ताकतों और भारतीय समाज की असमायोज्य बहुलता में होनी चाहिए जो दलितवाद की मन्शा के बावजूद सक्रिय हैं। इसी प्रकार अपने धार्मिक आग्रह के चलते यह बौद्धधर्म के सहारे एक ठोस दलित समुदाय के निर्माण की प्रेरणा देता है। इस निर्माण प्रक्रिया में हिन्दू सामाजिक प्रतीकों का विखण्डन एक अनिवार्य शर्त है जिसमें दोनों ओर साम्प्रदायिक उन्माद के बीज छिपे हैं, क्योंकि दोनों एक-दूसरे की कीमत पर जीने और बढ़ने की कोशिश करेंगे। इससे भारतीय राजनीति साम्प्रदायिक समीकरणों का शिकार होगी और राष्ट्रीय एकता एवं सद्भाव की दृष्टि से खतरनाक परिणाम निकलेंगे। राष्ट्र-निर्माण के सन्दर्भ में डॉ. अम्बेडकर की देशज संस्कृति की कल्पना भी ध्वस्त हो जायेगी। इतना ही नहीं, जातिवादी अथवा साम्प्रदायिक राजनीति के माध्यम से हमेशा जातिवादी/साम्प्रदायिक बहुमत-अल्पमत निर्मित होगा जो शाश्वत होगा क्योंकि दोनों जन्मना हैं और इनसे विवेकशील राजनीतिक आचरण की उम्मीद नहीं की जा सकती। डॉ. अम्बेडकर ने इस आधार पर भी तत्कालीन कांग्रेस का विरोध किया था। इससे वर्गीय राजनीति की सम्भावना क्षीण होती जायेगी और यही शासक तबकों के हित में होगा। इन्हीं आन्तरिक विसंगतियों के चलते दलितवादी संवेदना संकीर्ण है और वृहत्तर सामाजिक संवाद निर्मित करने में सर्वथा अक्षम। आश्चर्य नहीं, अपने विराट् सामाजिक आधार के

बावजूद, यह नेतृत्वकारी भूमिका में नहीं है। अम्बेडकरवादी सामाजिक अभियान में अब कोई बड़ी गुणात्मक सम्भावना नहीं दिखती। अतः नयी ऊर्जा एवं उत्साह के लिए अम्बेडकर-चिन्तन में बिखरे समाजवादी तत्त्वों को उभारने की आवश्यकता है ताकि दलितवादी राजनीति अपनी विचारधारा और आचरण में जात-पाँत को दरकिनार कर वर्गबोध को केन्द्र में ला सके और इसके साथ ही धर्म की सीमाओं को भी समझ सके। इसके लिए समाजवादी निर्माण के सन्दर्भ में अम्बेडकर-चिन्तन के पुनर्मूल्यांकन एवं पुनर्गठन की आवश्यकता है। अर्थात् दलित बुद्धिजीवियों से यह अपेक्षा बनती है कि इस दिशा में प्रयासरत हों। आज दलित-चिन्तन एवं राजनीति का यही सर्जनात्मक आयाम है।

●

# डॉ. अम्बेडकर की राजनीति

## 'स्वयं-के-लिए-दलित' से 'देश-के-लिए-दलित'

बी. आर. अम्बेडकर दलितवादी राजनीति के प्रस्थान-बिन्दु और सैद्धान्तिक सूत्रधार हैं। उनसे पूर्व दलित आन्दोलन मात्र सुधार आन्दोलन था, लेकिन बाबा साहेब ने इसे एक विचारधारा, सत्ता-सन्दर्भ और 'धम्म' दिया। आश्चर्य नहीं, बाबा साहेब समकालीन दलित राजनीति के सन्दर्भ-बिन्दु हैं। इसका राजनीतिक व्यवहार भी बाबा साहेब के राजनीतिक व्यवहार से बहुत भिन्न नहीं है। लेकिन बाबा साहेब की राजनीति को समझने के लिए कार्ल मार्क्स का थोड़ा सहारा अपेक्षित है।

मार्क्स का मानना था कि 'स्वयं-में-वर्ग' (Class-in-itself) एक इतिहासजनित, निष्क्रिय सामाजिक अवस्थिति है जिसे वर्ग-चेतन बनाकर 'स्वयं-के-लिए-वर्ग' में रूपान्तरित करना होता है, जो बिना एक इतिहास-संगत विश्वबोध एवं विचारधारा के सम्भव नहीं है। इसके बिना शोषितों-पीड़ितों की मुक्ति सम्भव नहीं है। शोषित-पीड़ित होना एक बात है, लेकिन शोषित-पीड़ित होने का अहसास, और उस स्थिति से मुक्ति के लिए इतिहास-सम्पुष्ट वैचारिक एवं संगठनात्मक उपकरणों की ईजाद दूसरी चीज। इस ईजाद के लिए कार्ल मार्क्स ने पूँजीवाद की दार्शनिक, ऐतिहासिक, राजनीतिक-आर्थिक, सौन्दर्यशास्त्रीय-साहित्यिक, गम्भीर समालोचनाएँ प्रस्तुत कीं और 'कम्युनिस्ट मैनिफेस्टो' के रूप में अपने मित्र एंजेल्स के साथ मिलकर एक राजनीतिक कार्यक्रम भी प्रस्तुत किया। उनकी समझ थी कि वर्ग-चेतना संगठित सक्रियता के बिना श्रमिक वर्ग इतिहास-निर्माता 'स्वयं-के-लिए-वर्ग' में रूपान्तरित नहीं हो सकता। इतना ही नहीं, उन्होंने यह भी रेखांकित किया कि शोषित वर्गों की मुक्ति अनिवार्यतः मानव-मुक्ति से जुड़ी है। आश्चर्य नहीं, लगभग 150 वर्षों तक मार्क्सवाद विश्वस्तर पर श्रमिक मुक्ति आन्दोलनों का प्रमुख वैचारिक स्रोत रहा है।

भारतीय दलितों के सन्दर्भ में बाबा साहेब अम्बेडकर ने भी यही भूमिका निभायी। उन्होंने दलितों को आम शोषित श्रमिकों से अलग किया, क्योंकि उनकी दृष्टि में भारतीय दलित मात्र वर्ग-शोषण का ही नहीं, बल्कि वर्ण-जाति शोषण का भी शिकार रहा है। वर्गीय शोषण के चलते वह निर्धन था, और वर्ण-जाति शोषण के चलते अछूत एवं अन्त्यज। इसलिए मार्क्स की सर्वहारा विश्व-दृष्टि की तरह उन्होंने भी एक भारतीय दलित-दृष्टि विकसित की और इसी की रोशनी में एक स्वतन्त्र दलित राजनीति भी संगठित की। इस सन्दर्भ में उनकी कुछ पुस्तकों, जैसे *'एन्नीहिलेशन ऑफ कास्ट्स', 'हू वेयर द शूद्राज', 'अनटचेबुल्स', 'ह्वाट गाँधी ऐण्ड हिज कांग्रेस हैव डन फार द अनटचेबुल्स', 'रानाडे, गाँधी एण्ड जिन्ना'* को और *'इण्डिपेण्डेण्ट लेबर पार्टी', 'शेड्यूल्ड कास्ट फेडरेशन'* और *'रिपब्लिकन पार्टी ऑफ इण्डिया'* जैसे राजनीतिक संगठनों के दस्तावेजों को पढ़ा जाना चाहिए। अपनी वैचारिक-राजनीतिक मुहिम द्वारा बाबा साहेब ने पारम्परिक अस्पृश्य तबकों को शूद्र अर्थात् 'स्वयं-में-शूद्र' जैसी शोषित एवं निष्क्रिय सामाजिक अवस्थिति से दलित अर्थात् 'स्वयं-के-लिए-शूद्र' जैसी संगठित विचार-सम्पन्न एवं सक्रिय इतिहास-निर्मातृ चेतना में रूपान्तरित किया। इतना ही नहीं, भारतीय सामाजिक मुक्ति के लिए उन्होंने **बुद्ध ऐण्ड हिज धम्म** लिखा, क्योंकि बौद्ध भारत के रूप में ही वर्ण-वर्ग-मुक्त भारत का सपना देखते थे। इस प्रकार बाबा साहेब का सामाजिक विजन भारत-विशिष्ट था।

बाबा साहेब के सामाजिक-राजनैतिक निरूपण को लेकर मतभेद है। उन्हें कुछ लोग क्रान्तिकारी, कुछ सवर्ण, विशेषतः ब्राह्मण-विरोधी, कुछ लोग जातिवादी या साम्प्रदायिक समझते हैं। मुझे ऐसा कुछ नहीं दिखता। वे सवर्ण या ब्राह्मण-विरोधी नहीं, बल्कि वर्ण-जाति विरोधी दलित विचारक, विद्वान् और राजपुरुष थे। उनकी क्रान्तिकारिता, कुल मिलाकर, वर्णवाद के उच्छेद पर केन्द्रित थी। आर्थिक मुद्दे पर वे जरूर साम्यवादियों के निकट थे, लेकिन उनका लोकतान्त्रिक विवेक उन्हें कम्युनिस्ट क्रान्तिकारिता से विरत रखता था। बुद्ध धर्म का चयन भी उन्होंने इसकी सामाजिक-आर्थिक नैतिकता की रोशनी में किया था, जिसे साम्यवादी एक सामुदायिक विकल्प के रूप में देखता है। इसे वह आधुनिकतावादी अम्बेडकर में अन्तर्विरोध कहता है। दरअसल, वे जवाहरलाल की तरह एक रैडिकल डिमोक्रैट थे। अन्तर इतना भर था कि नेहरू का बल वर्ग पर था, और वे आश्वस्त थे कि आधुनिकता के उपकरण उद्योग, शिक्षा, विकास, विवेकवाद द्वारा जातिगत एवं साम्प्रदायिक विधि-निषेधों को मिटाये बिना आधुनिकता और वर्गीय रूपान्तरण सम्भव नहीं है। इसलिए वे स्वाधीन भारत की राजनीति में दलित-केन्द्रीयता चाहते थे। उत्तर-अम्बेडकर राजनीति ने इसे यथावत् स्वीकारा है। इसलिए आज की दलित राजनीति को समझने

के लिए बाबा साहेब की दलित राजनीति को समझना आवश्यक है। इसके लिए 12 नवम्बर, 1930 को प्रथम गोलमेज कान्फ्रेन्स में दिये गये उनके व्याख्यान से एक उद्धरण देखें—

*हमें अक्सर याद दिलाया जाता है कि दलित वर्गों की समस्या सामाजिक है और इसका समाधान राजनीति से बाहर कहीं और है। इस पर हमारी गम्भीर आपत्ति है। हमारा मत है कि दलित वर्गों की समस्या का समाधान तब तक सम्भव नहीं है जब तक इनके हाथ में राजनीतिक शक्ति नहीं आती...दलित वर्गों की समस्या मुख्यतः राजनीतिक है और इसे इसी रूप में देखा जाना चाहिए। हमें मालूम है कि अब राजनीतिक शक्ति अंग्रेजों के हाथ से उन लोगों के हाथ में जा रही है जिनका हमारे अस्तित्व पर भयानक आर्थिक, सामाजिक और धार्मिक नियन्त्रण है।*[1]

स्पष्ट है, जब तक सत्ता अंग्रेजों के हाथ में थी, उन्हें राजनीति को लेकर बड़ी चिन्ता नहीं थी। लेकिन भारतीय सवर्णों के हाथ में खिसक रही सत्ता से वे परेशान थे। गाँधीवादी कांग्रेस पर ब्राह्मण हावी थे और इसलिए उन्हें आशंका थी कि सत्तासीन होते ही कांग्रेस समाज-सुधार की अनदेखी करेगी और मनुस्मृति-समर्पित वर्ग-जाति-प्रधान व्यवस्था को पुनर्जीवित करेगी। इसलिए उन्होंने वर्ण-जाति के प्रश्न को राजनीतिक सत्ता से जोड़ा था, जिसे उनसे पूर्व के किसी भी दलित एवं गैर-दलित सुधारक ने नहीं जोड़ा था। महात्मा गाँधी और कांग्रेस समाज-सुधार को राजनीति से बाहर रखना चाहते थे, क्योंकि यह अत्यन्त विभाजक मुद्दा था, जिसका दोहन अंग्रेजी सत्ता अपने हित में करती थी।

29 जनवरी, 1939 को गोखले संस्थान, पूना में कार्ले स्मृति व्याख्यान देते हुए उन्होंने अपने राजनीतिक व्यवहार को स्पष्ट करते हुए कहा था—

*मुझे आप गलत न समझें। मैं अधीर आदर्शवादी नहीं हूँ। मैं क्रमिकवादी (gradualist) की निन्दा नहीं करता, यद्यपि क्रमिकवादी जिसका एक रुपये पर दावा जायज है, एक आना माँगता है और एक आना पाकर ही भारी जीत की घोषणा करता है, और दया का पात्र बन जाता है। जो मैं चाहता हूँ कि वह यह कि अगर परिस्थितियाँ क्रमिकवादी बनने के लिए विवश करती हैं तो हमें यथार्थवादी होने से नहीं घबड़ाना चाहिए। एक किस्त को स्वीकार करते हुए हमें इसकी सम्यक् विवेचना करनी चाहिए और सन्तुष्ट हो लेना चाहिए कि इसमें समूचे दावे की आश्वस्ति है।*[2]

आशय स्पष्ट है। बाबा साहेब 'अधीर आदर्शवादी' नहीं थे जो क्रान्तिकारी हुआ करते हैं। वे यूरोप के उदारवादी विचारों और राजनीतिक सिद्धान्तों से लगभग

अभिभूत थे। उनकी राजनीतिक प्रेरणा के स्रोत बर्क, मिल और ड्यूई थे जो किसी रूप में क्रान्तिकारी नहीं थे। मूलतः बाबा साहेब 'यथार्थवादी' थे और राजनीतिक दाँव-पेच और कठोर बार्गेनिंग में सिद्ध थे और उन्होंने युगीन अंग्रेजी-राज, कांग्रेस और मुस्लिम लीग के बीच व्याप्त अन्तर्विरोधों का यथासम्भव दोहन किया, और क्रान्तिकारी धारा से अपने को अलग बनाये रखा। सन्दर्भित उपर्युक्त व्याख्यान के ठीक पहले आप्तवचन के रूप में टॉलस्टाय का एक वाक्य उद्धृत है जो बाबा साहेब की राजनीतिक दिशा का सूचक है, "आप द्वारा तय की गयी दूरी उस दिशा से कम महत्त्व की है जिसमें आप आज जा रहे हैं।" यह महात्मा गाँधी के, "मेरे लिये तो (सही दिशा में पड़ा) एक कदम ही पर्याप्त है" की याद दिलाता है।

तीसरा उद्धरण उनके उस चर्चित व्याख्यान से है जिसे उन्होंने 25 नवम्बर, 1949 को संविधान-सभा के समक्ष उसके अध्यक्ष डॉ॰ राजेन्द्र प्रसाद को संविधान के अन्तिम प्रारूप की प्रति को समर्पित करते हुए दिया था–

> *भविष्य के दायित्व के सम्बन्ध में मेरी कुछ सोच है। सम्भव है, बहुतों को अच्छी न लगे। इस बात का खण्डन नहीं किया जा सकता कि इस देश में राजनीतिक सत्ता पर बहुत दिनों तक कुछ लोगों का एकाधिकार रहा है, और अन्य लोग न केवल बोझ ढोनेवाले बल्कि शिकार के पशु रहे हैं। इस एकाधिकार ने इन्हें न केवल बेहतरी से बल्कि जीवन की अर्थवत्ता से भी वंचित रखा है। ये पददलित लोग शासित होते रहने से थक चुके हैं। अब ये शासन के लिए बेचैन हैं। पददलितों के आत्म-साक्षात्कार की इस चाह को वर्ग-संघर्ष या वर्ग-युद्ध में बदलने से बचाना होगा...इसलिए जितनी जल्दी इनकी आकांक्षाओं के लिए रास्ता दिया जाता है, उतना ही यह सम्भ्रान्त कुछ के लिए बेहतर होगा, देश के लिए बेहतर होगा, स्वतन्त्रता और लोकतन्त्र को कायम रखने की दृष्टि से भी बेहतर होगा।*[3]

यहाँ 'वर्ग-संघर्ष' का उल्लेख अनपेक्षित था। वर्ग-विषम समाजों में इससे बचा नहीं जा सकता। बाबा साहेब स्वयं इसी की अभिव्यक्ति थे। उनका एक बड़ा अवदान देश को वर्ग-संघर्ष में विकृत होने से बचाना है। दलितों की वर्तमान संविधान में आस्था इसका प्रमाण है। 18 जनवरी, 1943 को रानाडे के 101वें जन्मदिन पर अपने व्याख्यान में उन्होंने रानाडे के समाज-सुधार आन्दोलन और लिबरल राजनीति का समर्थन किया और अंग्रेज संविधानविद् वाल्टर बेग्हॉट को उद्धृत किया कि क्रमिकवाद के प्रति निराश होने की जरूरत नहीं है, क्योंकि मानव समाज अपनी कबीलाई अवस्था से आरम्भ कर राजतन्त्र की निरंकुश सत्ताओं से गुजरता क्रमशः लोकतन्त्र तक पहुँचा है।[4] डॉ. अम्बेडकर को सही दिशाबद्धता चाहिए थी, क्रान्तिकारियों

की तत्काल 'तार्किक पूर्णता' नहीं। आश्चर्य नहीं, सोवियत संघ की कतिपय उपलब्धियों की वह चर्चा करते रहे, लेकिन उसकी हिंसक क्रान्ति की अवधारणा और नागरिक अधिकारों में कटौती के आलोचक बने रहे। अपने एक चर्चित निबन्ध 'बुद्ध या कार्ल मार्क्स' में वे अमेरिकी दार्शनिक जॉन ड्यूई को उद्धृत करते हुए बताते हैं कि शक्ति का प्रयोग दो रूपों में सम्भव है—हिंसा के रूप में और ऊर्जा के रूप में। मार्क्सवादी क्रान्ति ने 'शक्ति का हिंसा' के रूप में प्रयोग किया था, लेकिन डॉ. अम्बेडकर 'शक्ति को ऊर्जा' के रूप में प्रयोग के पक्षधर थे।[5] लोकतन्त्र इसका अवसर देता है, और बुद्धपथ इसे सैद्धान्तिक आधार प्रदान करता है।[6] साध्य के सन्दर्भ में वे बुद्ध और मार्क्स के बीच कोई फर्क नहीं करते थे, मतभेद केवल साधन को लेकर था। लेकिन गाँधी के साध्य को लेकर भी वे पूरी तरह आशंकित थे। वैसे अगर गहराई से देखें तो मार्क्स, गाँधी और बाबा साहेब के बीच तात्त्विक दृष्टि से उतना फर्क नहीं है जितना उन्होंने प्रक्षेपित किया। उनके गाँधी-विरोध की अभिव्यक्ति समकालीन दलित चेतना और राजनीति में भी होती रहती है। आत्यन्तिक दलित-केन्द्रीयता उनकी गाँधी-सम्बन्धी समझ की सीमा है। इसी केन्द्रीयता के चलते भावी संविधान सम्बन्धी उनकी 6 मई, 1945 की योजना में आदिवासियों की चर्चा छूट गयी और कतिपय आपत्तियों के उत्तर में बाबा साहेब ने स्पष्ट कहा, "मैंने पीड़ित मानवता का सार्वभौम नेता होने का दावा कभी नहीं किया है। मेरी मामूली शक्ति के लिए अछूतों की समस्या ही बहुत है।"[7] दलित आन्दोलनों की आत्मगतता और तज्जनित अपवर्जनवादिता में बाबा साहेब की निरपेक्ष दलित-केन्द्रीयता की झलक भी मिलती है। सम्भवतः इसी कारण दलित-वाम संवाद भी असहज बनता गया है।

बाबा साहेब की राजनीति का एक और महत्त्वपूर्ण आयाम है जो उनके बाद की दलित राजनीति से जुड़ा हुआ है। डॉ॰ अम्बेडकर के लिए दलित मुद्दा इतना महत्त्वपूर्ण था कि दल, विचारधारा, वाम या दक्षिण जैसे मुद्दे गौण होते दिखते हैं। 1946 में सत्ता हस्तान्तरण के सम्बन्ध में उन्होंने त्रिपक्षीय करार का मुद्दा उठाया था और कहा था कि अगर कांग्रेस या हिन्दू महासभा में से जो भी उनके दलित पक्ष को स्वीकार करेगा, वे उसमें शामिल हो जायेंगे।[8] इतना ही नहीं, 1939 में कांग्रेस मन्त्रिमण्डलों के इस्तीफे के बाद उन्होंने मुस्लिम लीग के साथ 'मुक्ति दिवस' मनाया था और 1942 के 'भारत छोड़ो' राष्ट्रीय आन्दोलन के दौरान वाइसराय काउन्सिल के सर्वाधिक दृढ़ सदस्यों में रहे, लेकिन 1946 में निर्विकल्प डॉ. अम्बेडकर ने नेहरू मन्त्रिमण्डल में शामिल होने से गुरेज नहीं किया। उनकी पत्नी सविता अम्बेडकर के एक पत्र से लगता है कि सत्ता के सन्दर्भ में वे बेहद महत्त्वाकांक्षी भी थे।[9] आश्चर्य नहीं, 1937 के बाम्बे प्रान्तीय असेम्बली के चुनाव में अपनी 'इण्डिपेण्डेण्ट लेबर

पार्टी' की जीत सुनिश्चित करने के लिए डिमोक्रैटिक स्वराज पार्टी के चितपावन ब्राह्मण नेता एल. बी. भोपटकर के साथ समझौता किया था और उन्हें बड़ी सफलता भी मिली थी।[10] स्वाधीनता आन्दोलन के दौरान कांग्रेस-विरोधी के रूप में वे अंग्रेजी-राज के हितैषी बने रहे। दलित सामाजिक मुक्ति के बिना उन्हें देश की राजनीतिक मुक्ति पसन्द नहीं थी। कांग्रेसी-राज की तुलना में उन्हें अंग्रेजी-राज के सामाजिक विवेक पर अधिक भरोसा था। दुर्भाग्य ही था कि डॉ. अम्बेडकर जैसा प्रतिभाशाली व्यक्ति भी इतिहास के बदलते सन्दर्भों को नहीं समझ सका जिसके परिणामस्वरूप वे अपनी दलित राजनीति और स्वाधीनता आन्दोलन के बीच ताल-मेल नहीं बैठा सके। उन्होंने दलित प्रश्न को लगभग उसी सामुदायिक परिप्रेक्ष्य से देखा जिस परिप्रेक्ष्य से जिन्ना साहब ने मुस्लिम प्रश्न को देखा था। उन्हें रोशनी भी 1908-09 के कम्युनल अवॉर्ड और 1916 के कांग्रेस-लीग समझौते से मिली प्रतीत होती है। ऐसे तंग परिप्रेक्ष्य में सिमटी राजनीति सामुदायिकता का अतिक्रमण नहीं कर सकती थी। अपने दलित वोट-बैंक को संगठित एवं सुदृढ़ बनाने के लिए मान्यवर कांशीराम ने भी ऐसे ही अवसरपरस्त समझौते किये। एक अवसर पर, सम्भवतः विनोदवश, उन्होंने अवसरवाद को अपना सिद्धान्त तक घोषित किया।

बहुतों का मानना है कि डॉ. अम्बेडकर के बाद दलित राजनीति में विचलन आया है। वर्तमान मायावती-सतीश मिश्र समझौते को लेकर यह विशेष रूप से कहा जाने लगा है। वैसे कांशीराम के जीवनकाल में भी बसपा-भाजपा गठजोड़ हुआ था। ये सारे समझौते, सिद्धान्तहीन भले लगें, व्यावहारिक राजनीति के दबावों में हुए थे, और इस प्रकार के समझौते के बीज बाबा साहेब के दौर की दलित राजनीति में भी देखे जा सकते हैं जिनका उल्लेख ऊपर किया जा चुका है। मेरी यह भी समझ है कि महाराष्ट्र में आन्तरिक कलह और असीम विभाजनों के फलस्वरूप निष्प्रभावी बनी आर. पी. आई. के बाद कांशीराम और मायावती के नेतृत्व में उत्तर प्रदेश में बसपा का उभार ही आज की प्रतिनिधि दलित राजनीति है और इसका विस्तार भी अखिल भारतीय होना है। यह अम्बेडकरी भी है और इसका विस्तार भी। बसपा का इतिहास-बोध भी आर.पी.आई. के इतिहास-बोध से भिन्न नहीं है क्योंकि यह भी अंग्रेजी-राज की प्रगतिशील सामाजिक भूमिका को स्वीकारती है। अगर अंग्रेजी-राज के सामाजिक प्रयासों के पीछे छिपे खतरनाक साम्राज्यवादी इरादों को दरकिनार कर सोचें तो यह परिप्रेक्ष्य निरापद भी है।

सांस्कृतिक सरोकारों के सन्दर्भ में भी इनमें कोई विचलन नहीं दिखता। डॉ. अम्बेडकर ने ईसाइयत या इस्लाम के लुभावने विकल्प को त्यागकर, बहुत सोच-समझकर, अन्ततः बौद्ध धर्म को चुना था, क्योंकि वे दलित सांस्कृतिक चेतना को 'अराष्ट्रीय'

(denationalize) बनाना नहीं चाहते थे।[11] उन्होंने भारतीयता के दायरे में उपलब्ध सामाजिक-नैतिक दृष्टि से बौद्ध धर्म को एक बेहतर विकल्प के रूप में खोजा था। इतना ही नहीं, वह बौद्ध भारत की कल्पना करते थे, और उन्हें विश्वास था कि हिन्दू भी समझदार बनकर देर-सबेर इसे अपनायेंगे। इस बिन्दु पर गाँधी और अम्बेडकर के बीच भी संवाद की असीम सम्भावना थी जो 1936 में सेवाग्राम में सम्भव भी हो पायी थी। अम्बेडकर के बाद की दलित राजनीति ने उनके बौद्ध भारत की कल्पना से मुँह नहीं मोड़ा है। बसपा के सत्तासीन होते ही बौद्ध प्रतीकों का चयन और उनकी स्मृतियों को सुरक्षित करने की चेष्टाएँ डॉ. अम्बेडकर का ही संवर्द्धन है।

बाबा साहेब ने दलित सामाजिक-आर्थिक समस्या और दलित अस्मिता के प्रश्न उठाकर अपनी राजनीति को दलित-केन्द्रीयता देनी चाही थी। 1935 में 'इण्डिपेण्डेण्ट लेबर पार्टी' की स्थापना द्वारा उन्होंने न केवल अन्य संगठनों के साथ श्रमिक आन्दोलनों में हिस्सा लिया था, बल्कि दलित-केन्द्रित मुद्दों जैसे सामाजिक भेदभाव, जात-पाँत, अछूतपन इत्यादि को भी अपेक्षित महत्त्व दिया था। उन्होंने देखा था कि श्रमिक वर्ग आर्थिक लड़ाइयाँ तो साथ-साथ लड़ता है, लेकिन अपनी सामाजिक जिन्दगी में ब्राह्मणवादी भेदभावों का शिकार है। अर्थात् आर्थिक मुद्दों पर क्रान्तिकारी सवर्ण श्रमिक वर्ग सामाजिक मुद्दों पर प्रतिक्रियावादी था। अतः उन्होंने श्रमिक आन्दोलनों में भी दलित नेतृत्व के निर्माण पर बल दिया। इस परिप्रेक्ष्य की ठोस अभिव्यक्ति 1945 में 'शेड्यूल्ड कास्ट फेडरेशन' के गठन के रूप में हुई थी। डॉ. अम्बेडकर ने महसूस किया था कि अब अंग्रेजी सत्ता भारत से जाने को है, इसलिए आवश्यक था कि 1946 के चुनाव में वे उभरते नये भारत में दलित दावों को सुनिश्चित करें। (1937 के चुनाव के पूर्व 1935 में उन्होंने आई.एल.पी. को गठित किया था)। अपनी वैयक्तिक क्षमता, फेडरेशन की आन्दोलनी ताकत और कांग्रेस सदस्यों के सहयोग से उन्होंने भारतीय संविधान में यथासम्भव दलित हितों को संरक्षित किया। स्वाधीन भारत की राजनीतिक अपेक्षाएँ भिन्न थीं, और 1951 तक आते-आते उन्होंने 'शेड्यूल्ड कास्ट फेडरेशन' को अप्रासंगिक घोषित किया, और 'रिपब्लिकन पार्टी ऑफ इण्डिया' (RPI) का गठन किया जिसमें दलित-केन्द्रीयता को कायम रखते हुए अन्य धर्मों, जातियों एवं वर्णों के लोग भी स्वीकार्य थे। 14 अक्टूबर, 1956 को 'धम्मचक्कप्रवर्तन' के अवसर पर उनके बहुत-सारे ब्राह्मण मित्रों ने भी धर्मान्तरण किया था। उन्हें जाति एवं वर्ण जैसी गतिहीन सामाजिक संस्थाओं से मुक्ति चाहिए थी, भारतीय संस्कृति से नहीं, और भारतीय संस्कृति में भी उनका स्पष्ट झुकाव बौद्ध संस्कृति की ओर था। उनके सांस्कृतिक प्रतीक बुद्ध, कबीर, फुले थे न कि वशिष्ठ, याज्ञवल्क्य, रामानन्द, तुलसी, विवेकानन्द और गाँधी। समकालीन

दलित राजनीति की सामाजिक-सांस्कृतिक पहल निर्विवाद रूप से अम्बेडकरी है। इतना ही नहीं, राजनीति में भी ब्राह्मण-दलित सरकार के सूत्र 1937 के अम्बेडकर-भोपटकर सहकार से जुड़ते हैं।

द्रष्टव्य यह भी है कि डॉ. अम्बेडकर के 'शेड्यूल्ड कास्ट फेडरेशन' की तर्ज पर ही कांशीराम ने अम्बेडकर परिनिर्वाण दिवस 6 दिसम्बर, 1978 को, लगभग 5 वर्षों के जमीनी प्रयासों के बाद, बामसेफ का औपचारिक रूप से गठन किया, और फिर आर. पी.आई. की तर्ज पर 24 दिसम्बर, 1982 को 'डी एस-4' (दलित शोषित समाज संघर्ष समिति) को गठित कर अपने राजनीतिक आधार को विस्तार देने की कोशिश की। 24 सितम्बर, 1982 की तिथि भी सोच-समझकर रखी गयी थी। यह पूना पैक्ट की पचासवीं सालगिरह की तिथि थी जिसे कांग्रेस एक महत्त्वपूर्ण राष्ट्रीय उपलब्धि के रूप में मनाना चाहती थी। लेकिन कांशीराम ने इसी दिन 'डी एस-4' की स्थापना कर यह घोषित किया कि यह दिन दलित राजनीति में 'चमचा युग' के आरम्भ का दिन था। यह गैर-बसपा दलित नेताओं को सवर्णों का चमचा के रूप में परिभाषित कर डॉ. अम्बेडकर द्वारा कांग्रेसी दलितों के निरूपण को ही दोहराना था। कांशीराम ने 'चमचा युग' शीर्षक से एक पुस्तक भी लिखी। अन्ततः 1984 में बहुजन समाज पार्टी (बी. एस.पी.) का गठन हुआ जिसका आरम्भिक तेवर तल्ख सवर्ण-विरोधी था, लेकिन शीघ्र ही पिछड़ों के नेता मुलायम सिंह से टकराव के बाद, सवर्ण-विरोधी तल्खी में कमी आयी और पार्टी में सवर्णों को जगह दी गयी तथा 2006 आते-आते पार्टी ने खुलेआम दलित-ब्राह्मण समझौता कर लिया। अर्थात् राजनीतिक अनुभव और अपने सामाजिक आधार के विस्तार के लिए यह राजनीतिक सहवास आरम्भ हुआ और पहली बार बसपा ने उत्तर प्रदेश विधान सभा में पूर्ण बहुमत प्राप्त किया। अम्बेडकरी दृष्टि से महत्त्वपूर्ण यह है कि बसपा, अपनी नीति एवं नेतृत्व के स्तर पर दलितों की अग्रणी भूमिका कायम रखे हुए है। महत्त्वपूर्ण यह है कि इसने बाबा साहेब के प्रिय प्रतीक हाथी और नीले रंग को अपनी राजनीतिक पहचान से जोड़ा है। इस प्रकार, कतिपय भिन्नताओं के बावजूद, बाबा साहेब के राजनीतिक व्यवहार से बसपा के राजनीतिक व्यवहार तक एक आधारभूत निरन्तरता कायम है। महत्त्वपूर्ण यह भी है कि दलित राजनीति में आत्मविश्वास आया है और यह 'स्वयं-में-दलित' को अतिक्रमित कर 'स्वयं-के-लिए-दलित' से होते हुए सर्वजन अर्थात् 'देश-के-लिए-दलित' की ओर अग्रसर है। बिना इसके राष्ट्रीय स्तर पर इसकी प्रभावी भूमिका सम्भव नहीं है। ऐसा ही अहसास बाबा साहेब को भी था। उनके लिए भी 'शेड्यूल्ड कास्ट फेडरेशन' 1951 तक अप्रासंगिक हो चुका था, और उन्होंने 'रिपब्लिकन पार्टी ऑफ इण्डिया' जैसी पार्टी गठित की थी।

लेकिन बाबा साहेब के पास और भी बहुत-सारी चिन्ताएँ थीं। उन्होंने प्रश्न उठाया था—भारत पर कौन शासन करेगा—सम्पत्ति या मनुष्य? उन्हें इस बात की भी चिन्ता थी कि लोकतान्त्रिक राजनीति के माने मात्र चुनाव नहीं, बल्कि सक्षम विधायक और वास्तविक लोकतान्त्रिक समाज का निर्माण है। अन्यथा, उन्होंने चुने हुए तानाशाहों जैसे खतरों की ओर भी संकेत किया था। वे बहुदलीय संसदीय लोकतन्त्र के साथ समाजवाद चाहते थे। उनकी दृष्टि में वास्तविक खतरा स्वामित्व से नहीं सुख एवं सम्पत्ति के असमान वितरण से है। अर्थात् वे समता और स्वतन्त्रता को साथ-साथ चाहते थे। अतः वे बार-बार फ्रान्सीसी क्रान्ति के उद्देश्यों—स्वतन्त्रता, समता और भाईचारा को दोहराते रहे। भारत में वे एक ऐसी अवयवी सामाजिक संरचना चाहते थे जिसके एक हिस्से में चोट लगते ही दूसरे सभी हिस्से झनझना उठें। यह पारम्परिक जाति-वर्ण-आधारित हिन्दू समाज-व्यवस्था में सम्भव नहीं था, क्योंकि इसमें जातियाँ अपने बन्द घेरों में अपने-अपने सुख-दुःख भोगती-झेलती हैं। उनका यह मानना भी सही था कि इतिहास में भारत की राजनीतिक-सामाजिक एवं बौद्धिक पराजय का यही प्रमुख कारण था, जिसे कार्ल मार्क्स ने 1850 के दशक में ही स्पष्ट कर दिया था। लेकिन बाबा साहेब देश की सामाजिक-राजनीतिक पुनर्जीवन के लिए कार्ल मार्क्स की तरह क्रान्ति नहीं, जॉन स्टुअर्ट मिल की तरह लोकतन्त्र चाहते थे। अर्थात् वे राजनीतिक शक्ति का उपयोग हिंसा के रूप में नहीं, बल्कि ऊर्जा के रूप में चाहते थे। इस सन्दर्भ में वे अपने किस्म के सत्याग्रही थे।

बाबा साहेब के चिन्तन में अन्तर्विरोध दिखाये जा सकते हैं। बाबा साहेब और बसपा की राजनीति में भी अन्तर्विरोध है। लेकिन ऐसे अन्तर्विरोध तो गाँधी और नेहरू-कांग्रेस, लोहिया और मुलायम की समाजवादी पार्टी, श्यामाप्रसाद मुखर्जी और भारतीय जनता पार्टी की राजनीति में भी स्पष्ट हैं। दरअसल, समय बदला है। व्यक्तिगत सम्पत्ति और बहुदलीय लोकतन्त्र को अद्भुत विश्वसनीयता मिली है। ये पुनः एक आदर्श प्रारूप के रूप में सामने हैं। इसकी अपनी विडम्बनाएँ हैं, लेकिन कोई व्यावहारिक विकल्प सामने नहीं है। अभी तक तो कारपोरेट लोकतन्त्रीकरण, बाजारीकरण और वैश्वीकरण के ऐजेण्डे की सम्यक् समालोचना भी सामने नहीं है। सभी असमंजस की स्थिति में हैं। विचारशील दल अपनी मूल स्थापनाओं को बचाये हुए इन्हें अद्यतन बनाने की चुनौती झेल रहे हैं। कांग्रेस अपनी नेहरू-विरासत से परेशान है, और भाजपा अपनी गोलवरकर-विरासत से। मार्क्स, लेनिन और माओ की विरासतें आपस में भी टकरा रही हैं। दलित आन्दोलन भी इस उद्वेलन से मुक्त नहीं है। कांशीराम की 'बामसेफ' और 'डी एस-4' का मायावती की बसपा से ताल-मेल

कठिन होता दिख रहा है। महाराष्ट्र में एक दौर के बहुत-सारे अम्बेडकरवादी पुरोधा भाजपा और शिवसेना तक से सम्बन्ध बनाये दिख रहे हैं जिनकी तल्ख आलोचना करते हुए ये खड़े हुए थे। बहुत-सारे दलित विमर्शकार आज बाबा साहेब और कार्ल मार्क्स को साथ लेकर चलने की बात कर रहे हैं—एक सम्भावना जिसे स्वयं डॉ. अम्बेडकर ने गौतम बुद्ध को सामने लाकर खारिज-सा कर दिया था। इस प्रकार दलित विचार-कुण्ड में भी खलबली मची हुई है। इसके बावजूद, इतना निर्विवाद है कि उत्तर प्रदेश की दलित राजनीति में आत्म-विश्वास आया है, और 'दलित' और 'बहुजन' की अवधारणा को अतिक्रमित करती हुई 'सर्वजन' की ओर उन्मुख है। यह दलित समाज की राजनीतिक महत्त्वाकांक्षा के विस्तार की भी द्योतक है, और इस महत्त्वाकांक्षा की जड़ें बाबा साहेब के राजनीतिक व्यवहार में गड़ी हुई देखी जा सकती हैं।

## सन्दर्भ :


1. भगवान दास; सं., दस स्पोक अम्बेडकर, 1963, दलित टुडे प्रकाशन लखनऊ, 2002, पृ. 18.
2. बाबा साहेब अम्बेडकर, 'फेडरेशन *वर्सेस* फ्रीडम', डॉ. बाबा साहेब अम्बेडकर : राइटिंग्ज ऐण्ड स्पीचेज, खण्ड-1, एजुकेशन डिपार्टमेण्ट, गवर्नमेण्ट ऑफ महाराष्ट्र, 1979, पृ. 334.
3. भगवान दास, सं., दस स्पोक अम्बेडकर, पृ. 225.
4. बी. आर. अम्बेडकर, रानाडे, गाँधी और जिन्ना, सं. डॉ. बाबा साहेब अम्बेडकर : राइटिंग्ज ऐण्ड स्पीचेज, खण्ड-1, पृ. 231.
5. बी. आर. अम्बेडकर, 'बुद्ध और कार्ल मार्क्स', सं. डॉ बाबा साहेब अम्बेडकर : राइटिंग्ज ऐण्ड स्पीचेज, खण्ड-3, पृ. 451.
6. तदैव., पृ. 451-52.
7. धनंजय कौर, डॉ. अम्बेडकर : लाइफ ऐण्ड मिशन, 1954; पापुलर प्रकाशन, मुम्बई, 2003, पृ. 370.
8. तदैव, पृ. 364.
9. तदैव, पृ. 440-41.
10. तदैव, पृ. 290.
11. तदैव, पृ. 279-80.

# बी. आर. अम्बेडकर : कुछ अन्तर्दृष्टियाँ

बाबा साहेब अम्बेडकर का लेखन और कार्यक्षेत्र अत्यन्त विस्तृत है। राजपुरुष होने के साथ-साथ वह एक बड़े विद्वान् एवं विचारक थे और उन्होंने दलित प्रश्न को राष्ट्रीय प्रश्न बनाने के लिए न केवल दलित जीवन की असीम पीड़ाओं के प्रति लोगों को संवेदनशील बनाया, बल्कि एक दलित विश्वबोध निर्मित एवं संगठित किया और भारतीय समाज के रूपान्तरण में दलितों को नायकत्व देने का भी प्रयास किया।

बाबा साहेब हमारे महापुरुषों में हैं। उनके अवदान को अब सभी स्वीकारते हैं। उनसे असहमति के भी बहुत-सारे बिन्दु हैं जो महत्त्वपूर्ण हैं। उनकी व्यवहारवादी राजनीति, धर्मान्तरण द्वारा एक सामुदायिक विकल्प की तलाश, हिन्दू परम्परा का सर्वांश निषेध, गाँधी और कांग्रेस का उग्र विरोध और इनमें कुछ भी सकारात्मक देखने से इन्कार, मार्क्सवादी एवं मार्क्सवादियों पर जल्दबाज टिप्पणियाँ, जात-पाँत, छूआछूत और धर्म-संस्कृति के प्रश्नों का इनकी आर्थिक-राजनीतिक पीठिका से काटकर विश्लेषण इत्यादि बहुत सारे बिन्दु हैं जिन पर मतभेद सम्भव है। लेकिन प्राचीन रोम का एक काव्यशास्त्री लांजाइनस का मानना है कि महानता सर्वथा त्रुटिमुक्त नहीं होती, और जो लोग हमेशा त्रुटिमुक्त बने रहने का प्रयास करते हैं उनमें महानता की सम्भावना कम हुआ करती है। इतिहास-पुरुष अनवरत घटनाओं के दबाव में जीता है और उसे तत्क्षण निर्णय लेने होते हैं। अतः समय या स्थान की दूरी से त्रुटियाँ गिनायी जा सकती हैं, लेकिन इससे युद्धभूमि की अप्रत्याशित अनिवार्यताएँ नहीं खत्म हो जातीं। इसके अलावा, आज बाबा साहेब का परिनिर्वाण दिवस है, इसलिए उनकी कतिपय उपादेय और सकारात्मक अन्तर्दृष्टियों को ही मैंने चुना है ताकि असहमतियों से यथासम्भव बचते हुए बाबा साहेब को समझने का प्रयास किया जा सके। ये अन्तर्दृष्टियाँ निम्नांकित हैं—1. ऊर्जा न कि हिंसा के रूप में बल-प्रयोग; 2. साध्य-साधन-सम्बन्धी व्यावहारिक दृष्टि; 3. सम्पत्ति-प्रेम और समाजवादी लोकतन्त्र; और, 4. भारत का औद्योगिकीकरण।

पहले बिन्दु पर बाबा साहेब को समझने के लिए हमें उन पश्चिमी विचारकों को ध्यान में रखना होगा जिनका बाबा साहेब पर सर्वाधिक प्रभाव दिखायी पड़ता है। उनमें प्रबुद्ध यथास्थितिवादी राजनीतिक विचारक एडमण्ड बर्क, स्वतन्त्रता के सिद्धान्तकार जॉन स्टुअर्ट मिल और व्यवहारवाद के अमेरिकी दार्शनिक जॉन ड्यूई प्रमुख हैं। जॉन ड्यूई ने बल का ऊर्जा के रूप में प्रयोग की बात कही है जिसकी चर्चा डॉ. अम्बेडकर अपने एक अत्यन्त महत्त्वपूर्ण निबन्ध 'बुद्ध या कार्ल मार्क्स' में करते हैं और इस अवधारणा को वह गौतम बुद्ध की देसनाओं के अनुकूल बताते हैं। बाबा साहेब की यह सोच सही है कि सामाजिक-आर्थिक बदलाव में बल-प्रयोग अपेक्षित है, क्योंकि समृद्ध एवं शक्तिशाली लोग अपने फालतू सुविधाओं को भी आसानी से त्यागते नहीं दिखते। इतना ही नहीं, ऐसे लोग अधिक संगठित एवं सक्रिय होते हैं। इसी कारण सन्तों एवं उपदेशकों की भूमिकाएँ, आकर्षक जितनी भी हों, अत्यन्त सीमित होती हैं। 1931 में उन्होंने महात्मा गाँधी से कहा था कि सन्त-महात्मा आते हैं, नैतिकता की आँधी चलाते हैं, लेकिन उनके दृष्टि-पटल से हटते ही लोग अपने स्वार्थों एवं संकीर्णताओं में लौट जाते हैं। सामान्यतया, नैतिक दृष्टि से कमजोर लोग ही इनकी ओर तत्क्षण, बिना सोचे-विचारे आकर्षित भी होते हैं। अपने कई-एक धार्मिक-आध्यात्मिक मित्रों को मैंने जीवन में अत्यन्त निकृष्ट लेकिन आत्ममुग्ध पाया है। एक तो 'आध्यात्मिक' मित्र जितने ही आध्यात्मिक उतने ही रंगीन-मिजाज रहे। जो भी हो, डॉ. अम्बेडकर का यह सोचना सही था कि समतावादी समाज का निर्माण एक जटिल, दुष्कर एवं जोखिम-भरी प्रक्रिया है। इसमें संगठित एवं हिंस्र निहित स्वार्थों के विरुद्ध बल-प्रयोग की आवश्यकता होती है। इस सन्दर्भ में सन्त-महात्माओं के प्रयास बेमानी साबित होते हैं। विनोबा भावे की 'भूदान' की परिणति सामने हैं। लेकिन डॉ. अम्बेडकर आगाह करते हैं कि बल-प्रयोग का उद्‌देश्य हत्या एवं उन्मादी हिंसा न होकर अनुकूल सामाजिक-आर्थिक माहौल सृजित करना है ताकि वांछित सत्तापरक एवं सामाजिक-आर्थिक रूपान्तरण सम्भव हो सके। वह वैध राजकीय हस्तक्षेप की भी बात उठाते हैं। प्रगतिशील आगे-देखू संविधान एवं कानून और उनके क्रियान्वयन हेतु शिक्षा का विस्तार और लोकतान्त्रिक आन्दोलनों का दबाव अपेक्षित है। इसी पृष्ठभूमि में बाबा साहेब ने (महात्मा गाँधी की साध्य सम्बन्धी) आत्यन्तिक पवित्रता की अवधारणा को दरकिनार किया। उनकी दृष्टि में साधनों की निरपेक्ष पवित्रता खतरनाक उलझाव पैदा करती है, क्योंकि इसमें साध्य के दरकिनार होने की प्रबल सम्भावना है। लेकिन, इसके साथ ही डॉ. अम्बेडकर ने 'हत्या की इच्छा' और 'हत्या की आवश्यकता' की बात भी उठायी है और इनके बीच अन्तर को स्पष्ट करने का प्रयास किया है। 'हत्या की

इच्छा' वस्तुतः अपराधी की इच्छा है, जबकि 'हत्या की आवश्यकता' स्थिति-विशेष में न्यायसंगत हो सकती है। वृहत्तर हितों में युद्ध लड़े जाते हैं, आत्मरक्षार्थ हिंसा वर्जित नहीं है। इसकी स्वीकृति तथागत भी देते हैं। ऐसी हिंसा को डॉ. अम्बेडकर अहिंसात्मक मानते हैं। तथागत इसी माने में अपने समकालीन अग्रज महावीर से भिन्न थे। भगवान् महावीर का अहिंसा से निरपेक्ष लगाव था। शायद उनकी अहिंसा प्रतिक्रियात्मक थी। वैदिक हिंसाओं का जवाब चरम अहिंसा जो टिकाऊ नहीं हो सकती थी। शायद इसी कारण उनका धर्म व्यवहार में दुष्कर हो गया, और जिन लोगों के बीच यह व्याप्त है वे अनेक किस्म की 'हिंसाएँ' करते दिखते हैं। कहा यह भी जा सकता है कि साध्य और साधन के सन्दर्भ में महात्मा गाँधी पर महावीर का प्रभाव है, और डॉ. अम्बेडकर पर तथागत का। एक निरपेक्ष अहिंसा को जीने का प्रयास करता दिखता है, और दूसरा सापेक्ष अहिंसा का। इसलिए साध्य-साधन, हिंसा-अहिंसा के सम्बन्ध में डॉ. अम्बेडकर के विचारों को व्यापक सन्दर्भों में देखा-परखा जाना चाहिए। उन्हें समाजवादी प्रारूप, यहाँ तक कि रूसी प्रारूप भी पसन्द था। लेकिन सर्वहारा की तानाशाही की कालावधि और हिंसा के प्रयोग के सम्बन्ध में साम्यवादियों में किसी ठोस शर्त के अभाव के चलते वह साम्यवादी शासन की दूरगामी परिणतियों के प्रति शंकालु थे। उन्होंने साम्यवादी तौर-तरीकों को नकारा, न कि साम्यवादी उद्देश्यों को। सामाजिक रूपान्तरण के सन्दर्भ में वह अंग्रेज दार्शनिक बर्ट्रेण्ड रसेल से सहमत हैं। रसेल ने सामाजिक बदलाव में सांस्कृतिक-मनोवैज्ञानिक उलझावों की ओर ध्यान खींचा है जिनसे डॉ. अम्बेडकर सहमत हैं। इस कारण सामाजिक रूपान्तरण हेतु किसी हिंसक दबाव को दोनों नकारते हैं। इसके अलावा डॉ. अम्बेडकर की दृष्टि में रसेल युद्ध-विरोधी थे न कि निःशर्त शान्तिवादी। रसेल की समझ थी कि कभी-कभी अहिंसा नपुंसकता का रूप ले लेती है और ऐसी अहिंसा से हिंसा श्रेयस्कर है। लेकिन गाँधी ने भी बलवान् की अहिंसा की ही प्रशंसा की है, क़ायर या कमजोर की अहिंसा की नहीं। बलवान् की अहिंसा में सुधार-परिष्कार की गुंजाइश है, लेकिन नपुंसक की अहिंसा में कोई बेहतर सम्भावना नहीं होती। आश्चर्य नहीं, गाँधी भी अहिंसक पौरुष की बात करते हैं। इस सन्दर्भ में गाँधी और अम्बेडकर के बीच कोई अनुल्लंघनीय खाईं नहीं दिखती।

फिर भी, हिंसा-अहिंसा को लेकर अम्बेडकर की दृष्टि अधिक व्यावहारिक थी। वह परिणाम के प्रति अधिक सजग थे। उनकी राजनीति से एक निष्कर्ष यह भी निकलता है। इस रूप में वह गाँधी की प्रतिछवि थे। उनमें एक किस्म की अवसरपरस्तता भी थी जो आज दलित राजनीति में दिखती है। राजनीति में हाथ किसी से भी मिलाया जा सकता है, अगर साध्य सिद्ध होता दिखता हो। इस सोच

में तात्कालिकता का दबाव भी होता है जो उत्तरोत्तर अवसरवाद में बदल जाता है। कहा भी जाता है, राजनीति में किस्म-किस्म के सहगामी मिलते हैं– साधु-सन्त से लेकर विद्वान् और गुण्डे-लफँगे तक। आज हम उसी दौर से गुजर रहे हैं। प्रत्येक दल में साधु-सन्त से लेकर विद्वान् और गुण्डे-डकैत तक हैं। राजनीति का नैतिक बोध गिरा है। इस परिणाम-सापेक्ष राजनीति को गाँधी खारिज करते हैं। गाँधी कहा भी करते थे कि अगर राजनीति से नैतिक बोध गायब होता है तो यह शैतानों का चरागाह बन जायेगी जो आज बनती गयी है। नेता अपने द्वारा ही सृजित परिस्थितियों के समक्ष बौने पड़ते गये हैं। नैतिक रीढ़ के बिना किसी परिस्थिति को दिशा नहीं दी जा सकती। इसी के कमजोर होने से आज राजनीति घटिया समझौते करती है। यह केवल प्रश्न उठाती है, समाधान नहीं देती, और अगर देती भी है तो अस्थायी जो चुनाव तक काम आवे। इस बिन्दु पर डॉ. अम्बेडकर सावधान थे। वह संवैधानिक नैतिकता की बात करते हैं। लेकिन संविधान तो व्याख्या और पुनर्व्याख्या की वस्तु है। संविधान तो हमेशा बहुमत की भाषा और व्याख्या करता है। किन्तु व्यक्ति का अर्जित-बोध संविधान-सापेक्ष या दल-सापेक्ष नहीं भी हो सकता है। इसी कारण, विशुद्ध राजनीतिक व्यक्ति की नैतिकता बहुमत-सापेक्ष हुआ करती है। वह अपने मतदाता को अतिक्रमित करता नहीं दिखता। उसका व्यक्ति कमजोर लेकिन व्यक्तित्व विराट् होता है। वह नेता नहीं अभिनेता बनता जाता है जिसके लिए भूमिका महत्त्वपूर्ण है अपना बोध नहीं। लेकिन रंगमंच पर या फिल्म में जो शुभ है वह राजनीति में समाजघाती है। अतः गाँधी उस व्यक्तित्व पर बल देते हैं जिसका व्यक्ति बड़ा हो। उनके लिए दुश्मन का दुश्मन दोस्त नहीं था जो सुभाष या बाबा साहेब के लिए था। इसलिए गाँधी के लिए अहिंसा एक निरपेक्ष मूल्य है, डॉ. अम्बेडकर के लिए यह आधारतः एक परिणाम-सापेक्ष मूल्य। गाँधी के अनुसार सिद्धान्त या मूल्य को ध्रुव तारे की तरह विश्वसनीय दिशासूचक होना चाहिए ताकि व्यावहारिक समझौतों की सीमाओं को समझा जा सके जिसे परिणाम-सापेक्ष होने से नहीं समझा जा सकता। परिणाम-सापेक्षता अपराधी की सफलता को भी जायज ठहराती है। गाँधी जी इससे डरते थे। इस दृष्टि से, डॉ. अम्बेडकर में राजपुरुष का प्राधान्य था, और गाँधी में सन्तत्त्व का प्राधान्य था। बाबा साहेब धर्म को नैतिकता का स्रोत मानते थे, जबकि गाँधी धर्म और नैतिकता को समानार्थी। आशय यह कि परिणाम-सापेक्षता, अर्थात् व्यवहारवाद की नैतिक सीमाएँ होती हैं। साध्य-सिद्धि हेतु साधन के स्तर पर छूट लेते ही औचित्य-बोध कमजोर पड़ता जाता है। श्रमिक भी रोजी-रोटी कमाता है और चोर भी, लेकिन एक की रोजी-रोटी के साथ नैतिक चिह्न लगा होता है, दूसरे के साथ नहीं। कमाई के पास सामाजिक औचित्य होना ही

चाहिए। यही आत्मसात् हो नैतिक मूल्य का दर्जा पाता है। इसी कारण पूँजीवादी पूँजी-निर्माण को प्रूधो ने चोरी घोषित किया। व्यवहार में आदर्शों से समझौते करने पड़ते हैं, लेकिन ऐसे समझौतों को ही आदर्श नहीं घोषित किया जा सकता। तथागत ने 'मध्यमा प्रतिपदा' की बात कही। यूनानी दार्शनिकों ने भी 'सुनहले औसत' की बात कही। लेकिन इसका एक परिणाम यह हुआ कि बुद्ध के ही जमाने में जिन राज्यों ने बौद्ध धर्म अपनाया था उन्होंने हिंसा नहीं छोड़ी। अशोक अपवाद रहे। 'सिंह सेनापति' में राहुल जी ने इस विडम्बना की ओर ध्यान खींचा है। गाँधी भी असफल हुए लेकिन उनका 'सत्याग्रह' मार्गदर्शी बना रहेगा। किन्हीं-किन्हीं हताश स्थितियों में डकैती भी अपेक्षित परिणाम देती दिखती है। भारतीय क्रान्तिकारियों ने प्रतिशोध ी/प्रतिवादी हिंसा का सहारा लिया और हथियार खरीदने के लिए ट्रेन डकैतियाँ भी कीं। उन्हें जन-समर्थन भी मिला। लेकिन ऐसे कृत्य प्रतिवादी हिंसा को रास्ता देते दिखते हैं जिसे जायज नहीं कहा जा सकता। लेकिन गाँधी का प्रतिवादी सत्याग्रह अन्यायी पक्ष की प्रतिवादी हिंसा को निन्दनीय बनाता है। इसके अतिरिक्त, गाँधी के व्यावहारिक समझौते उनके घोषित सिद्धान्तों या मूल्यों की रोशनी में आलोचना के बिन्दु बनते हैं, लेकिन अगर परिणाम या व्यवहार ही आदर्श हो जायें तो इसके अतिचार की आलोचना का कोई मानक आधार नहीं बचता। अतः गाँधी की नैतिक निष्ठा के अभाव में नेहरू या अम्बेडकर का व्यवहारवाद अतिचारी हो सकता है। 'हिंसा की आवश्यकता' अनजाने ही 'हत्या की इच्छा' में बदल सकती है। एक दौर में सोवियत संघ के मार्क्सवादी प्रयोग कमोबेश इसी प्रक्रिया के शिकार हुए और सोवियत जनता की सोवियत सत्ता से मानसिक दूरी बनी जिसके भयानक परिणाम हुए। सोवियत संघ की असफलता ही अमेरिकी नवसाम्राज्यवाद की मुख्य थाती बनी। जॉन ड्यूई का व्यवहारवादी अमेरिका धीरे-धीरे हिंसा-अहिंसा के बीच अन्तर करना भी भूल चुका है, क्योंकि इसकी इस विस्मृति के पीछे उसका व्यवहारवाद का दर्शन मजबूती से खड़ा है। इसी व्यवहारवादी समझौते के चलते विराट् मार्क्सवाद-प्रवर्तित सर्वहारा की तानाशाही पहले पार्टी की तानाशाही में और अन्ततः नेता की तानाशाही में बदलती गयी थी। एक ओर तो वैश्विक परिस्थितियों के चलते सर्वहारा की तानाशाही 'आवश्यकता' बनी रही, और नेता के आते-आते अब इस 'आवश्यकता' और नेता की 'इच्छा' में अन्तर करना सम्भव नहीं रहा। इस्लामी शुद्धतावाद भी इसी का शिकार है। हिज्र और युद्ध मोहम्मद साहब की 'आवश्यकता' थी जो शुद्धतावादी इस्लाम की कल्पित आवश्यकता की वास्तविक 'इच्छा' है। मूल कबीलाई नैतिकताओं ने इस्लाम को भी 'इस्लाम' नहीं बनने दिया। भारत में वर्ण-विभाजन की आरम्भिक 'आवश्यकता' उतरोत्तर वर्चस्वशील वर्णों की 'इच्छा' में बदलती गयी

थी जिसे सैद्धान्तिक जामा पहनाया गया। कभी 'आरक्षण' भी 'आवश्यकता' था जो अब दलित और पिछड़े नव-सवर्णों की 'इच्छा' में बदल रहा है।

डॉ. अम्बेडकर ने समाजवादी लोकतन्त्र की आवश्यकता को रेखांकित किया है। इसके मूल में उनकी एक यह भी समझ है कि संचय से व्यक्ति कमजोर बनता है। इसलिए समाजवाद और लोकतन्त्र को साथ-साथ देखा जाना चाहिए। बर्ट्रेण्ड रसेल ने प्रथम युद्ध के महत्त्वपूर्ण कारकों में पूँजीपतियों की धनलिप्सा को भी गिनाया है। डॉ. अम्बेडकर रसेल के इस निष्कर्ष से पूरी तरह सहमत तो नहीं हैं, लेकिन सम्पत्ति के दुष्प्रभावों में वह सम्पत्तिशाली व्यक्ति की मानसिक दुर्बलता को गिनाते हैं। वह यूनानी इतिहासकार थूसिडाइडीज द्वारा वर्णित एक घटना की भी चर्चा करते हैं। एक किसान अपने खलिहान में अनाज की राशि पर बैठा आह्लादित है और उसे बेचकर कई-एक सपनों को पूरा करने का दिवास्वप्न देख रहा है। इसी बीच वहाँ डकैत आते हैं जो समूची राशि को लूट लेना चाहते हैं। असहाय किसान गिड़गिड़ाता है और आधी राशि बचाकर पहले से भी अधिक खुश होता है। यह उदाहरण स्पष्ट करता है कि सम्पत्ति-लोभ किस प्रकार कमजोर बनाता है। इस उदाहरण से यह राज भी खुलता है कि आखिर इतिहास में क्यों सभ्य जातियाँ घुमक्कड़, बर्बर जातियों के समक्ष घुटने टेकती रही हैं। बर्बर रोम ने समृद्ध एवं सुसंस्कृत यूनानी नगर-राज्यों को पराजित किया, और जब रोम समृद्ध और सुसंस्कृत हुआ तो गाँथ और वाण्डाल बर्बर जातियों के आक्रमणों को नहीं झेल सका। ऐसी मान्यता है कि भारत में ही घुमक्कड़ एवं बर्बर आर्यों ने शहरी एवं समृद्ध दस्युओं, पणियों आदि को पराजित कर अपना वर्चस्व स्थापित किया, और जब वे स्वयं समृद्ध एवं सभ्य बने तो हूणों एवं पश्चिम एशिया के बर्बर आक्रमणों को नहीं झेल सके। एंजेल्स की यह स्थापना सही है कि 'अतिरिक्त मूल्य' संस्कृति की पूर्व शर्त है। इसे आगे बढ़ाते हुए कहा जा सकता है कि टिकाऊ 'अतिरिक्त मूल्य' शासक तबकों को एक तरफ उपजीवी बनाकर निर्वीर्य बनाता है जिससे उनका भौतिक पतन अवश्यम्भावी हो जाता है। वास्तविक भौतिक उत्पादन से सीधे जुड़ी ताकतें संगठित हो इन्हें अपदस्थ करती रही हैं। उपभोक्ता और अमूर्त विचारक इतिहास के नियामक नहीं हुआ करते। इस प्रकार, अपनी सोच में बाबा साहेब गलत नहीं थे। उनके समक्ष फ्रान्सीसी क्रान्ति और रूसी क्रान्ति के प्रमाण भी थे। उन्हें फ्रान्सीसी क्रान्ति इसलिए आकर्षित करती थी कि इसने स्वतन्त्रता, समानता और भाईचारे का नारा उछाला था, और कम-से-कम 'स्वतन्त्रता' एक राजनीतिक मूल्य के रूप में प्रतिष्ठित हुई। लेकिन वह 'समता' नहीं ला सकी जिसके बिना बाबा साहेब भाईचारे की सम्भावना नहीं देखते थे। अतः उन्हें क्रान्ति-निर्मित रूस भी आकर्षित करता था, क्योंकि इसने 'समता' को सुनिश्चित किया था। लेकिन बाबा साहेब 'क्रान्तिकारी हिंसा' के

मार्क्सवादी सिद्धान्त से असहमत थे और इसीलिए 1946 में जिस प्रारूप को उन्होंने संविधान-सभा के समक्ष प्रस्तुत किया था उसमें वह 'राजकीय समाजवाद' की बात उठाते हैं जो अपनी पूर्णता में समाजवादी लोकतन्त्र है। उन्हें जितना समाजवाद प्रिय था उससे कहीं अधिक स्वतन्त्रता थी। जवाहरलाल नेहरू की तरह वह भी कुल मिलाकर फेबियनवादी थे। लेकिन स्वतन्त्रता और समता के बीच ताल-मेल बैठाना लगभग असम्भव है, क्योंकि स्वतन्त्र समाज अनिवार्यतः असमान होता है।

वर्तमान 'उत्तर-औद्योगिक' दौर में समाजवादी लोकतन्त्र स्वप्नलोकीय लगता है। सोवियत संघ के विघटन के बाद आज पूँजी आक्रामक है और समाजवाद अवमानित एवं दरकिनार। समाजवाद का वास्तविक राजनीतिक उपकरण संगठित, वर्गचेता औद्योगिक सर्वहारा हुआ करता है। औद्योगिक देशों ने पहले विभिन्न तरीकों से अपने-अपने 'आन्तरिक सर्वहारा' को कमोबेश सन्तुष्ट रखा और वर्तमान उत्तर-औद्योगिक दौर में उसे असंगठित एवं दरकिनार किया है। बाबा साहेब ग्रामीण सर्वहारा (दलित जातियाँ जो सामान्यतया खेतिहर मजदूर हैं) को अपने समाजवादी लोकतन्त्र का उपकरण बनाना चाहते हैं। लेकिन उनकी पद्धति क्रान्तिकारी न होकर लोकतन्त्र में भागीदारी, सत्ता में अपने पक्ष में हस्तक्षेप और कठोर बारगेन की राजनीति है। अनुभव ने यह बताया है कि आरक्षणवादी राजनीति ने इस 'सर्वहारा' को पूँजीवादी व्यवस्था का हिस्सा बनाया है, और इसका केन्द्रीय सरोकार व्यवस्थागत उलट-फेर न होकर केवल अपनी सामाजिक अस्मिता की लड़ाई लड़ना है जो अधिकतम एक बूर्जुआ कार्यक्रम है। बाबा साहेब ने उसे यही रास्ता सुझाया है। बूर्जुआ के पास आज इतना 'अतिरिक्त मूल्य' है और विचारधारात्मक निवेश एवं हस्तक्षेप के इतने विराट् माध्यम एवं संगठित प्रयास हैं कि भारतीय दलित, अर्थात् भारतीय 'सर्वहारा' का बूर्जुआ मोहपाश से निकल पाना अब टेढ़ी खीर है। धीरे-धीरे हम भी एक मध्यवर्गीय समाज की ओर बढ़ रहे हैं और मध्यवर्ग चाहे जितना भी क्रान्तिकारी बातें करता हो उसका सत्त्व क्रान्तिकारी नहीं होता। बाबा साहेब इसी वर्ग के आदमी थे और उनकी क्रान्तिकारिता भी बूर्जुआ क्रान्तिकारिता ही थी। इसके साथ धर्म का आयाम जोड़कर उन्होंने अपने सर्वहारा को एक ठोस समुदाय में संगठित होने की भी प्रेरणा दी है। लेकिन समुदाय वर्ग-विरोधी होते हैं। अगर बाबा साहेब की ही शब्दावली में कहें तो जैसे-जैसे राजकीय संरक्षण में यह दलित आर्थिक रूप से विकसित हो रहा है वैसे-ही-वैसे क्रान्तिकारी रूपान्तरण की दृष्टि से कमजोर होता जा रहा है। आज वह 'सम्पत्ति-मोह' का शिकार है और, इस कारण भी व्यवस्था का हिस्सा है, क्रान्तिकारी नहीं है। अर्थात् वह सत्ता के परिवर्तन का उपकरण भले हो, व्यवस्था परिवर्तन का उपकरण नहीं है। बाबा साहेब को इस सत्ता-परिवर्तन में

भी बहुत-सारी सकारात्मक सम्भावनाएँ दिखती थीं। इतना ही नहीं, बाबा साहेब 'सम्पत्ति-प्रेम' को एक सीमा तक उचित भी ठहराते हैं जो अनिवार्यतः जनकल्याण-निरपेक्ष अर्थवाद को जन्म देता है। वह मार्क्सवादी क्रान्तिकारी को 'अंगूर खट्टे हैं' की ईर्ष्यालु मानसिकता से जोड़ते हैं और कहते हैं कि यह भाव पूर्ण-औद्योगिक समाजों के 'कष्टतम अर्थतन्त्र' में उपजा था जो आज भी अन्धविश्वास के रूप में हमारे मन-मिजाज को जकड़े हुए है। उनका यह भी कहना है कि समृद्धि से थके लोग अगर अपरिग्रह की बात करें तो समझ में आता है, लेकिन भूखों-नंगों में 'सम्पत्ति-प्रेम' स्वाभाविक है—"सम्पत्ति-प्रेम हमेशा किसी वस्तु के लिए होता है, और उस वस्तु में निहित उद्देश्य के आधार पर ही कहा जायेगा कि यह प्रेम अच्छा है या लज्जाजनक है।" यहाँ वह गाँधी का खण्डन कर रहे होते हैं, उनकी दरिद्र नारायण की अवधारणा को मूलतः गलत सिद्ध कर रहे होते हैं। यहाँ बाबा साहेब बहुत गलत नहीं हैं। एक सीमा तक 'सम्पत्ति-लोभ' रचनात्मक होता है। लेकिन मूल प्रश्न है, इसकी सीमा को कैसे सुनिश्चित किया जाये? बाबा साहेब इसके लिए राजकीय हस्तक्षेप चाहते हैं। लेकिन क्या 'सम्पत्ति-प्रेम' को सैद्धान्तिक आधार देकर इसकी सीमा को संयमित करने का लोकतान्त्रिक प्रयास सम्भव है? सबआल्टर्न ताकतें जो इधर सत्ता में आयी हैं, इन्होंने अभी तक व्यक्तिगत या सामाजिक स्तर पर कोई संयम नहीं दिखाया है। ऐसा असंयम 'सम्पत्ति-प्रेम' में ही निहित है जिसके प्रति कार्ल मार्क्स अत्यधिक सावधान थे और जिसे 'अंगूर खट्टे हैं' का दर्शन बताकर डॉ. अम्बेडकर खारिज करते हैं। तुलना में गाँधी भी कम सावधान नहीं हैं, लेकिन उनका मुख्य बल राजकीय शक्ति पर न होकर व्यक्ति के नैतिक संयम पर है जो अव्यावहारिक या स्वप्नलोकीय है।

गाँधी की तरह अम्बेडकर न निरपेक्ष नैतिकवादी हैं और न अहिंसावादी। वह आततायी से लड़ने के लिए हिंसा को औचित्य प्रदान करते हैं, जबकि गाँधी हिटलर के खिलाफ यहूदियों को 'सामूहिक आत्महत्या' तक का परामर्श दे डालते हैं ताकि विश्व का सुषुप्त विवेक हिटलर के विरुद्ध जागृत हो सके। गाँधी के 'सत्याग्रह' का एक निष्कर्ष यह भी है। उनके प्रथम और द्वितीय सत्याग्रह आन्दोलन इसी पटरी पर चलाये गये थे जिसे 1942 में नहीं निभाया जा सका। गाँधी और अम्बेडकर दोनों ही अपने को 'व्यावहारिक आदर्शवादी' घोषित करते हैं, लेकिन तथ्यतः गाँधी अपने आदर्शवाद पर अधिक टिकते हैं और डॉ. अम्बेडकर अपने व्यवहारवाद पर। लेकिन मार्क्सवाद द्वारा प्रतिवादी हिंसा का सैद्धान्तिक समर्थन और 'सर्वहारा की तानाशाही' को लेकर दोनों की दृष्टि लगभग एक जैसी है। डॉ. अम्बेडकर यदा-कदा इसे सशर्त समर्थन देते दिखते हैं, लेकिन महात्मा गाँधी इसे आत्यन्तिक रूप से खारिज करते

हैं। दोनों ही सत्ता का वास्तविक लोकतन्त्रीकरण चाहते हैं। लेकिन गाँधी के लिए लोकतन्त्रीकरण विकेन्द्रीकरण के माध्यम से सत्ता का विलोप है। कार्ल मार्क्स इसी विलोपन को सर्वहारा के अधिनायकवाद के माध्यम से चाहते हैं। इस रूप में मार्क्स और गाँधी दोनों ही अराजकतावादी हैं, लेकिन व्यवहारवादी होने के चलते डॉ. अम्बेडकर राज-सत्ता को एक शाश्वत सच्चाई के रूप में देखते हैं। उनके लिए असल प्रश्न इसका लोकतन्त्रीकरण और जनकल्याणवादीकरण है, इसका विलोपन नहीं। यह दृष्टि अधिक व्यावहारिक एवं उपादेय है। समाज इतना भला एवं खुशनुमा नहीं बन सकेगा कि यह अपने अन्तर्विरोधों को अतिक्रमित कर राज्य की भूमिका को अप्रासंगिक बना सके। इसलिए डॉ. अम्बेडकर की चाह है– 'समाजवाद बिना तानाशाही के' या 'समाजवाद संसदीय लोकतन्त्र के साथ।' वह समाजवाद पर इसलिए बल देते हैं कि उन्होंने पश्चिमी बूर्जुआ लोकतन्त्र के यथार्थ को देखा-समझा था जो आर्थिक समता को दरकिनार कर वयस्क मताधिकार और मौलिक अधिकारों तक सिकुड़ता गया था। इसलिए 1946 में उन्होंने स्पष्ट कहा था–"संवैधानिक कानून द्वारा आर्थिक संरचना और राजनीतिक संरचना को परिभाषित करने के लिए साहसिक कदम उठाने का समय आ गया है।" स्पष्ट है, डॉ. अम्बेडकर का राजकीय समाजवाद न प्रचलित लोकतान्त्रिक समाजवाद की तरह लुंज-पुंज है, न गाँधीवादी 'रामराज्य' की तरह स्वप्नलोकीय, और न ही मार्क्सवादी समाजवाद की तरह अधिनायकवादी। उनके समाजवाद में राज रहेगा लेकिन एक दृष्टिसम्पन्न 'ऊर्जा' के रूप में होगा, न कि संगठित 'हिंसा' के रूप में। इसमें लोकतन्त्र भी रहेगा लेकिन अपेक्षित परिवर्तनों के लिए जनमत निर्माण के लिए; और सपने भी होंगे लेकिन आवश्यक ऐतिहासिक अनुभवों के साथ। इस प्रकार डॉ. अम्बेडकर की जो राजनीतिक शक्ल उभरती है वह रिपब्लिकन या रैडिकल डिमोक्रैट की है जो नेहरूवादी लोकतन्त्र से थोड़ी सख्त है, जिसमें गाँधीवादी की इतिहास-निरपेक्ष भावुकता नहीं है और जो मार्क्सवाद के साध्य से तो सहमत है, लेकिन उसके साधन की परिणति को लेकर आशंकित है।

गाँव और शहर, कृषि और उद्योग के सम्बन्ध में नेहरू और अम्बेडकर की सोच लगभग एक जैसी है। यह सोच ग्राम-संस्कृति और ग्राम-अर्थव्यवस्था का सपना देखनेवालों को परेशानी में डालनेवाली है। नेहरू और अम्बेडकर दोनों ही कृषि-केन्द्रित गाँव को पिछड़ापन का प्रतीक मानते हैं। डॉ. अम्बेडकर ने पारम्परिक भारतीय गाँव को दलितों के पक्ष से देखा है जहाँ गाँव का दलित/अछूत अपना निकृष्ट नाम रखने, गन्दा कपड़ा पहनने, झोंपड़ी में रहने, आभूषण न पहनने इत्यादि के लिए विवश है। उन्होंने स्वायत्त भारतीय गाँव को हिन्दुओं का साम्राज्य बताया है जहाँ लोकतन्त्र की

गुंजाइश नहीं है—यह हिन्दुओं का अछूतों का अछूतों पर साम्राज्य है। इसमें न लोकतन्त्र की गुंजाइश है और न समानता की। यह एक ऐसी जगह है जहाँ दलितों को हिन्दुओं की शर्त पर जीना है और जहाँ उम्र एवं योग्यता को नजरअन्दाज करते हुए उन्हें अन्यों से अपने को छोटा मानकर जीने की विवशता है। इस हिन्दू ग्रामीण गणतन्त्र में प्रस्थिति (Status) और पेशा सब-कुछ वंशानुगत है। यहाँ एक बार ब्राह्मण तो सदा-सर्वदा के लिए ब्राह्मण, एक बार अछूत तो सदा-सर्वदा के लिए अछूत।

डॉ. अम्बेडकर को दुःख था कि ऐसे ग्राम-गणतन्त्र पर भी पढ़े-लिखे हिन्दुओं तक को गर्व है और वे इसे बनाये-बचाये रखना चाहते हैं। अगर ऐसा हुआ तो यह भारतीय अस्पृश्यों के लिए सर्वाधिक विपत्तिमूलक होगा। जवाहरलाल नेहरू भी भारतीय गाँवों की इस सनातनता को अच्छी निगाह से नहीं देखते थे। उनके लिए भी गाँव अशिक्षा, बर्बरता, गरीबी, गन्दगी, मानसिक जड़ता और पिछड़ापन का मूर्त रूप था। आश्चर्य नहीं, वह भी महात्मा गाँधी की 'ग्राम-स्वराज' जैसी अवधारणा से असहमत थे। 1850 के दशक में ही कार्ल मार्क्स ने भारतीय गाँवों के स्वायत्त अर्थतन्त्र और विश्वबोध ा को मानसिक जड़ता और प्रतिक्रियावाद का मूल माना था और स्पष्ट कहा था कि इस ग्राम-व्यवस्था को तोड़े बगैर भारत का कायाकल्प सम्भव नहीं है। इसी सन्दर्भ में उन्होंने भारत में अंग्रेजी साम्राज्य के आर्थिक-तकनीकी हस्तक्षेप को सकारात्मक बताया था। यहाँ से देखने पर गाँधीकी 'ग्राम-स्वराज' की अवधारणा अनैतिहासिक एवं रोमानी लगती है। यहाँ तक रेखांकन भी आवश्यक है कि मार्क्स और नेहरू की दृष्टि वैश्विक एवं वर्गीय है, जबकि अम्बेडकर की दृष्टि प्रमुखतः दलितवादी और सामाजिक है। इसके माने यह नहीं कि अम्बेडकर समस्या के वर्गीय आयाम से अनभिज्ञ हैं और मार्क्स एवं नेहरू इसके सामाजिक निहितार्थ से। लेकिन कहना पड़ता है कि मार्क्स-नेहरू की दृष्टि अधिक आधारभूत और उपादेय है, जबकि अम्बेडकर की सामाजिक दृष्टि जितनी ही स्पष्ट है उतनी ही अपर्याप्त भी। डॉ. अम्बेडकर अधिरचनात्मक अनुषंगी तथ्यों पर अधिक बल देते हैं और अदृश्य लेकिन आधारभूत कारक दरकिनार रह जाते हैं। लेकिन, कुल मिलाकर, मार्क्स, नेहरू और अम्बेडकर एक ही राजनीतिक स्पेक्ट्रम के लोग हैं, यद्यपि अम्बेडकर में कुछ सामाजिक-धार्मिक ऐसा है जो उन्हें गाँधी से दूर ले जाता है।

भारत में कृषि-व्यवस्था को लेकर रूमानियत अभी भी कायम है। मेरे बहुत-सारे पढ़े-लिखे लेखक मित्र भी यह कहते हुए नेहरू को खरी-खोटी सुनाते रहते हैं कि उन्होंने उद्योग की केन्द्रीयता प्रदान कर कृषि को दरकिनार किया और इस प्रकार देश के साथ दगा दिया। देश के पूँजीपति उनकी इसलिए आलोचना करते हैं कि उन्होंने समाजवाद की आड़ में कोटा-परमिट-राज स्थापित कर उद्योगों को

स्वतन्त्र रूप से विकसित नहीं होने दिया। डॉ. अम्बेडकर की भी आलोचना इस बिन्दु पर की जा सकती है, लेकिन इसलिए नहीं होती है कि आज उनके पीछे एक विराट् वोटबैंक है और वह आधुनिक भारत के निर्माता के रूप में तो नहीं लेकिन संविधान निर्माता के रूप में देखे जाते हैं। लेकिन इतना स्पष्ट है कि नेहरू और अम्बेडकर दोनों ही गाँव और खेती-बाड़ी को लेकर एक साथ हैं। अपने एक निबन्ध 'भारत में छोटी खेती' में डॉ. अम्बेडकर लिखते हैं कि, "भारतीय कृषि कुछ अतिरिक्त नहीं पैदा करती, यह पूँजी निर्माण के लायक नहीं है", क्योंकि जोतें छोटी हैं जो हमारे 'अस्वस्थ सामाजिक अर्थतन्त्र' का कारण हैं। वह कृषि पर भारी जनसंख्या के दबाव की भी चर्चा करते हैं जिसके चलते लोग गाँव में बेकार हैं। उनका कहना है कि पूँजी तो चुपचाप पड़ी रह सकती है, लेकिन श्रमिक को भोजन चाहिए इसलिए 'बेकार श्रम विपत्ति' है। वह टामस अर्नल्ड को उद्धृत करते हैं—"गलत राजनीतिक अर्थव्यवस्था अपराध की उर्वर भूमि होती है।" आज हम इसी से पीड़ित हैं। बेरोजगार युवा इस अर्थवादी युग में अपराध या मनोरोगों के शिकार हैं। डॉ. अम्बेडकर ने स्पष्ट कहा है कि—"भारत में कृषि की अतिशयता का खतरा है।" वह जगह-जगह कृषि और उद्योग दोनों के सहकारीकरण और सामूहिकीकरण की भी हिमायत करते दिखते हैं। कृषि का विकास हो, यह उत्पादक बने, इसके लिए यह आवश्यक है कि आबादी का जो भार इस पर लदा है वह औद्योगिक एवं सेवा-क्षेत्रों में स्थानान्तरित हो। छोटी जोतों का समाधान भी वह सहकारीकरण या सामूहिकीकरण में देखते हैं।

कोई जरूरी नहीं कि डॉ. अम्बेडकर के सारे प्रेक्षणों एवं सुझावों को यथावत् स्वीकार कर लिया जाये। गंगा में बहुत पानी बह चुका है। उनका दलित भी बहुत बदला है। अब इसका एक फलता-फूलता मध्यवर्ग भी है जो बाबा साहेब के सामाजिक कार्यक्रम को तो स्वीकारता है, लेकिन उनके समाजवादी सत्त्व से कटा हुआ 'धम्म' में उलझा है। इसी 'धम्म' ने श्रीलंका में 'हिंसा की आवश्यकता' को 'हिंसा की चाह' में बदल डाला है। आज वहाँ का भिक्षु हिंस्र प्रतिक्रियावादी राजनीति का केन्द्र बना हुआ है। म्याँमार की भी यही स्थिति है। लेकिन लाओस, दक्षिण कोरिया और थाईलैण्ड में भिक्षुओं ने आत्मोत्सर्ग के माध्यम से वहाँ की तानाशाह सत्ताओं को विरूपित किया और अपेक्षित सत्ता-परिवर्तन हुए। इसकी आज पुनः जरूरत है। जनसंचार माध्यमों द्वारा सत्ताएँ अपनी 'हत्या की इच्छा' को 'हत्या की आवश्यकता' में बदल पाने में सफल हैं। अभी-अभी इराक में हमने देखा है। लेकिन आज का जेहादी इस्लाम इसका उत्तर नहीं बन सकता। सामुदायिक अर्थों में जेहादी होना भी समुदाय की स्थितिशीलता को ही बल देना है। अतः बाबा साहेब ने पारम्परिक हिन्दुत्व का जो सामुदायिक विकल्प खोजा था, वह समाधान नहीं है।

इसके बावजूद समकालीन दलित जागरण उधर उन्मुख है। इससे उसका वर्गबोध कमजोर हुआ है और बाबा साहेब का समाजवादी सत्त्व दरकिनार होता जा रहा है। फिर भी, इतना तय है कि बाबा साहेब के सहारे ही दलित चेतना को संगठित किया जा सकता है। इसलिए आवश्यक है कि उनके सामाजिक-राजनीतिक परिप्रेक्ष्य को, उनकी अन्तर्दृष्टियों को समझा जाये और यथासम्भव वस्तुनिष्ठ रूप से उन्हें विवेचित किया जाये। इसी बात को ध्यान में रखकर आज उनके इस 39वें परिनिब्बान दिवस पर उनकी कुछ-एक अन्तर्दृष्टियों पर रोशनी डालने का प्रयास किया गया है। चूँकि बाबा साहेब मूलतः एक बौद्धिक जेहादी थे, ज्ञान ही उनका वास्तविक क्षेत्र था, इसलिए इस प्रकार के छोटे-बड़े समझदार विमर्श भी उनके प्रति श्रद्धांजलि होंगे।

●

# हिन्दू समाज-संरचना और दलित-विमर्श

यूँ तो महाराष्ट्र में दलित मुखरता सन्'50 के दशक में ही सामने आ गयी थी, लेकिन हिन्दी पट्टी, विशेषतः उत्तर प्रदेश में, सन्'80 के दशक से दलित सामाजिक दृष्टि से मुखर और राजनीतिक दृष्टि से चुनौतीपूर्ण हैं। मान्यवर कांशीराम के नेतृत्व में बामसेफ की जमीनी सक्रियता और फिर 1988 में बसपा के गठन के साथ दलित मुद्दे और धर्म एवं संस्कृति सम्बन्धी आख्यान, दलित जागरण के प्रमुख राजनीतिक सरोकार बने। कहा जा सकता है कि अन्तर्निहित एवं सुषुप्त दलितत्व जो दूसरों के इस्तेमाल में आया करता था, अब अपनी शर्तों के साथ, अपने लिये, जीवन के विभिन्न क्षेत्रों में खड़ा हुआ और उसकी एक साफ, निडर आवाज सुनायी देने लगी। उन्मादी क्रिया-प्रतिक्रिया का जो दौर आरम्भ हुआ वह अभी थमा नहीं लगता। फिर भी, अब इस दलित मुखरता के सामाजिक, राजनीतिक एवं सांस्कृतिक-ध ार्मिक महत्त्व को अस्वीकार नहीं किया जाता। लेकिन यह अप्रत्याशित नहीं था। इस मुखरता के पीछे राजनीतिक एवं आर्थिक निवेश की एक परम्परा है। इस दलित मुखरता को स्वाधीनता-संग्राम के दौरान महात्मा गाँधी की पहल और डॉ. अम्बेडकर के सामाजिक संघर्षों से निकली दलित-पक्षधर संवदेनशीलता में देखा जा सकता है जिसे स्वाधीन भारत के संविधान में आत्मसात् किया गया। हमारे जनतन्त्रवादी संविधान ने दलितों को राजनीति एवं नौकरियों में आरक्षण प्रदान कर एक आधारशिला रखी जिस पर वर्तमान दलित जागरण की संरचना खड़ी है। संसदीय हस्तक्षेप द्वारा इन दलित-पक्षधर सुविधाओं का उत्तरोत्तर विस्तार होता गया है। योग्यता-अयोग्यता के मानकों को दरकिनार कर अब दलित छात्र तकनीकी एवं चिकित्सकीय संस्थानों में, राज्य द्वारा प्रदत्त आर्थिक संरक्षण में, प्रवेश पाते हैं और फिर अपनी अच्छी-बुरी भूमिका निभाते हैं। उनकी सामाजिक पहल के लिए यही अनिवार्य प्रस्थान-बिन्दु भी हो सकता था। आज प्रशासनिक सेवाओं में इनकी संख्या सर्वाधिक है। संसद् और विधानसभाओं में भी सबसे बड़ा सामाजिक प्रखण्ड इन्हीं

का है। इस प्रकार सीधे भारतीय राज्य के संरक्षण में एक बड़े एवं असरदार दलित मध्यवर्ग का निर्माण हुआ है जिसके पास अब अस्मिता-बोध है और जो राजनीतिक एवं सामाजिक दृष्टि से महत्त्वाकांक्षी और मुखर है। लेकिन इसके निर्मम अतीत की स्मृतियाँ इतनी ताजा है कि स्तरीकृत एवं जातिबद्ध जड़ भारतीय समाज में यह अभी अपने भविष्य को लेकर आश्वस्त नहीं है। उसी पुराने सामाजिक दलदल में पुनः लौट जाने की आशंका इसे बेचैन बनाये रहती है। साथ ही इन स्मृतियों को जीवित रखे रहना दलित राजनीति की विवशता भी है। इसमें दलित नेताओं और प्रशासकों के निहित स्वार्थ भी विकसित हुए हैं। वस्तुतः मुखर दलित अस्मिता-बोध, उसके संकीर्ण जात-पाँतवादी संगठन, उसकी आक्रामक राजनीतिक शब्दावली और अपनी 'मुक्ति' हेतु किसी वैकल्पिक सांस्कृतिक रास्ते की खोज इत्यादि को दलितों की उपर्युक्त उपलब्धियों के सन्दर्भ में ही समझा जा सकता है। डॉ. अम्बेडकर ने, जो समकालीन दलित चेतना के एकमात्र प्रेरणा-पुरुष हैं, अपनी आरम्भिक उग्र हिन्दू-विरोधी, गाँधी-विरोधी एवं कांग्रेस-विरोधी स्थापनाओं और अन्ततः अपनी मृत्यु से दो माह पूर्व बौद्ध धर्म में दीक्षा द्वारा दलित राजनीति एवं सामाजिक-सांस्कृतिक जागरण की दिशा तय की। अपनी सामाजिक मुक्ति के लिए भारतीय शूद्र कभी बौद्ध बना था, फिर मध्ययुगों में मुसलमान बनने लगा, सिक्ख बना, इंग्लैण्ड के राजनीतिक वर्चस्व के बाद ईसाई बना और अम्बेडकरवादी हस्तक्षेप के बाद अब वह पुनः बौद्ध धर्म की ओर उन्मुख है। डॉ. अम्बेडकर ने उसे विश्वास दिया है कि इसमें व्यक्ति का आकलन-मूल्यांकन उसकी जाति से नहीं बल्कि उसकी नैतिक-मानसिक योग्यताओं के आधार पर होगा। बचपन के अपने कटु अनुभवों एवं संघर्षों की रोशनी में डॉ. अम्बेडकर इस निष्कर्ष पर पहुँचे थे कि हिन्दू समाज बर्बाद हो सकता है, लेकिन सुधर नहीं सकता।

आज का दलित अनिवार्यतः अम्बेडकरवादी है। वह अपने समर्थन में कबीर, फुले और पेरियार को भी उद्धृत करता है, लेकिन उसका भावनात्मक लगाव अपने बाबा साहेब अम्बेडकर से ही है। राजनीतिक स्तर पर वह डॉ. अम्बेडकर की व्यवहारवादी (pragmatic) पटुता का भी कायल है जो यदा-कदा उसकी राजनीतिक फाँस बनती है। ध्यातव्य यह भी है कि हिन्दी पट्टी में कांशीराम ने दलित-चेतना को जागृत एवं सुसंगठित किया तथा सुश्री मायावती के माध्यम से इसे राजनीतिक मुखरता मिली है। अपनी अकुशल सपाटता के बावजूद, मायावती ने हिन्दी पट्टी में एक ठोस दलित वोट बैंक तैयार किया है और दलित सशक्तीकरण को एक गम्भीर राष्ट्रीय मुद्दा बनाया है जो महाराष्ट्र की रिपब्लिकन पार्टी अथवा दलित पैन्थर आन्दोलन नहीं कर पाया। कहा जा सकता है कि अम्बेडकरवादी महाराष्ट्र

की दलित उपलब्धि प्रमुखतः साहित्यिक-सांस्कृतिक है, लेकिन उत्तर प्रदेश में यह साहित्यिक-सांस्कृतिक होने के साथ-साथ राजनीतिक भी है जिसे डॉ. अम्बेडकर ने प्रत्येक दरवाजे को खोलने की 'मास्टर कुंजी' के रूप में अभिहित किया था।

सवर्ण हिन्दुओं के निर्मम वर्चस्व के प्रतिकार में डॉ. अम्बेडकर ने दलितों को समुदाय के रूप में संगठित करने का प्रयास किया। उनकी दृष्टि में समुदाय का उत्तर कोई प्रति-समुदाय ही हो सकता था। वह धर्म को मनुष्य के आन्तरिक सुकून और नैतिक उत्थान के लिए आवश्यक मानते थे। अतः अनेक प्रकार के उपलब्ध धार्मिक विकल्पों के बारे में सोचते-समझते, अन्ततः उन्होंने 14 अक्टूबर, 1956 को बौद्ध धर्म की दीक्षा ली और **भगवान् बुद्ध और उनका धर्म** (Buddha and His Dhamma) शीर्षक से एक धर्मशास्त्र भी लिखा और इस प्रकार, उत्पीड़ित एवं अछूत दलितों के लिए एक धार्मिक-सांस्कृतिक विकल्प दिया। सामाजिक, आर्थिक एवं मानसिक मुक्ति की दृष्टि से उनका विकल्प प्रश्नांकित हो सकता है, क्योंकि यह एक आधुनिक सोचवाले व्यक्ति की अतीतोन्मुखता है। फिर भी उन्होंने एक साम्प्रदायिक मार्गदर्शन किया जिसकी ओर पढ़ा-लिखा भारतीय दलित आकृष्ट भी हो रहा है। अब वह 'हरिजन' शब्द से नफरत करता है और 'दलित' कहलाना चाहता है। गाँधी का 'हरिजन' साम्राज्यवाद-विरोधी होने के साथ-साथ हिन्दू दायरे में ही अपनी सामाजिक मुक्ति हेतु प्रयासरत था। उसके पास उदार हिन्दुत्व की कल्पना थी क्योंकि उसके प्रारूप महात्मा गाँधी थे जिन्होंने डॉ. अम्बेडकर से पहले ही छूआछूत के मसले को राष्ट्रीय मसला बनाया था। लेकिन 'दलित' अम्बेडकर के साम्राज्यवाद-समर्थन को उचित ठहराता है और अपनी सामाजिक मुक्ति का रास्ता हिन्दुत्व से अलग बौद्ध जीवन-दर्शन में देखता है। इस प्रकार भारतीय 'अछूतों' की सामाजिक यात्रा समावेशी 'हरिजन' से होती हुई अड़ियल एवं अपवर्जनवादी (exclusivist) 'दलित' की ओर है। हरिजन गाँधी की खादी ओढ़े हुए थे, 'दलित' अम्बेडकर की पोशाक में हैं। अब गाँधी पराये ही नहीं शत्रु हैं, और अम्बेडकर अपने तो हैं ही, मुक्तिदायी भी हैं। गाँधी 'अछूतों' का वृहत्तर हिन्दू समुदाय में सम्मानजनक एवं आत्मीय समायोजन चाहते थे; अम्बेडकर उन्हें एक स्वायत्त धार्मिक-सांस्कृतिक समुदाय के रूप में देखना चाहते थे।

सन् 1932 में महात्मा गाँधी ने अपने कतिपय 'अछूत मित्रों' की राय से 'हरिजन' नाम को प्रचलित किया। इस नामकरण में डॉ. अम्बेडकर के मन्दिर-प्रवेश एवं अन्य सुधार-आन्दोलनों और पूना पैक्ट की भूमिका से बने दबाव को अस्वीकार नहीं किया जा सकता। दलित सम्बन्धी अपनी एवं राष्ट्रीय मुक्ति आन्दोलन की दृष्टि स्पष्ट करने के लिए महात्मा गाँधी ने 1933 में 'हरिजन' पत्रिका का सम्पादन

भी आरम्भ किया। दरअसल, उन्होंने 'हरिजन' पद का इस्तेमाल अपनी सर्वोत्तम शुभेच्छा एवं विवेक के साथ किया था। उन्होंने इसकी व्याख्या भी प्रस्तुत की थी–

*मेरे लिये 'अछूत' 'हम लोगों (उच्चस्थ हिन्दू जातियों) की तुलना में सचमुच 'हरिजन' है– ईश्वर का आदमी है; और हम दुर्जन हैं–बुरे लोग हैं, क्योंकि अब तक अछूत ने हमारे आराम और स्वच्छता के लिए कठोर श्रम किया है, पसीना बहाया है और अपने हाथों को गन्दा किया है, हमने उसके दमन में आनन्द पाया है...अभी भी हमारे द्वारा ऐसा ही किया जाता है। (कलेक्टेड वर्क्स ऑफ महात्मा गाँधी, खण्ड 47, 1971, पृ. 244)*

डॉ. अम्बेडकर ने इस नामकरण का विरोध किया था। उनकी दृष्टि में यह प्रतीकात्मक था, वास्तविक नहीं; क्योंकि हिन्दू का प्रायश्चित्त हमेशा कर्मकाण्डी होता है जिसमें वास्तविक सुधार एवं आचरण अन्तर्निहित नहीं होता। इतना ही नहीं, डॉ. अम्बेडकर की दृष्टि में, यह नाम अछूतों को 'ईश्वर का पुत्र' तो मानता है, लेकिन 'ईश्वर द्वारा चुना हुआ' नहीं मानता। इसके अतिरिक्त, यह गलती करनेवाले को सामाजिक एवं कानूनी जवाबदेही से भी मुक्त करता है और बुराई को दूर करने की प्रेरणा नहीं देता (राइटिंग्स ऐण्ड स्पीचेज, खण्ड-5, पृ. 363-64)। डॉ. अम्बेडकर को यह अफसोस था कि इन स्पष्ट कमियों के बावजूद, यह शब्द जब तक गाँधी और कांग्रेस रहेंगे तब तक प्रचलन में रहेगा।

लेकिन आज का दलित बुद्धिजीवी 'हरिजन' शब्द की भर्त्सना में अपने मसीहा से भी आगे निकल चुका है। इसे वह अपनी सामाजिक अवमानना के चिह्न के रूप में देखता है, और इसे दलितों को अवमानित करने की ब्राह्मणवादी योजना का हिस्सा बताता है। उनका कहना है कि दक्षिण के मन्दिरों में देवदासी-पुत्रों को 'हरिजन' कहा जाता था। एक दलित बुद्धिजीवी योगेन्द्र कुमार के निबन्ध से एक उद्धरण इस मनःस्थिति को समझने में सहायक हो सकता है–

*नरसी मेहता ने 'हरिजन' शब्द का प्रयोग देवदासियों की सन्तानों के लिए किया है। वह कौन-सी योजना थी जिसके तहत मोहनदास करमचन्द गाँधी ने अनुसूचित जातियों एवं अनुसूचित जनजातियों के लिए इस अपमानजनक शब्द का इस्तेमाल किया?...इन वर्गों को 'हरिजन' नहीं कहा जा सकता क्योंकि वे देवदासियों की अवैध सन्तानें नहीं हैं। अर्थात् यह सब उन्हें अपमानित करने अथवा उन्हें गुलामी की जंजीरों में जकड़े रखने उन्हें उनके सम्मान-बोध और मानव-अधिकारों से वंचित रखने की फरेबी और कुत्सित नाजी-आर्य अर्थात् सवर्ण षड्यन्त्र है। इन महापुरुषों और महात्माओं से सावधान रहो (दलित एशिया टुडे, मई 1996, पृ. 7-8)*

इन उद्धरण में डॉ. अम्बेडकर की स्पष्ट अनुगूँज है। कभी उन्होंने अपने अनुयायियों को गाँधी के प्रभाव के विरुद्ध आगाह किया था और गाँधीवाद को

अछूतों के लिए 'सर्वनाश' (doom) बताया था (राइटिंग्ज ऐण्ड स्पीचेज, खण्ड 9, पृ. 239-297)। भगवान दास, ए. के. विश्वास, गेल ओम्वेट, कंचन इलाइया, गोपाल गुरु, तुलसीराम जैसे दलित बुद्धिजीवी भी डॉ. अम्बेडकर से सर्वथा सहमत हैं। सभी गाँधी-योजना में षड्यन्त्र की दुर्गन्ध सूँघते हैं। अभी ये हिन्दू अतीत की सीमाओं पर ही इतने केन्द्रित हैं कि इसकी उदार सम्भावनाओं की अनदेखी होती है। दलित बुद्धिजीवी हिन्दू-सन्दर्भ में इतना विखण्डनवादी है कि रेखा-पार की किसी सकारात्मक शिरकत को वह पहचान नहीं देता।

प्रश्न गाँधी के अन्ध-समर्थन अथवा अन्ध-विरोध का नहीं है, प्रश्न उन्हें उनकी परिस्थितियों में समझने और मूल्यांकित करने का है। **जस्टिस** के सम्पादक टी. ए. नाथन द्वारा 'हरिजन' शब्द के प्रयोग पर आपत्ति का उत्तर देते हुए गाँधी ने कहा था कि यह शब्द "सर्वाधिक उपयुक्त है, क्योंकि सर्वाधिक तिरस्कृत लोग ईश्वर के सर्वाधिक प्रिय होते हैं।" गाँधी के लिए इसमें गुलामी का स्वर नहीं था और उन्होंने आशा व्यक्त की थी कि एक दिन अछूतपन का खात्मा हो जायेगा और हम सभी 'हरिजन अर्थात् ईश्वर के पवित्रजन' बनने के लिए प्रयासरत होंगे (कलेक्टेड वर्क्स ऑफ महात्मा गाँधी, खण्ड 53, पृ. 8-9)। कुल मिलाकर, गाँधी सन्त थे, और इस पद के प्रयोग में उन्हें कुछ निन्दात्मक नहीं सूझा था। मध्ययुगों में सन्त और भक्त कवि इस पद का प्रयोग एक-दूसरे को सम्बोधन में किया करते थे। यह तुलसी में भी है जो दलित आलोचना के एक प्रमुख लक्ष्य हैं—'हरिजन जानि प्रीति अस बाढ़ी।' आरम्भ में दक्षिण के किसी भी दलित बुद्धिजीवी ने इसे देवदासियों के सन्दर्भ में नहीं देखा, डॉ. अम्बेडकर ने भी नहीं। यह सन्दर्भ उत्तर-अम्बेडकर खोज है। आज का दलित बुद्धिजीवी इतना मताग्रही है कि वह किसी असुविधाजनक विवेचन में नहीं फँसना चाहता। निन्दा अथवा प्रशंसा का रास्ता आसान और निरापद भी होता है। अर्थोद्घाटन और विखण्डन में दुर्भाग्यपूर्ण एवं पूर्वग्रहयुक्त उत्साह की नैतिक एवं बौद्धिक जवाबदेही नहीं बनती। अगर उद्देश्य राजनीतिक या समुदायवादी अथवा साम्प्रदायिक है, तो सब-कुछ चल जाता है।

यह सही है कि गाँधी के दलित-मुक्ति सम्बन्धी प्रयास अछूतपन के समापन तक सीमित थे और कुल मिलाकर प्रतीकात्मक ही थे। डॉ. अम्बेडकर ने सही ही इंगित भी किया था। लेकिन अम्बेडकर के पास एक-सूत्री कार्यक्रम था। गाँधी की सोच एवं प्रयास में एकसूत्रता तो थी, लेकिन वह एकसूत्री नहीं थे। वह राष्ट्रीय नेता थे और राष्ट्रीय मुक्ति आन्दोलन का एक आयाम दलित-मुक्ति भी था जिसे वह भूले नहीं थे। अतः दलित मुद्दे पर वह बहुत-कुछ कहकर पाने की स्थिति में भी नहीं थे। समाज-सुधार का मुद्दा बहुत ही उत्तेजक और विभाजक था और अंग्रेजी-राज

के प्रशासक उसे उकसाते थे और इससे उत्पन्न विभाजन का अपने हित में राजनीतिक इस्तेमाल करते थे। 1857 के हादसे के बाद तो भारतीय समाज का साम्प्रदायिक एवं जात-पाँतवादी विभाजन अंग्रेजी-राज की एक घोषित-अघोषित नीति था। अब उसकी 'सामाजिक प्रगतिशीलता' में अन्तर्निहित साम्राज्यवादी स्वार्थ थे। स्वाधीनता-आन्दोलन इससे विभाजित होकर कमजोर बनता था। अतः समाज-सुधार को साम्राज्यवाद-विरोध पर तरजीह देना घोड़े के सामने गाड़ी रखने जैसा था। इतना ही नहीं, जात-पाँतवादी बुराइयाँ सामन्ती रोग थीं और भारत में अंग्रेजी-राज ने सामन्ती समाज-रचना को बल दिया था और इसे राष्ट्र-विरोधी बनाया था। दरअसल, सामन्त और व्यवसायी ही राज के सामाजिक आधार थे। अम्बेडकर ने स्वयं शिकायत की है कि अंग्रेजी शासकों ने, काम निकल जाने के बाद, महारों को भुला दिया और महार रेजीमेण्ट को भी तोड़ दिया। वह बार-बार दलितों के प्रति अंग्रेजी-राज के विश्वासघात की चर्चा करते हैं, फिर भी ब्राह्मण-फोबिया उन्हें उन्हीं के साथ राजनीतिक सटाव के लिए मजबूर करती रही। उनके जैसे सजग विद्वान् की विदेशी सत्ता से इतनी अपेक्षा समझ में नहीं आती। इस सटाव के तीन कारण मुझे सूझते हैं—1. वर्ण समाज के आरम्भिक कटु अनुभव; 2. अंग्रेजी-राज के लोकतान्त्रिक विवेक में आवश्यकता से अधिक विश्वास जो एक दौर में गाँधी की भी कमजोरी थी; और सर्वोपरि 3. अपने लिये तत्कालीन समाज में राजनीतिक जगह की तलाश क्योंकि उस पर गाँधी और जिन्ना हावी थे। अगर गाँधी अपने हिन्दू संस्कारों की चर्चा नहीं छोड़ पा रहे थे तो अम्बेडकर अपने आरम्भिक दिनों के कटु अनुभवों को अतिक्रान्त नहीं कर पा रहे थे जिसके फलस्वरूप उनकी दलित राजनीति राष्ट्रीय राजनीतिक आकांक्षा के प्रतिकूल पड़ती थी। गाँधी ने, तो भी अपने को समावेशी बनाया जो अम्बेडकर नहीं कर सके। द्वितीय गोलमेज कान्फ्रेन्स में गाँधी की यह टिप्पणी कि डॉ. अम्बेडकर के बचपन के कटु अनुभवों ने उनके चित्त को इस सीमा तक प्रभावित किया था कि वह उसे कभी दरकिनार नहीं कर पाये, निराधार नहीं थी। आश्चर्य नहीं, उनका दलित एजेण्डा एक लम्बे अरसे तक उन्हें अंग्रेजी-राज की विभाजक राजनीति और उत्पीड़क प्रशासन का उपकरण बनाये रखा, और 1946 तक आते-आते वह स्वयं को असहाय एवं अलग-थलग महसूस करने लगे थे। अन्ततः, उन्हें उन्हीं के साथ होना पड़ा जिनके विरुद्ध वह लगभग दो दशकों तक आग उगलते रहे थे। इस अम्बेडकर विरासत को समय-असमय मायावती-भाजपा गठबन्धन द्वारा भी समझा जा सकता है। राजनीतिक सत्ता की प्रभविष्णुता में अतीव विश्वास और अतिरेकी सामुदायिक राजनीति, अपने सीमित दायरे में चाहे जितनी भी उचित क्यों न हो, हमेशा अन्धी गली में ही मुड़ती है। गाँधी ने अपने हिन्दुत्व को विस्तार दिया, इसे समावेशी और

'सेक्यूलर' बनाया और वह भारत में मुस्लिम हितों के लिए कठमुल्ला हिन्दुओं द्वारा मारे गये। इतिहास ने उनकी निष्ठा को सही ठहराया। डॉ. अम्बेडकर भी अपने दलित एजेण्डा को समाजवादी विस्तार दे सकते थे, लेकिन उन्होंने बुद्ध धर्म अपनाया जो एक उदीयमान आधुनिक समाज में मध्ययुगीन समाधान-जैसा था। इनकी तुलना में नेहरू अधिक सुसंगत और प्रगतिधर्मा दिखते हैं। इस प्रकार गाँधी, कांग्रेस, नेहरू और स्वाधीनता-संग्राम के बारे में डॉ. अम्बेडकर की समझ और मूल्यांकन उनके राजनीतिक विवेक को प्रश्नांकित करता है। टिप्पणी कठोर है, लेकिन अपरिहार्य है। दलितवादी बुद्धिजीवियों की विडम्बना यह है कि वह अभी भी डॉ. अम्बेडकर से थोड़ी दूरी बनाकर गाँधी, हिन्दू अथवा कांग्रेस को देखने-समझने की स्थिति में नहीं हैं। यथार्थ को सार्वभौम, मुक्तिगामी सन्दर्भ न दे पाना परिप्रेक्ष्य को संकुचित बनाता है। किसी समुदाय अथवा वर्ग-विशेष की राजनीति की यही गम्भीर सीमा हुआ करती है। यह अपना विस्तार नहीं कर पाती।

कुछ ऐसे क्षण भी आये जब डॉ. अम्बेडकर को कमोबेश निकट से गाँधी को समझने का मौका मिला। एक अवसर तो 1932 में आया जब वे वर्धा जेल में पूना पैक्ट में आये गतिरोध को दूर करने के लिए अन्ततः गाँधी से मिले थे। असेम्बलियों में जनरल कोटे से दलित सीटों की संख्या का मसला था। गाँधी ने उन्हें उतना दिया जितना अन्य भारतीय नेता देने को तैयार नहीं थे और जो अम्बेडकर की अपेक्षा से भी अधिक था। इस पर डॉ. अम्बेडकर की प्रतिक्रिया ध्यातव्य है–

*मैं स्वीकार कर सकता हूँ कि यह मेरा दुर्भाग्य है कि किन्हीं मामलों में मैं महात्मा से सहमत नहीं हूँ, लेकिन पिछले कुछ वर्षों से उनके समीप आने पर महसूस करता हूँ कि 'दलित' वर्गों के सम्बन्ध में उनकी निष्ठा (sincerity) पर सन्देह करना अनर्गल है। मैं यह कहकर किसी को चोट नहीं पहुँचा रहा कि हम जैसे बहुतों के सम्बन्ध में राष्ट्रवाद मात्र एक अलंकार है, लेकिन महात्मा गाँधी की यह प्राण-वायु है। यहाँ तक कि मैं महात्मा गाँधी के बारे में राष्ट्र से इतर हिन्दू या किसी अन्य रूप में कल्पना भी नहीं कर सकता...(सोर्स मैटिरिअल ऑन बाबा साहेब अम्बेडकर ऐण्ड द मूवमेण्ट ऑफ अनटचेबुल्स, खण्ड 1, 1982, पृ. 97)।*

प्रोफेसर के. सी. यादव ने अपने एक निबन्ध में डॉ. अम्बेडकर के 6 दिसम्बर, 1954 को संसद् में दिये गये वक्तव्य से उद्धृत किया है– "मैं उनका आदर करता हूँ। सब-कुछ के बावजूद, हम सभी के अनुसार अछूतपन उनके सर्वाधिक निकट और प्रिय रहा" (टाइम्स ऑफ इण्डिया, अप्रैल 14, 1954)। प्रोफेसर यादव ने यह भी दिखाया है कि अगर अछूतों के सन्दर्भ में गाँधी ने 'कम्युनल अवॉर्ड' मान लिया होता

तो स्वाधीनता-संग्राम पस्त हो गया होता। अपने दलितवादी तेवर में अम्बेडकर साहेब जो माँग रहे थे, उसके सम्भावित राजनीतिक खतरों की वह अनदेखी करते थे। आखिर 'कम्युनल अवॉर्ड' की राजनीति ने ही देश को विभाजन तक पहुँचाया था। तत्कालीन परिस्थितियों में अंग्रेजी-राज के संरक्षण में दलितवादी 'कम्युनल' राजनीति के खतरनाक निहितार्थ थे। इतिहास किसी महापुरुष की पुनीत इच्छा या मन्शा के अनुरूप नहीं बनता, सामाजिक ताकतों के टकराव और गठजोड़ से बनता है जिसमें अक्सर महापुरुष दरकिनार कर दिये जाते हैं। इसी सन्दर्भ में कहा गया है कि क्रान्तियाँ अपने नेताओं को सबसे पहले निगलती हैं। ध्यातव्य यह भी है कि गाँधी के दबाव में ही नेहरू के 1946 के मन्त्रिमण्डल में अम्बेडकर साहेब लिये गये थे और वह योजना मन्त्री बनना चाहते थे लेकिन उन्हें कानून मन्त्री बनाया गया ताकि दलित हितों को वैधानिक संरक्षण मिल सके। कांग्रेस ने 1947 में विभाजन के बाद उनकी समाप्त असेम्बली की सदस्यता को अपने कोटे से पुनः आरक्षित किया, उन्हें मसविदा समिति का चेयरमैन चुना जिसके परिणामस्वरूप उन्हें 'संविधान निर्माता' का गौरव मिला। आशय यह कि गाँधी की कांग्रेस ने अपनी राष्ट्रवादी भूमिका का निर्वहन किया। विडम्बना यह है कि दलित बुद्धिजीवी गाँधी के मूल्यांकन में इन तथ्यों की अनदेखी करते हैं जिसके चलते उनके सामाजिक-राजनीतिक प्रेक्षण विश्वसनीय नहीं लगते। एक-सुरे सामुदायिक विमर्श की यही सीमा है।

फिर भी गाँधी और अम्बेडकर को लेकर बहुत सुरक्षात्मक होने की आवश्यकता नहीं है। दोनों की महानता तात्त्विक और आभ्यन्तरिक या स्वभावगत है। यह प्रदत्त न होकर अर्जित है। राजनीतिक मूल्य एवं अपनी धार्मिक आस्थाओं में दोनों ही कालातिक्रमणशील हैं। गाँधी मूलतः सन्त थे जिन्हें अंग्रेजी-राज के दुःशासन ने राजनीतिक भँवर में कूदने के लिए मजबूर किया था। वह राजनीति को जहरीला नाग मानते थे जिसके विष को वह अपनी अहिंसा एवं सत्याग्रह द्वारा शमन करने का प्रयास करते थे। डॉ. अम्बेडकर एक निष्ठावान् ज्ञानाग्रही थे जिन्हें सवर्णों की मोटी, संवेदनशील सामाजिक खाल के चलते राजनीति में आना पड़ा था। एक ने राजनीति को नैतिक बनाना चाहा और जीवन के वैयक्तिक एवं सार्वजनिक दोनों क्षेत्रों को जनता की छान-बीन के लिए सामने रखा; दूसरे ने राजनीति को बौद्धिक बनाया और फ्रान्सीसी क्रान्ति के प्रतिमानों और गौतम बुद्ध के मैत्री भाव को सामने रखते हुए हिन्दू सामाजिक संरचना की विशद समालोचनाएँ लिखीं जिनके बिना बन्द एवं आत्ममुग्ध हिन्दू अपनी जड़ीभूत सामाजिक निष्ठुरता एवं आस्थागत मूर्खताओं को नहीं समझ सकता था। डॉ. अम्बेडकर का बल अछूतों के बीच से अवयवी बुद्धिजीवी

निर्मित एवं संगठित करने पर था जो अपने प्रति किये जा रहे चौतरफा अत्याचारों के विरुद्ध सक्षमता से लड़ सकें। इसके बिना दलित मुक्ति सम्भव भी नहीं थी। इसी सन्दर्भ में उन्हें भारतीय मार्क्स की संज्ञा दी जाती है। महात्मा गाँधी अपने आचरण एवं आन्दोलनों द्वारा सवर्ण हिन्दुओं की सुषुप्त सामाजिक आत्मा को जगा रहे थे जिसके बिना युगीन परिस्थितियों में सामाजिक रूपान्तरण असम्भव था। दलितों की मुखरता के साथ-साथ सवर्णों की उदार सामाजिक संवदेनशीलता ही सामाजिक परिवर्तन को मनोवैज्ञानिक रूप से स्वीकार्य बना सकती थी। इतना ही नहीं, गाँधी ने फकीर का जीवन अपनाया और डॉ. अम्बेडकर ने एक आधुनिक व्यक्ति का जिसके प्रतीकार्थ स्पष्ट हैं। आश्चर्य नहीं कि गाँधी की चर्चा करते समय रोम्याँ रोलाँ को सन्त फ्रैन्सिस बार-बार याद आते हैं। वस्तुतः गाँधी पहले भारतीय हैं जिन्होंने अछूत प्रथा के समापन के मुद्दे को राष्ट्रीय राजनीति से जोड़ा और 1921 में ही इसे अपने राष्ट्रीय सत्याग्रह के चार उद्देश्य में रखा जिसका समाज पर व्यापक प्रभाव पड़ा था। गाँधी प्रथम भारतीय हैं जिन्होंने 1915 में ही एक अछूत कन्या को बेटी के रूप में अपनाया और अपने साबरमती आश्रम में अछूत की सदस्यता को अनिवार्य बनाया जिसमें प्रत्येक व्यक्ति को खाना बनाने-परोसने से लेकर पाखना साफ करने तक का काम करना पड़ता था। वह अछूत बस्तियों में रहते ताकि उनमें सम्मान-बोध जग सके और सवर्ण हिन्दुओं को फटकारते ताकि वे अपने सामाजिक कुकृत्यों से विरत हों। इतना ही नहीं, अछूत प्रथा को उचित ठहरानेवाले धर्मग्रन्थों को वह किसी ऋषि द्वारा नहीं बल्कि शैतान द्वारा लिखा बताते। अन्तिम दिनों में वह केवल अन्तर्जातीय एवं अन्तधार्मिक विवाहों में ही आशीर्वाद देने जाते । बूरारे शब्दों में युग की सीमाओं में वह सब-कुछ कर रहे थे जो उनके लिए सम्भव था। वह साम्राज्यवाद के विरुद्ध लड़ रहे थे क्योंकि वह भारत की आर्थिक एवं सामाजिक बदहाली की जड़ था। उनकी यह समझ सही थी कि राजनीतिक दृष्टि से मुक्त भारत ही अपनी आर्थिक गरीबी और सामाजिक जड़ता के खिलाफ लड़ सकता है। गाँधी का प्रयास अधिक दुष्कर था क्योंकि वह तत्कालीन सामाजिक सन्दर्भ में तिरस्कृत एवं अवमानित अछूतों के लिए अपनों से लड़ रहे थे। आँगन की लड़ाई कितनी जटिल होती है, सारी दुनिया जानती है। अर्थात्, डॉ. अम्बेडकर का सामाजिक संघर्ष सपाट था और उतना ही सपाट उनकी राजनीति भी थी। उनको वहां जाने में कोई परेशानी नहीं थी जहाँ से वह अपने प्रतिद्वन्द्वी को पछाड़ सकते थे अथवा अपने दलित हित को आगे बढ़ा सकते थे। गाँधी के पास इतनी छूट नहीं थी। वह समूचे राष्ट्र की लड़ाई लड़ रहे थे, इसलिए वह एक ही साथ सबके साथ होते और सबसे संघर्षरत भी रहते। डॉ. अम्बेडकर की दृष्टि मूलतः राजनीतिक थी जिसमें दुश्मन का दुश्मन मित्र हुआ

करता है; गाँधी की दृष्टि मूलतः नैतिक थी जिसमें इस प्रकार के अवसरपरस्त गठजोड़ के लिए जगह नहीं थी। फिर भी, वस्तुगत दृष्टि से, गाँधी और अम्बेडकर के सामाजिक लक्ष्य परस्पर पूरक थे, न कि अनन्यतावादी (exclusivist) या स्पर्द्धात्मक। यह दुःखद है कि अपनी राजनीतिक दृष्टि के चलते डॉ. अम्बेडकर एक लम्बे अरसे तक अनन्यतावादी एवं स्पर्द्धात्मक बने रहे। कुल मिलाकर, डॉ. अम्बेडकर प्रमुखतः इतिहास-पुरुष हैं जिन पर तत्कालीन परिस्थितियों का दबाव निर्णायक है; गाँधी मूलतः महामानव हैं जो तत्कालीनता की शर्तों को मानते हुए भी उन्हें अतिक्रान्त करते हैं। इतिहास-पुरुष साध्यरत होता है; महामानव साधनरत होता है। इतिहास-पुरुष के लिए वैयक्तिक शुचिता अप्रासंगिक है, लेकिन किसी महामानव की यह केन्द्रीयता है। अतः इतिहास-पुरुष निस्पृह नहीं हो सकता जो महामानव की केन्द्रीय विशेषता है। कहा जा सकता है, इतिहास-पुरुष परिवर्तनवादी होता है; महामानव रूपान्तरणवादी होता है। इसीलिए, पहला सत्ता-बल को उपकरण बनाता है, दूसरा आत्मबल को। पहला बाह्य परिस्थितियों को अधिक प्रभावित करता है और दूसरा व्यक्ति और समाज के मानस को। आश्चर्य नहीं, महामानव इतिहासातिक्रमण करता है, क्योंकि वह सार्वभौम मूल्यों का जीवन्त प्रतीक होता है, न कि उनका मात्र एक अच्छा प्रस्तुतकर्त्ता या वकील।

फिर भी, इस स्थापना के लिए गुंजाइश है कि महात्मा गाँधी की ही तरह, अपनी सीमा में, बाबा साहेब अम्बेडकर भी कुछ मूल्यों के लिए प्रयासरत थे जो राजनीति को अतिक्रमित करते थे। स्वतन्त्रता, समानता और भाईचारा पश्चिम के राजनीतिक मूल्य हैं जो पश्चिमी व्याकरण के दायरों में कभी साकार नहीं होंगे, यद्यपि इन्हें लक्ष्य बनाकर स्पर्द्धात्मक राजनीति से लेकर खूनी राजनीति तक होती रहेगी। ये आवश्यक हैं, लेकिन पर्याप्त नहीं। मैथ्यू आर्नल्ड के शब्दों में ये 'मशीनरी' हैं, उपकरण हैं। अतः इन्हें समृद्ध करने के लिए डॉ. अम्बेडकर गौतम बुद्ध की ओर मुड़े जहाँ 'प्रज्ञा, करुणा और मैत्री' केन्द्र में थे। डॉ. अम्बेडकर राजनीति की कटुता और विद्वत्ता की सुनिश्चितता से होते हुए इधर मुड़े थे, लेकिन महात्मा गाँधी, इर्द-गिर्द की राजनीतिक कटुताओं के बीच, एक सन्त जैसी मासूमियत के साथ इसे जीते रहे। आश्चर्य नहीं, राहुल जी जैसे रैडिकल मिजाजवाले व्यक्ति को भी शहीद गाँधी के अस्थिकलश को देखकर गौतम बुद्ध की याद आयी थी और उन्हें लगा था कि शायद गाँधी ने अपने मूल्यों के लिए तथागत से अधिक झेला था। डॉ. अम्बेडकर के भीतर बैठे राजनेता को इतना कबूलने में कठिनाई थी। दलित राजनीति इसी अम्बेडकर-विरासत को ढो रही है, क्योंकि प्रतियोगी राजनीति में सत्य की स्वीकृति हानिकर होती है। सत्ता-प्रेरित अवसरपरस्त गठबन्धन इसकी

एक विशेषता है। इसीलिए राजनेता राज्य मशीनरी का संचालक होता है, न कि मनुष्यता का नैतिक सन्दर्भ। दुःखद यह है कि अभी भी दलित बुद्धिजीवी इतना राजनीतिक है कि वह डॉ. अम्बेडकर में निहित उदात्त को भी राजनीति और धर्म की 'मशीनरी' से बाहर पहचानने की स्थिति में नहीं है। देर-सबेर उसे यह समझना होगा कि केवल राजनीतिक दृष्टि और पैंतरेबाजी से 'नेतृत्वकारी' भूमिका नहीं बनती जिसका वह आकांक्षी है और एक सीमा तक हकदार भी। उसे 'हेजीमनिक' होना होगा जिसकी कुछ अनिवार्य सामाजिक, बौद्धिक एवं मूल्यगत शर्तें हैं। अतः उसकी जिम्मेदारी है कि वह अम्बेडकर को अन्तिम शब्द न मानकर उनको अर्थ-विस्तार दे, अर्थात् उन्हें दलित हिताय से सर्वजनहिताय तक ले जाये। वस्तुतः गाँधी के 'हरिजन' पद में 'सुवर्ण कुटिलता' पढ़ना उस अवरुद्ध एवं बन्द चेतना का द्योतक है जो पुरानी राजनीतिक शब्दावली में लिपटी हुई है। केवल दलित मिथ के रूप में बाबा साहेब दलित-हित के लायक भी नहीं रह पायेंगे। दलितों का मुखर होना आवश्यक तो था, लेकिन अब उनका समझदार और समावेशी होना भी आवश्यक है।

चूँकि डॉ. अम्बेडकर का राजनीतिक उपागम प्रमुखतः सामुदायिक/साम्प्रदायिक चेतना है और चूँकि वह दलित-मिथक के रूप में सामने है, अतः मिथक और समुदाय के अन्तः सम्बन्धों एवं परिणामों को समझना आवश्यक है। एच. ए. अब्राहम के शब्दों में, "मिथक वंशानुगत आख्यानों की एक व्यवस्था है जिसमें कोई खास सांस्कृतिक समूह सत्य के रूप में विश्वास करता है और जो उसे बताती है कि जैसा भी विश्व है वह वैसा क्यों है, घटनाएँ क्यों घटती हैं और जो उन नियमों को स्वीकृति देती है जिनके द्वारा लोग अपने जीवन को संचालित करते हैं।" ये आख्यान पवित्र, मूल्यदायी, कालातिक्रमणशील और इसलिए समुदाय-विशेष के लिए अनुल्लंघनीय होते हैं। मिथक से ही मिलता-जुलता पद 'पुराण' है जो सत्य के रूप में स्वीकृत आख्यानक की ही व्यवस्था है, मात्र इस भिन्नता के साथ कि इसके नायक या मुखपात्र अपवादजनक क्षमताओं, योग्यताओंवाले पुरुष और स्त्री होते हैं। उदाहरणार्थ, ईश्वरीयता से जुड़कर राम, कृष्ण, शिव, मोजेज, यहोवा, जीयस, जीसस, मुहम्मद आदि से जुड़े आख्यान मिथक हैं; जबकि हनुमान, धर्मराज, भीम, उमर, अली, हर्क्यूलिस आदि से जुड़ी कथाएँ पुराण हैं। सभी आख्यान हैं, कथा-व्यवस्था हैं। अन्तर इतना भर है कि पहले सेट में देवत्व हैं, दूसरे में मनुष्य का ही अतिरंजित विस्तार है। समुदायों की अपनी-अपनी विशिष्ट मिथकीय एवं पौराणिक दुनिया होती है और हर समुदाय इसी से आप्लावित एवं अभिभूत रहता है। इसी के माध्यम से वह अपने परिवेश को समझता है, उसकी व्याख्या करता है। इन्हीं कथाओं से उसके सामुदायिक मानस की संरचना बुनी होती है। इन्हीं से उसकी नैतिकता, उसका

सौन्दर्यबोध, उसके आदर्श और प्रतिमान, उसका विश्लेषण निर्मित होता है। समुदायों के ये अपने-अपने आस्थाजनित पवित्र क्षेत्र हैं जो यथार्थ और उपादेयता से स्वतन्त्र, समुदाय-मानस पर हावी रहते हैं। इनके अपने-अपने कवि, कथाकार, पुरोहित, दार्शनिक, व्याख्यादाता और संगठनकर्त्ता भी होते हैं जो इन्हें परम्परा का रूप देकर संरक्षण और विस्तार देते रहते हैं। राजनीतिक और व्यावसायिक स्वार्थ भी इन्हें संरक्षित करते हैं। पारम्परिक बुद्धिजीवी, सत्ता और व्यवसाय का त्रिक एक शाश्वत सच्चाई है। समुदाय के सदस्यों अर्थात् आमजन के 'सामान्य-बोध' की धुरी तो मिथक और पौराणिक कथाएँ ही होती हैं। पारम्परिक साहित्य और राजनीति की समुदाय-विशेष में सार्वभौम सम्प्रेषणीयता का भी यही राज है।

ध्यातव्य यह भी है कि चूँकि समुदाय अपने मिथकीय एवं पौराणिक प्रतीकों से ही प्रेरणा लेता है, इसलिए यह उस प्रत्येक प्रगतिधर्मा अथवा ***अवांगार्द*** प्रवृत्ति को खारिज करता है जो इसके स्थापित मूल्य-बोध से टकराता है। इसी कारण समुदाय जितना ही ठोस एवं मजबूत होता है, उसके सदस्यों में निजता या वैयक्तिकता उतनी ही कमजोर होती है। अतः इसमें नवता एवं असहमति की गुंजाइश भी उतनी ही कम होती है। प्रत्येक असहमति अस्मितागत चुनौती बन जाती है और कमोबेश समूचा समुदाय एकनद्ध हो खड्गहस्त हो उठता है। समुदाय-बोध के केन्द्र में आस्थाजनित मूल्य-बोध होते हैं, जो शाश्वत माने जाते हैं। इसी कारण, सामुदायिक मस्तिष्क में इतिहास-चेतना नहीं होती, और वह हर परिवर्तन को शक की निगाह से देखता है। परिवर्तन उसके लिए ह्रास या दुर्भाग्य का सूचक होता है और अनुकूलन या अनुकरण या प्रयास मात्र कायरता और समर्पण। इतना ही नहीं, सदियों से साथ रह रहे समुदायों के पारस्परिक सरोकार भी सामान्यतया औपचारिक और सतही होते हैं, न कि तात्त्विक एवं अवयवी। अधिकतम ये एक-दूसरे के प्रति सहिष्णु हो सकते हैं, लेकिन पहचान का प्रश्न उठते ही इनके सम्बन्ध तनावग्रस्त हो जाते हैं। चूँकि इनके अपने-अपने स्वायत्त पवित्र-क्षेत्र होते हैं, इसलिए ये एक-दूसरे पर निर्णय देते हैं, न कि एक-दूसरे को समझने का प्रयास करते हैं। ऐसे प्रयास का दायित्व तो सामान्यतया सेक्यूलर प्रगतिधर्मा मनीषा का ही हुआ करता है।

इस सन्दर्भ में एक अन्य बिन्दु भी कौंधता है। आधुनिक दबावों के बीच आस्था-केन्द्रित समुदायों का अस्तित्व ही अटपटा लगता है। आधुनिकता के उपकरण (विज्ञान, प्रविधि, उद्योग, तर्क, विवेक, स्वतन्त्रता तथा बहुलता इत्यादि) बदलाव हेतु दबाव सृजित करते हैं, जबकि पारम्परिक समुदाय बदलाव को सन्देह की निगाह से देखते हैं और प्रतिरोधी होते हैं। इसके अतिरिक्त, उद्योग-पूर्व समाज मूलतः गैर-राजनीतिक समाज थे और इसलिए ये अपने-अपने जीवन-मूल्यों के दायरों

में सुकून से रह लेते थे। इस दौर में शासकों में टकराव तो होते थे और शासक बदलते रहते थे, लेकिन अन्तर्सामुदायिक टकराव नहीं होते थे और सभी एक-दूसरे से सतही व्यावहारिक रिश्तों के साथ, अपने-अपने सामुदायिक घरौंदों में सुकून से जीते थे। लेकिन वर्तमान राजनीतिक समाजों को (लोकतान्त्रिक समाज मूलतः राजनीतिक समाज होता है) बदलावों के बाह्य एवं आन्तरिक दबावों को झेलने के साथ-साथ अन्तर्सामुदायिक तनावों एवं टकरावों से भी अनिवार्यतः गुजरना पड़ता है। वस्तुतः राजनीतिक सत्ता का निर्माण ही इन्हीं टकरावों एवं गठजोड़ों से होता है। अब तो मामला एकदेशीय न रहकर अन्तरराष्ट्रीय हो गया है। पश्चिम अपने भौतिक, सामरिक एवं सभ्यतागत वर्चस्व के चलते चौतरफा दबाव बनाये हुए है। सभी छोटे-बड़े राष्ट्र एवं समुदाय अस्मिता के संकट से गुजर रहे हैं। अतः वर्तमान विश्वव्यापी सामाजिक उद्वेलन, मूलगामिता, बेचैनी और रक्तरंजित प्रतिक्रियाओं को पश्चिम की महत्त्वाकांक्षी आधुनिकता के दबावों के सन्दर्भ में भी देखा-समझा जा सकता है। सामान्यतया पारम्परिक समुदाय इतने अनुभवहीन और भावनात्मक एवं बौद्धिक स्तर पर इतने कच्चे हैं कि अन्तर्सामुदायिक भिन्नताओं एवं अन्तर्विरोधों को शान्तिपूर्वक व्यवस्थित नहीं कर पा रहे हैं। तरह-तरह के मूलगामिता (fundamentalist), आतंकी अथवा सुधारवादी आन्दोलनों का एक प्रमुख कारण तो यही है। लम्बे समय तक मिथकों एवं पुराण-कथाओं से आप्लावित धर्मों एवं कविताओं के सहारे पला-बढ़ा कोई समाज वर्तमान दबावों के समक्ष उग्र, किशोर प्रतिक्रिया प्रकट करता है। परिणामतः समकालीन सन्दर्भ में पुराने ढंग के सामुदायिक प्रयास जितने सामाजिक दृष्टि से अनिवार्य लगते हैं, उतने ही राजनीतिक दृष्टि से विस्फोटक भी हैं।

इसके बावजूद, डॉ. अम्बेडकर ने दलितों की सामाजिक मुक्ति के लिए सामुदायिक विकल्प ही चुना। उनकी पुस्तकों में जगह-जगह समुदाय-भाव (community feeling) के गुणों की चर्चा है। समुदाय को वह एक 'बड़ा परिवार' मानते थे जिसके सदस्यों में परस्पर लगाव का भाव सघन होता है। हिन्दू समाज को वह समुदाय न मानकर जातियों का ढीला-ढाला संघ मानते थे। भारत में हर जाति की अपनी एक स्वायत्त, आत्ममुग्ध दुनिया है जिसके संकीर्ण दायरे में वह जन्म, विवाह, मरण जैसे संवेदनशील क्षणों में सुख-दुःख उठाती, जन्मती-जीती-मरती रहती है। विभिन्न जातियों में बँटे अछूत भी गरीबी और अपमान झेलते उसी का हिस्सा बने रहते हैं। हिन्दू समाज-संरचना श्रेणीबद्ध जातियों का ढीला-ढाला समूह है जिसमें ब्राह्मण सबसे ऊपर इसलिए पूज्य और शूद्र सबसे नीचे इसलिए तिरस्कृत एवं अछूत हैं। नीचे से ऊपर जाने में सम्मान-भाव बढ़ता है और ऊपर से नीचे सम्मान-भाव

घटता जाता है और अन्ततः शूद्रों तक आते-आते नफरत में बदल जाता है। इसके बावजूद, हर ऊँची-नीची की अपनी एक स्वायत्त, आत्ममुग्ध दुनिया है, क्योंकि छोटी जाति भी अपने से भी छोटी एक जाति ढूँढ़कर अपनी श्रेष्ठता पर आत्ममुग्ध रहती है। तुलनाएँ अपने से ऊपरवाली जाति से नहीं, नीचेवाली से होती हैं। अतः जाति व्यवस्था श्रम का ही विभाजन नहीं, श्रमिकों का भी विभाजन है जिसके चलते उच्चस्थ वर्गों के अत्याचारों के विरुद्ध शूद्रों या अछूतों का कोई संगठित विद्रोह या प्रतिकार सम्भव नहीं हो पाया। इस दृष्टि से भारतीय अछूत यूनानी दासों से भी बुरी स्थिति में रहा। वर्ण-व्यवस्था को दैवीय घोषित कर धर्मशास्त्रों ने 'सनातन' व्यवस्था दे दी। 'कर्म' के सिद्धान्त ने इस 'सनातनता' को दार्शनिक आधार दे दिया। व्यक्ति का गुण या क्षमता दरकिनार हुई और उसकी जाति महत्त्वपूर्ण बन गयी। ऊर्ध्वसंचरण असम्भव बना दिया गया। 'गीता' इसी वर्ण-धर्म की महागाथा है। अब शम्बूक अथवा एकलव्य जैसों की नियति स्पष्ट है। ज्ञान, शक्ति, उत्पादन और सेवा के बीच इतना जड़ एवं स्पष्ट अलगाव अन्य कहीं नहीं मिलता। अन्ततः धर्म जटिल कर्मकाण्ड में विकृत हुआ, ज्ञान आत्मा-परमात्मा बतियाता समाज-निरपेक्ष बना रहा, और शक्ति दमनकारी बनती गयी। आर्थिक-उत्पादन सदियों तक चलनेवाले यज्ञों और राजन्य वर्ग की शान-शौकत को समर्पित होता गया और सेवा निर्विकल्प दासता में बदल गयी। कुल मिलाकर, हिन्दू समाज जातिबद्ध जड़ता एवं अविवेक का शिकार बन गया, और परिणामस्वरूप, यह किसी भी बाहरी आक्रमण अथवा वैचारिक चुनौती का संगठित रूप से सामना करने में अक्षम बन गया। आशय यह कि हिन्दू समाज में 'कम्युनिटी फीलिंग', अर्थात् सामाजिक सद्भाव और समन्वय का नितान्त अभाव रहा है जो इसकी वैचारिक जड़ता और राजनीतिक दुर्भाग्य का कारण बना। हिन्दू समाज के प्रति डॉ. अम्बेडकर के चिन्तन का यही सार-संक्षेप है।

अतः डॉ. अम्बेडकर ने सर्वप्रथम हिन्दू समाज-सुधार हेतु प्रयास किया जो दलितों की सामाजिक मुक्ति की तात्कालिक आवश्यकता होने के साथ-साथ जात-पाँतवादी हिन्दू समाज को एक संवेदनशील समुदाय में रूपान्तरित करने का भी अभियान था। उन्होंने महार सत्याग्रह, मन्दिर-प्रवेश आन्दोलन, हिन्दू धर्मशास्त्रों की वस्तुगत निर्मम समालोचना, **मनुस्मृति**-दहन इत्यादि द्वारा दलित समाज-सुधारक के रूप में महत्त्वपूर्ण भूमिका निभायी। वे महात्मा गाँधी के रहबर भी बने, लेकिन टिक नहीं पाये। गाँधी हिन्दू-समाज-सुधार आन्दोलन में कमोबेश लगे रहे, लेकिन 1935 तक आते-आते अम्बेडकर ने मान लिया कि हिन्दू सुधर नहीं सकता। उन्होंने हिन्दू समाज-व्यवस्था के दायरे में अछूतों की मुक्ति को असम्भव मान लिया। अतः उन्होंने हिन्दू समाज से अलग, अछूतों-दलितों को संगठित करने का प्रयास आरम्भ

किया और, अन्तत, अनीश्वरवादी, अनात्मावादी, नैतिकता-प्रधान एवं सामाजिक संवेदनशीलता से परिपूर्ण बुद्ध-पथ को चुना जो भारतीय संस्कृति के दायरे में देशज था। उन्होंने अनागत भारत को बौद्ध भारत में रूपान्तरित करने का सपना देखा जिसकी धुरी भारतीय अछूत था।

यहाँ से प्रश्न खड़े होते हैं। अपरिहार्य आधुनिकता और बहुध ार्मिक-बहुसाम्प्रदायिक भारत के सन्दर्भ में एक और धर्म-समुदाय की कितनी सार्थकता है? आधुनिक सन्दर्भों में धर्म कितना प्रासंगिक है? क्या यह एक वर्तमान समस्या का मध्ययुगीन समाधान नहीं है? धर्म को सामाजिक नैतिकता और सद्भाव का स्रोत बताना भी क्या आधारभूत कारकों से मुँह मोड़ने जैसा है? वस्तुतः धर्म और समुदाय सामाजिक-आर्थिक मुक्ति के सन्दर्भ नहीं बनते, हाँ, मानसिक-सामाजिक जड़ता के कारण अवश्य बनते हैं। वैसे धर्म की भूमिका के सन्दर्भ में डॉ. अम्बेडकर की चित्ति भी मध्ययुगीन है। तुलना में नेहरू अधिक समझदार हैं और गाँधी अधिक सन्तुलित और समावेशी।

प्रश्न यह भी है कि क्या सचमुच हिन्दू समाज सुधर-बदल नहीं सकता? क्या यह सचमुच हमेशा 'सनातनी', अर्थात् गतिहीन रहा है? क्या इसके दायरे में कोई हलचल नहीं रही है? क्या इसमें आत्मातिक्रमण का कोई प्रयास नहीं है? क्या अछूतपन इसकी तात्त्विक विशेषता है, व्यावहारिक विकृति नहीं? क्या सचमुच हिन्दू मनीषा अपने धर्मग्रन्थों की आलोचना का साहस नहीं रखती?

प्राचीन सभ्यताओं में वैदिक सभ्यता ही एकमात्र ऐसी सभ्यता है जो किसी न-किसी रूप में अपनी तारतम्यता, अपनी अवस्थिति कायम रखे हुए है। ईसाइयत ने यूनानी सभ्यता को 'पेगन', प्रकृति-पूजक घोषित कर खारिज कर दिया, और नवजागरण ने ईसाई मध्ययुगों को 'अँधेरा युग' कहकर खारिज किया। इस्लाम जानना ही नहीं चाहता कि इससे पूर्व क्या था। इस्लाम के पास इस स्मृति का न होना भी उसकी परेशानी का कारण है। वह विजातीयता को स्वीकार नहीं करता। यह इस्लाम-पूर्व की देशज जड़ों को सुखा चुका है और अपने वर्तमान स्वरूप में अप्रासंगिक है। आक्रामक इस्लामी मूलगामिता का यह एक प्रमुख कारण है जिनकी ओर अपनी चर्चित पुस्तक **थाट्स ऑन पाकिस्तान** (1946) में डॉ. अम्बेडकर का ध्यान भी गया है। वह परेशान थे कि मुसलमान अपने धर्म और समुदाय से बाहर कुछ जानने-सुनने के लिए तैयार ही नहीं है। ईसाई समाज भी इतना ही बन्द समाज रहा, लेकिन बचे-खुचे विजातीय 'मानववादी' 'पेगन' विचारों ने ही, तात्कालिक उदीयमान कारकों से जुड़कर, नवजागरण को प्रेरित किया था। भारतीय नवजागरण के केन्द्र में ही उसकी अपनी प्राचीन संस्कृति थी जिसकी तत्कालीन पश्चिमी सन्दर्भों

में व्याख्या की गयी। अतः इतिहास से हम बच नहीं सकते और इससे बचना तो और भी खतरनाक है। अब हम कबीलाई समाज नहीं बन सकते। इसके साथ ही, हिन्दू अपनी स्मृतियों से नहीं बच सकता और न ही अम्बेडकरवादी दलित ही इससे बच सकता है। लेकिन स्वाधीन भारत में जब सामाजिक मुक्ति का समय आया तो डॉ. अम्बेडकर ने प्रतिक्रियास्वरूप अलग समुदाय बनाने की ठानी। अन्दर से विद्रोह और समायोजन अब सम्भव था, लेकिन बौद्ध भारत का सपना दलित को अलग-थलग करता है और हिन्दू धर्म को मूलगामी एवं अनुदार बनाता है। अब दोनों ओर धर्मान्धों की ही गुंजाइश है। यह सच है कि बुद्धपथ देशज है और तुलना में बेहतर है, लेकिन एक लम्बे समय तक वैदिक परम्परा के वर्चस्वशील रहने के कारण यह अब आमजन के 'सामान्य-बोध' का हिस्सा नहीं है। इतना ही नहीं, प्रतिक्रिया कभी सामान्य (normal), उदार और समरस नहीं होती। इसलिए महात्मा गाँधी की पराजय भी लगभग सुनिश्चित है, यद्यपि वह विकासमान, उदार एवं समावेशी हिन्दुत्व के वास्तविक प्रतीक थे।

समाजशास्त्री एम. एन. श्रीनिवास का कहना सही है कि हर धर्म में तीन दृश्य पर्तें होती हैं—शास्त्रवादी, ऐतिहासिक और आचरित। हिन्दू धर्म इसका अपवाद नहीं है। शास्त्रवादी हिन्दू धर्म के तीन रूप पाये हैं—'वर्ण', 'आश्रम' और 'पुरुषार्थ'। अपनी आदर्श स्थिति में चातुर्वर्ण्य गुण-धर्म-आधारित सामाजिक विभाजन है जिसे बाद में 'पुरुष सूक्त' से जोड़कर दैवीय या अपौरुषेय और इसलिए अनुल्लंघनीय घोषित किया गया जो उत्तरोत्तर जातियों में पथराता दायित्वों की जेल बन गया। आश्रम व्यक्ति जीवन के विविध सोपान हैं जो उत्तरोत्तर कठोर होते वर्णवादी विधि-निषेधों के चलते जटिल एवं संकीर्ण होते गये। 'पुरुषार्थ' आश्रम जीवन के वैयक्तिक उद्देश्य हैं जिसमें 'मोक्ष' के परम पुरुषार्थ घोषित होने से हिन्दू जीवन-बोध समाज-विमुख होता गया। इस प्रकार 'आश्रम' और 'पुरुषार्थ' भी वर्ण-व्यवस्था को ही सुदृढ़ बनाते हैं, जो मूल है। 'संस्कार' व्यवस्था ने इसे अनुशासन दिया, 'कर्म' का सिद्धान्त इसका 'रैशनलाइजेशन' (प्रमाणन) है और 'अवतारवाद' इसे 'सनातन' बनाये रखने हेतु असहमतियों या कदाचारों के विरुद्ध कठोर दैवीय हस्तक्षेप है। धर्मशास्त्र और स्मृतियाँ इसके लिए नियमन करती हैं और कठोर एवं क्रूर दण्ड-विधान द्वारा उल्लंघनों को लगभग असम्भव बनाती हैं। समृद्धि, स्वर्ग, उच्चतर अगली 'योनि' का लालच, और निर्धनता, नरक, निम्नतर 'योनि' का भय, इत्यादि के चलते दुःखी-से-दुःखी व्यक्ति या वर्ग भी इसमें बने रहने के लिए विवश रहते हैं जो ब्राह्मण को सर्वोच्च बनाये रखने में सहायक रहा है। कहा जा सकता है कि शास्त्रवादी हिन्दुत्व की सनातनता इन्हीं वैचारिक-व्यावहारिक उपकरणों की सनातनता है और

इस रूप में यह बहुत ही डरावनी है। शूद्र इसमें सर्वाधिक शोषित एवं पीड़ित है। डॉ. अम्बेडकर ने वर्णाश्रम व्यवस्था को 'द्विजों के स्वर्ग' और अद्विजों के लिए 'रौरव नरक' के रूप में देखा। अतः 'दलित' सिद्धान्तकारों का इसके विरुद्ध गुस्सा अप्रत्याशित नहीं है।

लेकिन हिन्दू समाज का ऐतिहासिक सच उसके शास्त्रीय सच जैसा ही नहीं है। वास्तविक समाज कभी भी अपने शास्त्रीय विधि-निषेधों की नकल नहीं हुआ करता। सामाजिक जीवन गतिशील होता है और वह हमेशा अपने शास्त्रीय पवित्र विधि-निषेधों का जाने-अनजाने उल्लंघन करता रहता है, अन्यथा 'आपद्धर्म' जैसी कोई संज्ञा न होती और न ही शम्बूक अथवा एकलव्य दिखते। अतीत का मोह कायम रखते हुए भी व्यक्ति को वर्तमान में जीना होता है। आश्चर्य नहीं, हिन्दू समाज में भी विधर्मियों एवं विपथगामियों की एक पुरानी परम्परा है, लगभग उतनी ही पुरानी जितनी 'सनातनी' परम्परा। 'श्रमण' और 'मुनि' परम्पराएँ वैदिक युग से ही हैं और देवताओं के गुरु बृहस्पति वैदिक देवता हैं जिनके प्रति परम्परा में आलोचना और श्रद्धा के मिश्रित भाव हैं। कपिल, कणाद, महावीर, बुद्ध आदि वेद को प्रमाण नहीं मानते और न ही ये पारम्परिक अर्थों में ब्राह्मण के वर्चस्व को स्वीकार करते हैं। चार्वाकों के निर्मम विखण्डनवाद से सभी परिचित हैं जिसमें ब्राह्मणों और वेदों के विरुद्ध क्या नहीं कहा गया। यहाँ संवाद की एक लम्बी परम्परा रही है। बुद्धत्व के प्रयास में सिद्धार्थ ने लगभग हर विपथगामी दार्शनिकों से बात की थी। बुद्ध से शूद्रों, श्रेष्ठियों और राजन्यों का जुड़ना तत्कालीन वैदिक धर्म के प्रति गहरे असन्तोष को बताता है। विवाह एवं सन्तानोत्पत्ति के सन्दर्भ में 'अनुलोम' के साथ-साथ 'प्रतिलोम' एवं 'नियोग' पद्धतियों की सामाजिक स्वीकृति भी सामाजिक ऊर्ध्वगामिता की ओर इशारा करती है। यह ऐतिहासिक सच है कि नन्द और मौर्य सत्ताएँ गैर-'राजन्य' सत्ताएँ थीं। नन्दों को तो शूद्र माना ही जाता है। धर्म-ग्रन्थों और स्मृतियों द्वारा अनुशंसित दण्ड-विधानों की क्रूरता, समाज में व्यवस्था के प्रति व्याप्त विक्षोभ का सूचक है। आलवार सन्तों में शूद्र भी शामिल हैं और 15वीं-17वीं सदी के सन्त-भक्त आन्दोलन सामाजिक दृष्टि से अनुदार नहीं हैं। तुलसीदास भी, जो उत्साही प्रगतिशील और दलित आलोचना के लक्ष्य हैं, अपनी द्विज-समानधर्माओं की आलोचना के भी पात्र रहे, क्योंकि उन्होंने राम-कथा को जन-भाषा में कहने का दुस्साहस किया था। इतना ही नहीं, अपने 'मानस' में उन्होंने सीता-निष्कासन एवं शम्बूक-वध जैसे प्रसंगों को स्थान नहीं दिया। उनका वर्णधर्मी सामाजिक सपना तुलना में उदार है जिसमें निषादराज, सुग्रीव, विभीषण, अहल्या, शबरी तथा जटायु आदि को सम्मान प्राप्त है। इस्लाम के आगमन और उसके धार्मिक विस्तार के प्रयास

ने भी भक्ति-आन्दोलन को उदार बनाया था और कबीर जैसे तेजस्वी सन्त-कवि ने दोनों की कमजोरियों को रेखांकित किया। नवजागरण के पुरोधाओं ने हिन्दू समाज की जात-पाँतवादी विषमता और कर्मकाण्डी जटिलता की खुली आलोचना की। पश्चिम के स्वस्थ प्रभावों को स्वीकार भी किया। यहाँ अपनी सीमा में, आधुनिक ज्ञान-विज्ञान, स्त्री-शिक्षा, शूद्र-शिक्षा इत्यादि की भी खुली स्वीकृति है। गाँधी जो अपने को 'सनातनी' घोषित करते हैं, सार्वभौम शिक्षा और सार्वभौम मताधिकार के समर्थक हैं और अछूत-प्रथा को स्वीकृति देनेवाले धर्मशास्त्रों को शैतान द्वारा लिखा मानते हैं। वह अपने विवेक को धर्मशास्त्रों पर वरीयता देते हैं। मदन मोहन मालवीय जैसे 'सनातनी' हिन्दू भी स्त्री एवं शूद्र-शिक्षा के खुले समर्थक हैं। एम. एन. श्रीनिवास ने हिन्दू समाज में ऊर्ध्वगामी संचरण के अनेक उदाहरण भी दिये हैं। आशय यह कि, धर्मशास्त्री निर्देशों के बावजूद, हिन्दू समाज कमोबेश गतिमान् रहा है और इसकी गतिशीलता के स्रोत आन्तरिक और बाह्य दोनों रहे हैं। जिसे आज तक 'सनातन' कहा जाता रहा है वह वस्तुतः सनातन नहीं हैं। शब्द के बचे रहने से अन्तर्वस्तु के बचे रहने की गलतफहमी नहीं पालनी चाहिए।

यहाँ सन्दर्भ स्वाधीन भारत में हिन्दू धर्म के आचरित स्वरूप का है। संविधान-सभा में प्रचण्ड बहुमत हिन्दुओं का था, लेकिन भारतीय संविधान 'मनुस्मृति' की अनुकृति नहीं बना। इतना ही नहीं, इस्लाम के नाम पर चले जेहाद के चलते भारत का विभाजन हुआ था और पाकिस्तान एक इस्लामी राष्ट्र घोषित हुआ, लेकिन हिन्दुओं के बहुमतवाला भारत 'हिन्दू राष्ट्र' बनाने के पक्ष में न जाकर सेक्यूलर, बहुदलीय राजनीतिक प्रणालीवाले राज्य के पक्ष में गया। हिन्दुओं ने अपने धर्मशास्त्रों की जितनी आलोचना की है, उतना शायद ही अन्य धर्मावलम्बियों ने अपने धर्म की की हो। प्रगतिशील मुस्लिम एलीट अपनी सामाजिक कुरीतियों के विरुद्ध भी मुखर नहीं हो पाता। अभी दलित एलीट भी अपने अम्बेडकर की सीमाओं को देखने-रेखांकित करने की स्थिति में नहीं है। वस्तुत अपनी और अपनों की आलोचना ही सार्थक आलोचना है, क्योंकि यहीं से समुदायों में बदलाव हेतु आन्तरिक हलचल उठती है और आलोचक को अलग-थलग पड़ने का जोखिम उठाना पड़ता है। हिन्दू बुद्धिजीवियों ने यह जोखिम उठाया है और आन्तरिक हलचल की विवशता पैदा की है। आश्चर्य नहीं, सेक्यूलर हिन्दू बुद्धिजीवी भी संघ परिवार के आक्रमण का प्रमुख लक्ष्य है, लेकिन दलित राजनीति संघ परिवार से नाता जोड़ने में नहीं हिचकती। यह सत्ता-केन्द्रित सोच की सीमा है।

**दूसरी बात** यह कि दलित समाज भी गतिमान् है। इसका सामाजिक राजनीतिक नेतृत्व मुखर है और अपनी शर्तों को रखता है और उनके लिए संघर्ष

करता है। उसका बुद्धिजीवी मुखर है, उसका प्रशासक तबका प्रभावशाली है और इन्हें दरकिनार रखना सम्भव नहीं है। दलित-चिन्तन और साहित्य ने अपनी अखिल भारतीय उपस्थिति का अहसास कराया है। और, सर्वोपरि, दलित समाज अब राजनीतिक दृष्टि से एक संगठित वोट बैंक है जिसका अखिल भारतीय विस्तार है। आशय यह कि अब दलित समाज के अपने अवयवी बुद्धिजीवी हैं जो जीवन के प्रत्येक क्षेत्र में सजग एवं सक्रिय हैं। ग्राम्शी के शब्दों में कहें तो अब दलित एक मजबूत 'राष्ट्रीय ऐतिहासिक प्रखण्ड' है जो कभी सवर्ण हुआ करता था। सवर्ण अब अपराध-बोध से पीड़ित होने के साथ-साथ विशेषीकृत बौद्धिक क्षेत्रों को छोड़कर, लगभग हर जगह संख्यात्मक दृष्टि से पीछे जा रहा है। इसके बावजूद, दलित मनीषा उसे भारतीय इतिहास का खलनायक सिद्ध करने पर आमादा है। आज इतिहास-चक्र उसके साथ है और सवर्ण का सौभाग्य ही कहिये कि गाँधी, नेहरू और सर्वोपरि अम्बेडकर के हस्तक्षेप के फलस्वरूप वह 'प्रगतिशील हिंसा' का शिकार नहीं हैं।

**तीसरी बात** यह कि दलित अब स्वतः सामाजिक-आर्थिक स्तरीकरण की ओर अग्रसर है। अब करोड़पति दलित भी बहुत हैं। अर्थात् अब इनमें भी 'मलाईदार पर्त' बन चुकी है जो दलित मिथ के सहारे अपनी यथास्थिति को बनाये रखने की राजनीति करती है। इसका एक आशय यह भी है कि दलितों की न्याय की राजनीति सर्वथा न्यायसंगत नहीं भी हो सकती। दलितवाद में भी निहित स्वार्थ विकसित हो चुके हैं। यह सत्ता और समृद्धि तक पहुँचने का एक आसान उपकरण है। दलित एलीट अब एक रैडिकल बूर्जुआ है, और क्रान्तिकारी राजनीति उसके बूते का नहीं है। अंग्रेजी संविधानवाद जीता है और डॉ. अम्बेडकर की मन्शा इससे भिन्न नहीं थी। वैसे, समकालीन विश्व में इसे बुरा भी नहीं कहा जा सकता।

**चौथी बात** यह कि दलितों के सामुदायिक ध्रुवीकरण के चलते अन्यों में प्रति ध्रुवीकरण की गति बढ़ी है। 'कम्युनल अवॉर्ड' के स्थान पर दलित अवॉर्ड आया और इसे ही प्रारूप मानकर मण्डल अवॉर्ड घोषित हुआ और अब कमण्डल भी यही अवॉर्ड चाहता है। यह एक अन्तहीन सिलसिला है। खालसावादी पुनः सर उठा सकते हैं और मुसलमान अपनी पहचान को लेकर बेचैन हैं ही। राजनेता हर कार्ड को खेलते हैं और किसी भी सीमा तक खेलते हैं। अगर स्वास्थ्य, शिक्षा, उत्पादन-वितरण प्रक्रिया, कानून एवं व्यवस्था को अपेक्षित केन्द्रीयता मिलती गयी तो हम एक बेहतर एवं उच्चतर समायोजन की ओर अग्रसर होंगे, अन्यथा कुछ अधिक ही बड़े स्तर पर 1946-47 को दोहरा सकते हैं। बहुत-कुछ राजनेताओं के हाथ में है। परेशानी यह है कि महाकाव्य होती चुनौतियाँ के बीच हमारे सामने खुदगर्ज, बौने नेता हैं।

दलित-चेतना से बड़ी अपेक्षाएँ हैं, लेकिन इसके नेताओं ने दलित कार्ड को

कुछ ज्यादा ही खेला है। ऐसा डॉ. अम्बेडकर ने भी किया था। परिणामतः, आज दलित राजनीति अन्धी गली में है। सम्भव है, दलितत्व, वर्तमान हिन्दुत्व की ही तरह, एक मिथक बन जाये और भावुक साहित्यिक उपजीव्य एवं उन्मादी राजनीतिक दोहन का उपकरण बनकर पथरा जाये। सम्भव यह भी है कि यह चुक जाये और 'नार्मल' बन जाय। वस्तुतः, अस्मिता की राजनीति कभी नेतृत्व की राजनीति नहीं हो सकती। आज दलित बुद्धिजीविता दो-राहे पर है : या तो यह बौद्ध समुदाय के रूप में संगठित होने के लिए बाबा साहेब अम्बेडकर को मिथकीय आयाम देती रहे या एक सुधरे-निथरे एवं उदार वृहत्तर हिन्दू जीवन-बोध में आत्मसात् हो जाये। अगर दूसरा विकल्प बनता है तो जईफ हिन्दू धर्म के सुधार-परिष्कार में दलित मनीषा की भूमिका केन्द्रीय महत्त्व की होगी। हिन्दू जीवन-बोध की नमनीयता और उसकी समावेशी प्रवृत्ति को देखते हुए, दूसरा विकल्प ही सुलभ लगता है। नवबौद्धों में भी गहरे जात-पाँतवादी आग्रह हैं। अतः ये आचरण में हिन्दुओं से भिन्न नहीं दिखते। केवल कतिपय कर्मकाण्ड छोड़े जायेंगे और कुछ नये अपनाये जायेंगे। सामाजिक सत्त्व यथावत् रहेगा। प्रतिक्रियात्मक अलगाव स्वस्थ होता भी नहीं है। हिन्दुओं की परम्परा भी बहुआयामी है। अगर एक छोर पर पुष्यमित्र और शशांक है तो दूसरे छोर पर रामानन्द, दयानन्द और गाँधी भी हैं।

प्रश्न उठ सकता है कि दलित मनीषा के लिए उचित विकल्प क्या है? मेरी समझ है कि गाँधी और अम्बेडकर को दो परस्पर-विरोधी ध्रुवों के रूप में न देखकर इनमें जो कामन है उसे रेखांकित किया जाना चाहिए। दोनों ही मूलतः समुदायवादी थे और अपने सांस्कृतिक परिप्रेक्ष्य में देशज थे। डॉ. अम्बेडकर द्वारा ईसाइयत या इस्लाम न अपनाये जाने का एक प्रमुख कारण इन धर्मों की विजातीयता भी थी। दोनों ही लोकतन्त्रवादी थे और गाँधी, अपनी युगीन सीमाओं में, दलितवादी भी थे। डॉ. अम्बेडकर द्वारा उनका मूल्यांकन राजनीतिक है, क्योंकि उदार, सुधारवादी गाँधी उनके लिए दलितों के बीच बहुत बड़ी राजनीतिक चुनौती थे। अतः प्रचलित दलित सोच में बदलाव की आवश्यकता है। दूसरी बात यह कि गाँधी और अम्बेडकर दोनों से इनका सकारात्मक लेते हुए, कार्ल मार्क्स की रोशनी में, इन्हें अतिक्रमित करने की भी आवश्यकता है। पुराने पचड़े में पड़े रहना अब हानिकर है और पूरे भारतीय समाज के लिए हानिकर है। बर्ट्रेण्ड रसेल के एक प्रेक्षण का थोड़ा सन्दर्भ बदलकर कहूँ तो गाँधी एक आदर्श विचार हैं जिसे (कुछ अपवादजनक साधकों को छोड़कर) साकार नहीं किया जा सकता; और अम्बेडकर इतने कटु तथ्य हैं कि इन्हें दलित घेरे के बाहर आदर्शीकृत नहीं किया जा सकता। मार्क्स को सन्दर्भ बनाकर गाँधी को यथार्थीकृत और अम्बेडकर को आदर्शीकृत किया जा सकता है, अन्यथा दोनों रहेंगे और अपने मिथकीय

सम्मोहन के साथ रहेंगे। बाबा साहेब अम्बेडकर दलित मिथक के केन्द्र हैं जिनका साहित्यिक, सामाजिक एवं राजनीतिक दोहन होता रहेगा। जब 'दलित' दलित नहीं होगा तब भी 'दलितवाद' रहेगा। मानव स्मृति की यही विडम्बना है। राजनीति और संस्कृति इसे गलत-सही सन्दर्भों में जिलाये रखेगी। अतीत की छायाएँ ही अस्मिता का अहसास देती हैं। अस्मिता-बोध वर्तमान 'आधुनिक' समाजों की अपरिहार्य मनोवैज्ञानिक आवश्यकता है, और मिथकीकरण तार्किक एवं अनुभवाश्रित दोनों प्रकार के विवेक को अवरुद्ध करता है। आशय यह कि अब 'दलित' यथार्थ कम, मिथक अधिक होने को है।

# सेक्यूलर-समाजवादी इतिहास-खण्ड और दलित बुद्धिजीवी

महीनों पूर्व प्रोफेसर हरिश्चन्द्र श्रीवास्तव से समसामयिक सन्दर्भों में 'बुद्धिजीवियों की भूमिका' और 'मार्क्सवाद का भविष्य' पर चर्चा हुई थी। वे दोनों के प्रति ही शंकालु थे। उनकी दृष्टि में वर्तमान दौर विज्ञान का नहीं बल्कि प्रविधि (Technology) का दौर है, और टेक्नोलॉजी के माने हैं आर्थिक उत्पादन एवं सामरिक शक्ति। एक से पेट भरता है और दूसरी विचारशीलता को पंगु बनाती है। उन्होंने संचार माध्यमों द्वारा अपसंस्कृति के व्यापक प्रचार-प्रसार की ओर भी ध्यान खींचा जो समाज को वैचारिक रूप से निर्वीर्य बनाने का सजग प्रयास है। उनका मानना था कि सोवियत यूनियन के पराभव एवं पतन के साथ ही व्यवहारवाद (pragmatism) की जीत हो गयी। अब व्यवहार (practice) और आदर्श एक हो चुके हैं, अर्थात् आज जो उपयोगी है वही आदर्श भी है। ऐसी भयावह स्थिति में किसी विवेकसंगत वैकल्पिक विश्व-दृष्टि की बात करना काल्पनिक है। फिर मार्क्सवाद के भविष्य की चर्चा किस आधार पर की जाये? इसी प्रकार, अपने विदाई समारोह में दिये गये व्याख्यान में निबन्धकार कुबेरनाथ राय ने व्याप्त सांस्कृतिक-शैक्षिक माहौल पर गहरी चिन्ता व्यक्त करते हुए कहा था कि आज प्रत्येक सद्प्रयासी 'व्यक्ति-बल' पराजित दिखता है, क्योंकि 'काल-बल' उसके साथ नहीं है। 'समकालीन सोच परिवार' द्वारा आयोजित गोष्ठी में बोलते हुए प्रोफेसर आर. के. मणि त्रिपाठी को भी वर्तमान संकट से बाहर निकालने को कोई रास्ता तो नहीं सूझा लेकिन उन्हें कार्ल मार्क्स की एक विडम्बनात्मक उक्ति सूझी—"इतिहास एक सवाल का उत्तर कोई दूसरा सवाल खड़ा करके देता है।" अर्थात् इतिहास में किसी प्रश्न का उत्तर नहीं हुआ करता। वर्तमान बूर्जुआ दौर में तो यह बिल्कुल ही सही है।

अमेरिकी लोकतन्त्र में, जो व्यवहारवादी आदर्श का एक मूर्त रूप है, अवाम आज पूँजी, पेण्टागन और राजनीतिज्ञों की क्रूर तिकड़ी का शिकार है, और फिलहाल समूचा विश्व ही इस तिकड़ी का दबाव झेल रहा है। प्रख्यात चिन्तक हॉरखाईमर के

अनुसार अमेरिकी समाज में ईमानदार व्यवहार असम्भव है, और सम्भव है केवल निजी सिद्धान्त निरूपण (private theorising)। चुनावतन्त्र के चलते नेताओं ने, बुद्धिजीवियों को दरकिनार कर, अवाम से सीधा सम्बन्ध बना लिया है जिसे प्रभावित करने की स्थिति में बुद्धिजीवी नहीं हैं। लेकिन अवाम की अपनी बौद्धिक एवं नैतिक अशक्तता है। अतः राजनीति लोकधर्मी न रहकर लोकप्रिय बनी रहना चाहती है। इसके लिए साम्प्रदायिकता, जातिवाद, झूठ, फरेब, लफ्फाजी और यहाँ तक कि रक्तपात भी जायज है। रसेल ने ठीक ही कहा था कि इतिहास के वर्तमान दौर में राजनीतिक दलों का संगठित एवं प्रतिस्पर्द्धी पागलपन समाजों के लिए सबसे बड़ा खतरा है। आज सामान्यतया बुद्धिजीवी की औकात उसकी अपनी निजी गुणवत्ता के आधार पर कम, उसके द्वारा समर्थित आन्दोलन की औकात पर निर्भर करती है। अब सत्ता-प्रतिष्ठानों से जुड़े बुद्धिजीवी विशेष अर्थ रखते हैं। फ्रैन्सिस फुकुयामा जो अमेरिकी व्यक्ति एवं समाज को चरम आदर्श के रूप में उछालते हैं और सैमुएल हण्टिंगटन जो विश्व में सभ्यतागत विभिन्नता के आधार पर सामरिक रणनीति बनाने के लिए अमेरिकी सत्ता को सैद्धान्तिक आधार देते हैं, आज विश्व स्तर पर बौद्धिक बहसों के केन्द्र में हैं। कभी किसिंजर और गैलब्रेथ भी इसी कारण चर्चाओं के केन्द्र में थे। बुद्धिजीवी जब भी दलबद्ध होता है तो अनिवार्यतः इकहरा एवं प्रचारधर्मी बनने के साथ-साथ वह एक संगठित पागलपन का व्याख्याता और सिद्धान्तकार बनता है। अरुण शौरी, अटल बिहारी वाजपेयी, मणिशंकर अय्यर, सैयद शहाबुद्दीन जैसे लोग सामने हैं। अनेक ईमानदार, कोमल एवं भावुक कवि भी मिलते हैं जो अपने वैचारिक कैशौर्य के चलते, अमूर्त राष्ट्रवाद अथवा क्रान्तिकारी न्याय के नाम पर हिंसा और रक्तपात के गायक हैं। वैसे श्री खुशवन्त सिंह जैसे निर्दल बुद्धिजीनी भी मिलेंगे जो सस्ते हँसी-मजाक, सेक्स, मीनू आदि की चर्चा के द्वारा अपनी पहचान बनाते हैं। राजेन्द्र यादव हैं जो किसी-न-किसी गलत-सही सामाजिक शिगूफे के अन्वेषण द्वारा अपनी प्रासंगिकता बरकरार रखने में सफल हैं। लेकिन जो बुद्धिजीवी इतना कुछ नहीं कर पाते, स्वयं को उपेक्षित एवं अशक्त महसूस करते हैं और सारी दुनिया को कोसते हैं तथा भवभूति का स्मरण कर अपनी अनागत पहचान एवं यश का सपना सँजोये दिन काटते हैं।

इंगलैण्ड के तथाकथित प्रबुद्ध लोकतन्त्र में भी बर्नार्ड शॉ और बर्ट्रेण्ड रसेल जैसी विलक्षण प्रतिभाएँ चाहकर भी, सत्ता-प्रतिष्ठान का हिस्सा न बन सकीं। आर्वेल जैसा ईमानदार और रैडिकल सोच का लेखक भी शीत-युद्ध के दौर में नव-साम्राज्यवादी हथियार के रूप में ही चर्चित हो पाया। अडेन और स्पेण्डर की भी कमोबेश यही स्थिति थी। यीट्स और इलियट की स्वीकृति भी काफी हद तक उनकी परम्परावादी

चेतना और प्रतिक्रियावादी सोच के चलते थी। समालोचना के क्षेत्र में जो स्वीकृति एवं पहचान इलियट, रिचर्ड्स, लीविस और कर्मोड को मिली वह कॉडवेल, रेमण्ड विलिएम्ज और ईगिल्टन को नहीं मिली है। अभी पिछले राष्ट्रकवि फिलिप लार्किन नितान्त निजी एवं अन्तरंग चेतना के गीतकार थे जिन्हें सामाजिक रूप से कुछ भी महत्त्वपूर्ण नहीं कहना था। वहाँ के स्थापित इतिहास-लेखन, समाज-चिन्तन और दर्शन की भी यही स्थिति रही है।

राजनीतिक-सामाजिक दृष्टि से तो हमारी अपनी स्थिति भी बहुत भिन्न नहीं दिखती। राजनीतिक दलों का संगठित पागलपन और उनके वकील बुद्धिजीवियों की असूचित आक्रामकता किसी से छिपी नहीं है। डी.एम.के. के विभिन्न धड़ों की आक्रामक क्षेत्रीयता, बसपा और संघ परिवार की सांस्कृतिक आक्रामकता, सपा और जनता दल द्वारा 'सामाजिक न्याय' का मिथकीकरण, विभिन्न नक्सल गुटों द्वारा सशस्त्र क्रान्ति का मिथकीकरण, इस्लामी गुटों द्वारा 'पर्सनल लॉ' का मिथकीकरण और कांग्रेस द्वारा अबाध उदारीकरण का भजन-कीर्तन आदि सभी संगठित पागलपन के सबूत हैं। लेकिन कुल के बावजूद अभी भी गौतम बुद्ध और गाँधी असंख्यों को अपील करते हैं, अभी भी वामपन्थी ताकतें अपनी सेक्यूलर-समाजवादी छवि के लिए चिन्तित हैं, अभी भी 'स्वदेशी' एवं सेक्यूलरिज़्म की अवधारणा विलुप्त नहीं हुई है—और ये सभी बिन्दु भावी भारत के दीप-स्तम्भ हैं। इतना ही नहीं, गाँधी-नेहरू परम्परा ने अम्बेडकर को आत्मसात् किया है। आज अम्बेडकर के ही बहाने, उनके राजनीतिक प्रतिनिधियों की अदूरदर्शिता के बावजूद, समूची गैर-वैदिक, गैर-वर्णवादी श्रमण परम्परा का नये सिरे से आकलन एवं एक उच्चतर समावेशी संस्कृति के निर्माण की प्रक्रिया तीव्र हुई है। इतिहास-लेखन के क्षेत्र में, संघ परिवार और उसके वकील-इतिहासकारों की तमाम कोशिशों के बावजूद, डी. डी. कोशाम्बी, अमृत पाद डाँगे और कमोबेश उसी सरणि के रामशरण शर्मा, रोमिला थापर, सुमित सरकार, इरफान हबीब एवं रणजीत गुहा आदि अभी दिशा-निर्धारक की भूमिका में विद्यमान हैं। यहाँ तक कि बदनाम हिन्दीभाषी क्षेत्र में भी कबीर, भारतेन्दु, प्रेमचन्द, यशपाल, निराला, मुक्तिबोध, नागार्जुन, धूमिल तथा केदार जैसे रचनाकारों और रामविलास शर्मा तथा नामवर सिंह जैसे समालोचकों की पहचान और स्वीकृति कायम है। 'परिमल' परिवार का छद्म-रैडिकलिज़्म, अज्ञेय का प्रशान्त प्रभामण्डल और विद्यानिवास मिश्र तथा कुबेरनाथ राय का अभिजात संस्कृति-बोध इन्हें धूमिल नहीं कर पाये हैं। महत्त्वपूर्ण यह भी है कि मुस्लिम समुदाय के भीतर भी वहीदुद्दीन खान जैसे उदार मौलाना हैं और मुशीउर हसन तथा असगर अली इंजीनियर जैसे अनगिनत उदार

दानिश्वर मुखर हैं। इन उदाहरणों से यह विश्वास बनता है कि अभी भी भारत में सेक्यूलर प्रगतिधर्मी बुद्धिजीवी की भूमिका सम्भव है।

लेकिन आज इसकी विवशता यह है कि इसे 'पारम्परिक' बुद्धिजीवियों के साथ उदीयमान 'अवयवी', 'पिछड़ा' एवं 'दलित' बुद्धिजीवियों से भी संघर्षरत रहना है। एक के 'सर्वे भवन्तु सुखिनः' में कोई कथ्य (content) नहीं है और दूसरों के 'बहुजन हिताय, बहुजन सुखाय' में वांछित उदारता का अभाव है। फिर भी अब इतिहास किसी को भी 'वाक ओवर' देनेवाला नहीं है। आश्चर्य नहीं, एक अरसे तक चुप प्रोफेसर श्रीवास्तव, अन्तोनियो ग्राम्शी को नये सिरे से पढ़ने के पश्चात्, अन्ततः मार्क्सवादी बुद्धिजीवियों की भूमिका को पुनः स्वीकारने लगे और कहते हैं कि इन्हें एक ऐसे 'इतिहास खण्ड' का निर्माण करना है जो इतिहास-प्रक्रिया में प्रभावी हस्तक्षेप कर सके। यह समझ सही है क्योंकि 'पारम्परिक' बुद्धिजीवी ऐतिहासिक दृष्टि से चुक-सा गया है, और उदीयमान 'अवयवी' पिछड़ा एवं दलित बुद्धिजीवी अभी अपनी सामाजिक गिरफ्त से ऊपर उठने की स्थिति में नहीं हैं।

सम्प्रति भारत में सवर्ण, पिछड़ा, दलित, मुसलमान जैसे अनेक पारम्परिक एवं अवयवी समाजखण्ड हैं जो हमारे इतिहास-निर्माण की प्रक्रिया को प्रभावित कर रहे हैं। इनमें पिछड़ा एवं दलित समाज-खण्डों की वर्तमान भूमिका परम्परागत सत्ता केन्द्रों को कमजोर करने और यथासम्भव उन पर हावी होने तक सीमित है। इनमें पिछड़ा खण्ड की भूमिका नितान्त राजनीतिक है। इस्लामी समाज-खण्ड इतना शुद्धतावादी, अन्तर्मुखी और पीछे-देखूँ है कि इसके पास कोई सार्थक ऐतिहासिक पहल नहीं दिखती। दलित-खण्ड में पर्याप्त सम्भावनाएँ हैं जो अपने नासमझ एवं महत्त्वाकांक्षी नेतृत्व के चलते सही अभिव्यक्ति नहीं पा रही हैं। लेकिन इस सम्भावना से इन्कार नहीं किया जा सकता कि यह समाज-खण्ड गौतम बुद्ध, फुले और अम्बेडकर को केन्द्रस्थ करते हुए भारत में समाजवादी समाज का कोई देशज प्रारूप विकसित करने में प्रभावी भूमिका निभायेगा। इसी प्रकार हिन्दू-बोध की परिव्याप्ति के चलते राष्ट्रवाद और हिन्दुत्व को केन्द्रीयता देनेवाला एक पारम्परिक समाज-खण्ड भी है जो फिलहाल अधिक संगठित, मुखर एवं महत्त्वाकांक्षी है और जिसके व्याख्याता प्रमुखतया सवर्ण बुद्धिजीवी हैं। इनके साथ ही वामपन्थी शक्ति के रूप में सक्रिय एक आधुनिक, सेक्यूलर एवं समाजवादी राजनीतिक-खण्ड भी है जो, सोवियत-विखण्डन के पश्चात्, अपने अस्तित्व एवं पहचान के लिए संघर्षरत है। लेकिन इसके पास राजनीतिक विवेक है और बेहतर समाज का एक ठोस एवं सुसंगत प्रारूप भी है जिसे पूर्णतया दरकिनार करना समाज एवं राष्ट्र के लिए घातक होगा। अन्ततः इसे एक निर्णायक इतिहास-खण्ड के रूप में उभारना है। समूचे सामाजिक-राजनीतिक

परिदृश्य को देखते हुए यह कहा जा सकता है कि भारत में अन्ततः दो प्रभावी इतिहास-खण्ड उभरेंगे जिनके इर्द-गिर्द सामाजिक-राजनीतिक ध्रुवीकरण होगा। इसमें से एक को *पारम्परिक इतिहास-खण्ड* और दूसरे को *सेक्यूलर-समाजवादी इतिहास-खण्ड* के रूप में अभिहित किया जा सकता है। दोनों ही कमोबेश लोकतान्त्रिक होंगे। लेकिन पहले का लोकतन्त्र सांस्कृतिक राष्ट्रवाद की वकालत करेगा, अपने सामाजिक-आर्थिक चरित्र में बूर्जुआ रहेगा, तथा राजनीतिक रणनीति के रूप में अपनी इस्लाम-विरोधी साम्प्रदायिकता को कायम रखेगा। दूसरे का लोकतन्त्र सेक्यूलर राष्ट्रवाद की वकालत करेगा, मन्शा में समाजवादी होगा और सामाजिक-सांस्कृतिक दृष्टि से अधिक उदार, समावेशी एवं सहिष्णु अर्थात् अधिक मानवीय होगा। अतः प्रत्येक विचारशील बुद्धिजीवी से इस सेक्यूलर-समाजवादी इतिहास-खण्ड के निर्माण में सहभागिता की अपेक्षा अवश्य बनती है। इसकी मदद वह गैर-राजनीतिक, सांस्कृतिक-सामाजिक एवं शैक्षिक प्रयास द्वारा भी कर सकता है। अन्तोनियो ग्राम्शी की यह समझ है कि व्यक्ति का प्रत्येक कार्य एवं कथन, यहाँ तक कि उसकी निष्क्रियता भी, इतिहास-प्रक्रिया को प्रभावित करती है। लेकिन अद्यतन सन्दर्भों में इस सेक्यूलर-समाजवादी इतिहास-खण्ड के निर्माण में दलित सहभागिता एक अनिवार्य पूर्व शर्त है जिसके प्रति दलित बुद्धिजीवी को संवेदनशील होना होगा। इसके लिए उसके अम्बेडकरवाद को मार्क्सवादी दायरे में अद्यतन होना होगा। इसी रूप में अब अम्बेडकर-विचारों की अर्थवत्ता है। दलित-आन्दोलन का गन्तव्य भी कमोबेश सुनिश्चित है। लेकिन अब मात्र अम्बेडकरवादी दलितवाद की उपस्थिति अपने परिणामों में विडम्बनात्मक होगी।

### समाजवाद की अवधारणा की पुनर्प्रतिष्ठा

समाजवाद की अवधारणा की पुनर्प्रतिष्ठा के लिए सर्वप्रथम इसे प्रचलित बोल्शेविक, माओवादी अथवा चेगुवारावादी संस्कारों से बहुत दूर तक मुक्त करना होगा। 'सशस्त्र क्रान्ति', 'सर्वहारा की तानाशाही', पार्टी और उसके नेताओं की व्यक्ति एवं समाज की प्रत्येक गतिविधि पर लौह-पकड़, 'कन्सेण्ट्रेशन कैम्प' आदि से मुक्त होना होगा। कुछ मानों में यह सांस्कृतिक अन्धता का शिकार भी रही है। अतः समाजवादी अवधारणा को अद्यतन बनाने के लिए अनेक बूर्जुआ संस्थाओं एवं उपलब्धियों को आत्मसात् करना पड़ेगा। अब एक ऐसे समाजवाद की आवश्यकता है जो शास्त्रवादी कम और व्यावहारिक अधिक हो। अर्थात् अब इसे गुप्त एवं स्वतन्त्र बालिग मताधिकार, बहुदलीय राजनीति, स्वतन्त्र न्यायपालिका, वैयक्तिक एवं नागरिक स्वतन्त्रताओं, सांस्कृतिक विविधता आदि को स्वीकारना होगा। इसे अब मूर्ति-पूजक बनने की आवश्यकता नहीं है। अब इसे व्यक्तिगत सम्पत्ति एवं बहुत-सारे पुराने निर्णयों को समाप्त करके, पूँजी के संकेन्द्रण और मनमाने उपभोग

पर प्रभावी अंकुश लगाना होगा। अब इसे छोटी पूँजी के अस्तित्व एवं आर्थिक पहल को सुरक्षित करना होगा और साथ ही परम्परागत सपाट समता पर बल न देकर विवेकसंगत असमता पर बल देना होगा।

इन सबके साथ-साथ इसे दो आलोचनात्मक प्रयास भी करने होंगे। इसे युद्ध, आतंकवाद, राष्ट्रीय विखण्डन, अपसंस्कृति, शोषण, विकृत व्यक्तिवाद, नकारात्मक स्वतन्त्रता आदि को पूँजीवाद के अविभाज्य अंग के रूप में समझना-समझाना होगा। इसके लिए समाजवादियों को एक स्वस्थ आलोचना-पद्धति विकसित करनी होगी। पुराने निषेधात्मक तौर-तरीकों को अपनाने से काम नहीं चलेगा। विविधता को रेखांकित करना होगा तथा इनमें यथासम्भव परम्परा निहित प्रगतिशील तत्त्वों को उभारना होगा ताकि समाजवादी प्रारूप देशज बन सके। इसके अतिरिक्त, इस इतिहास-खण्ड के बुद्धिजीवियों को 'सामाजिक-न्याय' के नाम पर विकसित जातिवादी दृष्टि और राष्ट्रीयता के नाम पर विकसित साम्प्रदायिक दृष्टि की स्वस्थ एवं समझदार आलोचना विकसित करनी होगी जिसके लिए कार्ल मार्क्स की भौतिकवादी इतिहास-दृष्टि और अम्बेडकर की सामाजिक दृष्टि पर्याप्त वैचारिक एवं पद्धतीय (methodological) आधार देती हैं। दरअसल, मार्क्स के सहारे ही अम्बेडकर का भी अतिक्रमण सम्भव हो सकेगा।

इस खण्ड के निर्माण में दलित सहभागिता एक अनिवार्य शर्त है जिसके प्रति दलित बुद्धिधर्मी को भी सावधान होना होगा। इसके बिना दलित इतिहास-प्रखण्ड लोकप्रिय राष्ट्रीय प्रखण्ड के रूप में स्वीकृत नहीं हो सकेगा। इसके लिए उसे अपने प्रचलित अम्बेडकरवाद का मार्क्सवाद से गम्भीर संवाद बनाना होगा। इससे न केवल मार्क्सवाद देशज और व्यावहारिक बनेगा, बल्कि दलितवाद भी वर्गवादी तर्क को समझेगा और अपने को अतिक्रमित करेगा। इसी में अब डॉ. अम्बेडकर के विचारों की अर्थवत्ता है और दलित आन्दोलन का रचनात्मक भविष्य भी। अम्बेडकर विचार में बहुत सारी समाजवादी सम्भावनाएँ हैं। गन्तव्य के रूप में बाबा साहेब इससे असहमत कभी नहीं रहे। अतः आवश्यकता है उन्हें नये सिरे से अन्वेषित, संगठित एवं विकसित करने की। इसके अभाव में दलितवादी सक्रियता अपने परिणामों में और अधिक विडम्बित होती जायेगी। बौद्ध भारत तो नहीं ही बनना है, सेक्यूलर समाज के निर्माण में भी इसकी कोई रचनात्मक भूमिका नहीं होगी। इतना ही नहीं, समाजवाद की अवधारणा को नकारकर सेक्यूलर लोकतन्त्र मृगमरीचिका है। दलितवाद इस बिन्दु पर सावधान नहीं दिखता। यह राष्ट्रीय विकल्प नहीं, भारतीय वाम का स्वाभाविक सहचर है। आशय इतना भर कि सेक्यूलर-समाजवादी इतिहास-खण्ड के निर्माण की दृष्टि से दलित-वाम धुरी ही असरदार एवं रचनात्मक भूमिका निभा सकती है। इस सन्दर्भ में दलित बुद्धिधर्मियों से बहुत-सारी अपेक्षाएँ हैं।

# दलित जागरण पर एक टिप्पणी

इधर एक अरसे से दलित बुद्धिजीवियों द्वारा आयोजित छोटी-छोटी गोष्ठियों में भाग लेने का अवसर मिलता रहा है। इन गोष्ठियों से यह अहसास बनता है कि पढ़े-लिखे दलित तबकों में राजनीतिक जागरण के साथ-साथ एक व्यापक बौद्धिक एवं सांस्कृतिक जागरण भी आया है। दलित प्रशासक, नेता, समाजसेवी, बुद्धिजीवी सम्प्रति राजनीतिक जागरण के सामाजिक-सांस्कृतिक निहितार्थ को, अनगिनत छोटी-बड़ी गोष्ठियों के माध्यम से आम दलित जन तक ले जाने की कोशिश कर रहे हैं। दलित पत्र-पत्रिकाओं की बाढ़-सी आयी हुई है। एक सशक्त वैकल्पिक प्रचार माध्यम निर्मित करने के प्रयास चल रहे हैं ताकि दलित विश्व-बोध, दलित हित एवं आकांक्षा का संवर्द्धन किया जा सके। सम्प्रति दलित जागरण के तीन प्रमुख उद्देश्य हैं : 1. हिन्दू धर्म एवं समाज के विकल्प में एक ऐसे धर्म एवं संस्कृति को लोकप्रिय बनाना जो मूलतः इहलौकिक हो, सरल, सहज एवं यथासम्भव कर्मकाण्ड-मुक्त हो और साथ ही, लोकतान्त्रिक मूल्यों—स्वतन्त्रता, समता, भाईचारा, व्यक्ति की मर्यादा, इत्यादि का प्रेरक, संवाहक एवं संवर्द्धक हो; 2. दलितों के लिए सामाजिक समता, सम्मान एवं आर्थिक आधार सुनिश्चित करना; और, 3. राष्ट्र का राजनीतिक नेतृत्व लेना। वह वर्तमान संविधान को न्याय के पवित्र प्रतीक के रूप में लेता है क्योंकि बाबा साहेब अम्बेडकर इसके निर्माताओं में से थे और उन्हें विश्वास था कि इसी के दायरे में उसके हितों की सुरक्षा सम्भव है। वैकल्पिक धर्म और संस्कृति के रूप में बाबा साहेब द्वारा पुनः संस्कारित बौद्ध धर्म और संस्कृति को उसने राष्ट्रीय पटल पर प्रस्तुत किया है। इसके साथ ही दलित जागरण के संवाहकों ने बाबा साहेब अम्बेडकर को कार्ल मार्क्स और महात्मा गाँधी के समग्र विकल्प के रूप में उभारा है जिस पर मतभेद हो सकते हैं, लेकिन इससे इस जागरण की आकांक्षा का पता लगता है। उसने अपने शोषण एवं उत्पीड़न को रेखांकित करने के लिए शम्बूक एवं एकलव्य, कर्ण, रावण जैसे प्रतीकों को उभारा है, और साथ ही हिन्दू समाज-व्यवस्था

की सम्यक् आलोचना एवं एक आदर्श समाज-व्यवस्था की निर्मिति के लिए गौतम बुद्ध और बाबा साहेब अम्बेडकर को सामने रखा है। इस दलित जागरण की वास्तविक ताकत एक समग्र एवं सकारात्मक सामाजिक-सांस्कृतिक विकल्प देने की महत्त्वाकांक्षा में है। दलित तबकों का विराट् जनाधार, उनकी राजनीतिक-सांस्कृतिक सक्रियता, उनमें व्याप्त उत्साह एवं आत्म-विश्वास को देखते हुए यह कहा जा सकता है कि अब उनके इस बहुआयामीय हस्तक्षेप को दरकिनार नहीं किया जा सकता।

दलित जागरण को सही परिप्रेक्ष्य में देखने-समझने के लिए 'पिछड़ों' एवं 'अगड़ों' पर दृष्टिपात भी आवश्यक है। जागरण 'पिछड़ों' में भी आया है लेकिन यह केवल राजनीतिक है। येन-केन-प्रकारेण सत्ता-प्राप्ति और उसका दोहन इसका अभीष्ट है। इनके पास मण्डल से बड़ा कोई मुद्दा नहीं और जातिवाद से बड़ा कोई धर्म नहीं है। 'पिछड़ों' में किसी भी स्तर पर वैचारिक एवं सांस्कृतिक हलचल नहीं दिखायी देती। इनके पास किसी वैकल्पिक राजनीति, समाज अथवा संस्कृति का सपना नहीं है जो लम्बी अवधि तक इन्हें प्रेरित करता रहे। इनके शीर्षस्थ नेताओं की जुबान एवं आचरण से कहीं कोई आदर्श एवं सिद्धान्त नहीं टपकता। उत्तर प्रदेश में लोहिया और चौधरी चरण सिंह का नाम अवश्य लिया जाता है, लेकिन इन दोनों के आदर्श महात्मा गाँधी के नाम से बचा जाता है जो 'पिछड़े' नेताओं की नैतिक कमजोरी का सूचक है। 'सत्याग्रह' के स्थान पर 'हल्लाबोल' का प्रयोग भी सांस्कृतिक एवं नैतिक दिवालियेपन का ही द्योतक है, क्योंकि 'हल्लाबोल' में अभिकर्त्ताओं से कोई नैतिक-वैचारिक अपेक्षा नहीं होती। इसके लिए लफ्फाजी और भीड़ का उन्माद काफी है। बिहार के 'पिछड़ों' को केवल जाति, हँसी-मजाक, रसीले एवं फूहड़ चुटकुले और 'बाभनों' की हजामत चाहिए। दक्षिण भारत से जहाँ 'पिछड़ी' राजनीति का एक अरसे से वर्चस्व है, अभी तक कोई प्रतिभाशाली, 'विजनरी' एवं प्रभावशाली नेता राष्ट्रीय स्तर पर नहीं उभरा है। वहाँ फिल्मी नायक और नायिकाएँ ही राजनीतिक चेतना का प्रतिनिधित्व करते हैं। स्थिति इस सीमा तक हास्यास्पद हुई है कि तमिलनाडु में कोई 'पिछड़ा' नेता जयललिता को 'नोबेल पुरस्कार' दे रहा है, तो कोई राष्ट्रसंघ का 'अध्यक्ष' बना रहा है और कोई उन्हें अमेरिका का राष्ट्राध्यक्ष। उत्तर प्रदेश में, जहाँ पिछड़ी राजनीति सत्तासीन हुई है, सांस्कृतिक क्षेत्रों में भी गुणवत्ता को दरकिनार कर, सम्मान, पैसा और पद आबण्टित किया जा रहा है। लगता है कि पिछड़ों की कुल राजनीतिक यात्रा छोटभइया हिन्दू से बड़भइया हिन्दू बनने भर तक है। हिन्दू दायरे में ही जो इनका पावना था, उसे पाकर ये सन्तुष्ट हो जायेंगे। हाँ, इनके पक्ष में इतना जरूर कहा जाना चाहिए कि सामाजिक सम्मान एवं समता के लिए दलितों द्वारा छेड़े गये संघर्षों को इन्होंने गति और धार दी है और 'अगड़ों' के राजनीतिक

एवं सामाजिक एकाधिकार को समाप्त किया है जो अकेले दलितों के बूते का नहीं था। दरअसल क्रमिक परिवर्तन की लोकतान्त्रिक रीति-रिवाज के आज ये ही मेरुदण्ड हैं जो इनकी मध्यस्थ सामाजिक स्थिति के अनुकूल भी है।

संक्रमण के वर्तमान दौर में 'अगड़े' सहमे, भयग्रस्त, निराश, शंकालु और अपराध-बोध से पीड़ित हैं। जिस प्रकार भारतीय मुसलमान 1947 के बाद देश के विभाजन को लेकर, सहमा एवं अपराध-बोध से पीड़ित था, उसी प्रकार आज सवर्ण हिन्दू समाज की विषमता और उसमें निहित दलित दोहन एवं अवमानना को लेकर, अपराध-बोध से पीड़ित एवं सहमे हुए हैं। इनके पास इसका कोई उत्तर नहीं है। राजनीतिक संवाद में ये व्याख्यात्मक एवं सुरक्षात्मक हैं। दक्षिण में तो सवर्ण-वर्चस्व को सामाजिक-राजनीतिक चुनौती बहुत पहले ही झेलनी पड़ी थी, लेकिन उत्तरी भारत में जहाँ इनका संख्यात्मक घनत्व है, इन्हें वास्तविक चुनौती 1967-1969 से मिलनी प्रारम्भ हुई। 1974 में यह चुनौती कुछ अधिक मुखर हुई और 1977-80 के दौरान इस चुनौती को राष्ट्रीय स्वरूप मिला। 1989-91 के दौर में इन पर मण्डल प्रहार हुआ और इसके बुद्धिजीवियों एवं नेताओं ने जिस घबड़ाहट, बेचैनी और उग्रता का परिचय दिया उससे राष्ट्रीय जनमत का बहुलांश इसके विरुद्ध हो गया और यह राजनीतिक रूप से अलग-थलग पड़ता गया और अन्ततः 1993 तक आते-आते पस्तहिम्मत हो गया। आज मुसलमानों और सवर्णों में कोई सार्थक सामाजिक-सांस्कृतिक जागरण भी नहीं है। राज्य से मुसलमान धर्म-निरपेक्षता की अपेक्षा रखता है और सवर्ण जाति-निरपेक्षता की, क्योंकि एक हिन्दुत्ववादी साम्प्रदायिकता से परेशान है तो दूसरा दलितों एवं पिछड़ों में उभरे सवर्ण-विरोधी जातिवादी उन्माद से। दोनों अपने-अपने संस्कारों में सिकुड़ रहे हैं। आजकल प्रायः प्रत्येक पढ़े-लिखे हिन्दू के हाथ में 'रक्षा-सूत्र' और होंठ पर गायत्री मन्त्र है। कुछ 'विपश्यना' शिविरों में दौड़ रहे हैं तो कुछ 'गायत्री परिवार' में और कुछ तरह-तरह के भगवानों की शरण में। मानस-पाठ और प्रवचन तथा दुर्गा-पाठ जोरों पर है। संस्कृति-रक्षा के नाम पर अन्धविश्वासों को बढ़ाया जा रहा है। सामाजिक समता और समानता को अपरिहार्य मानते हुए भी तद्नुरूप आचरण का साहस नहीं है। समाज-सुधार और धर्म-सुधार की पहल भी दलितों के हाथ में है। ऐतिहासिक दृष्टि से सवर्ण चुक गये हैं और धीरे-धीरे मुसलमानों और 1991 के पूर्व के दलितों की तरह 'वोट बैंक' के रूप में सन्तुष्ट दिखायी देने लगे हैं। ऐसा सामाजिक तबका जो सहमा, अन्तर्मुखी, पीछे-देखूँ, अपराध-बोध से ग्रस्त एवं सुरक्षात्मक हो और अपने समाज एवं संस्कृति की पुनर्रचना का साहस खोकर अपने अतीत के गौरव-गान में लगा हो तथा अपनी गिरावट के लिए किसी और को दोषी ठहरा रहा हो, सामाजिक और राजनीतिक नेतृत्व के लायक नहीं

हुआ करता।

अगर कुल मिलाकर देखा जाये तो भारतीय समाज के चार तबकों में हिन्दू सवर्ण और मुसलमान ऐतिहासिक रूप से चुके हुए हैं और 'पिछड़ा' वैचारिक-सांस्कृतिक दृष्टि से दिवालिया है। केवल दलित तबका ऐसा है जो, अपनी तमाम सीमाओं के बावजूद, सत्ता-प्राप्ति की आकांक्षा के साथ-साथ एक बेहतर एवं उच्चतर सामाजिक-सांस्कृतिक विकल्प देने के लिए भी बेचैन है। उसके हितों को भी प्रथम दृष्टतया मानवीय हित मान लिया गया है। अतः स्वभावतया भारतीय सामाजिक-सांस्कृतिक जड़ता को आन्दोलित, उद्वेलित करने और उसे अपेक्षित दिशा देने का ऐतिहासिक दायित्व उन्हीं पर आ पड़ा है जो उनकी सामाजिक-आर्थिक स्थिति के अनुकूल भी है। अगर व्यवस्था का शिकार व्यवस्था के विकल्प की तलाश नहीं करेगा तो और किसी को क्या पड़ी है।

लेकिन दलित जागरण की कुछ स्पष्ट सीमाएँ भी हैं जिनका रेखांकन आवश्यक है। अभी यह प्रतिक्रिया, आक्रोश और प्रतिशोध की मानसिकता का शिकार है। परिणामस्वरूप इसके अभिकर्त्ता कभी मध्ययुगीन मुस्लिम आक्रान्ताओं को अपना मुक्तिदाता बनाते हैं तो कभी अंग्रेज साम्राज्यवादियों को, जबकि यह इतिहास-पुष्ट है कि दोनों ने ही परम्परागत भारतीय अभिजन से समझौता करके राज किया और धर्म-परिवर्तन के बावजूद दलित जहाँ-का-तहाँ पड़ा रहा। लखनऊ की एक विचार गोष्ठी में दलित-चेतना के एक अधिकृत प्रवक्ता ने वर्तमान आर्थिक उदारीकरण और भारत में बहुराष्ट्रीय कम्पनियों के निर्विघ्न आगमन को उचित ठहराया और कहा कि बसपा की यही राष्ट्रीय नीति है। उन्होंने यह भी कह डाला कि बहुराष्ट्रीय कम्पनियों का विरोध केवल सवर्ण नेता ही कर रहे हैं क्योंकि ये प्रत्येक नयापन से घबराते हैं और इससे इनका अहित भी सुनिश्चित है। शायद दलित नीति-निर्माताओं का ध्यान इधर नहीं गया है कि यह उदारीकरण राज्य को अप्रासंगिक बना देगा, जबकि अभी भारत में एक स्वतन्त्र एवं हस्तक्षेपी राज्य की आवश्यकता दलित हितों की सुरक्षा और राष्ट्र की एकता एवं अखण्डता के लिए आवश्यक है। वाराणसी में भिक्षु डॉ. स्वरूपानन्द जी ने अपनी कर्कश आवाज और कटु शब्दावली में राहुल सांकृत्यायन को ब्राह्मण घोषित कर बौद्ध धर्म एवं दर्शन के क्षेत्र में उनके अवदान को नकार दिया और यही काम एक-दूसरे दलित बुद्धिजीवी ने स्व. जगन्नाथ उपाध्याय के सम्बन्ध में किया। इसी प्रकार एक वरिष्ठ पुलिस अधिकारी एवं दलित जागरण के एक स्तम्भ ने अम्बेडकर महासभा के नितान्त आन्तरिक विवाद को 'सवर्णों का षड्यन्त्र' के रूप में उछाला। यह सब वाद-सोच एवं पूर्वाग्रहमुक्त मानसिकता का परिणाम है। इतना ही नहीं, चूँकि

स्वतन्त्रता-संग्राम में बाबा साहेब की कोई महत्त्वपूर्ण भूमिका नहीं थी इसीलिए दलित बुद्धिजीवी उसे 'सवर्णों का सरोकार' बताकर नकारते हैं, जबकि देश की राजनीतिक स्वतन्त्रता के बिना लोकतान्त्रिक एवं वर्ग मुक्त राज्य की स्थापना सम्भव नहीं थी और ऐसे राज्य के बिना दलित बोध को राजनीति का एक केन्द्रीय सरोकार बनाना असम्भव था। इसी प्रकार गाँधी को दलित-विरोधी एवं विशुद्ध हिन्दू सवर्ण नेता घोषित करना उस महात्मा के प्रति अन्याय है और यह दलित जागरण की ग्रन्थिपूर्ण, इकहरी एवं बन्द सोच का सूचक भी है। बुजुर्ग कम्युनिस्ट नेता सतपाल डंग ने दिल्ली के एक सेमिनार में कहा कि लम्बे अनुभवों ने उन्हें बताया है कि विशुद्ध वर्ग-नैतिकता कभी नैतिक नहीं हो सकती। यही बात जाति-नैतिकता के बारे में भी सच है। दलित जागरण के संवाहकों को यह भी समझना होगा कि लोकतान्त्रिक समाजों में हमेशा प्रतियोगी हित एवं वफादारियाँ तथा उनसे उपजे प्रतियोगी विश्वबोध रहेंगे जिनके साथ ताल-मेल बैठाना होगा। इसमें सहअस्तित्व और संघर्ष दोनों ही होंगे। ऐसे समाजों में किसी खास विश्व-बोध का एकाधिकार सम्भव नहीं है। हिन्दू-बोध के रूप में सवर्ण-बोध अगर राष्ट्रीय-बोध बन गया तो इसके लिए हिन्दू समाज की विशिष्ट संरचना, उसका आर्थिक-राजनीतिक वर्चस्व और मुस्लिम विश्व-बोध की विजातीयता इत्यादि जिम्मेदार थी। अब हिन्दू-बोध के एकाधिकार के दिन भी लद गये क्योंकि उसकी समाज-रचना अप्रासंगिक हो गयी। रूस एवं कुछ अन्य देशों में श्रमिक सत्ता के बलबूते श्रमिक विश्व-बोध को राष्ट्र-बोध के रूप में स्थापित करने की पुरजोर कोशिशें हुईं, लेकिन अन्ततः उसके विरुद्ध विद्रोह हो गया, क्योंकि समाज केवल श्रमिकों का नहीं होता। कारण यह है कि दलित-बोध भी राष्ट्र-बोध का रूप नहीं ले पायेगा। लेकिन इतिहास के वर्तमान दौर में इसके महत्त्व को भी नकारा नहीं जा सकता।

दलित जागरण के पुरस्कर्त्ताओं से एक आग्रह और है। अब दलित-बोध अपनी पहचान पा चुका है। अब यह शासकीय बोध होने का भी दावा कर सकता है। अतः अब इस जागरण के उन्नायकों की यह जिम्मेदारी है कि बाबा साहेब के राष्ट्रीय आयामों को भी उभारें और राष्ट्रीय जागरण के अन्य स्वीकृत प्रतीकों के प्रति अपेक्षित सकारात्मक दृष्टि विकसित करें। प्रत्येक महानायक किसी महाप्रश्न के उत्तर में इतिहास पटल पर आता है और वह महाप्रश्न तथा उसका समाधान भी ऐतिहासिक विकासक्रम द्वारा सुनिश्चित होता है। अतः प्रत्येक महापुरुष एवं महानायक की अपनी इतिहास प्रदत्त प्राथमिकताएँ होती हैं और वह उन्हीं का प्रतीक बन जाता है, यद्यपि उसके पास अपना एक समग्र 'विजन' भी होता है। ऐसा नहीं कि कार्ल मार्क्स और गाँधी के पास अपना-अपना विशिष्ट एवं समग्र 'विजन' नहीं

था, लेकिन इसके बावजूद कार्ल मार्क्स केवल 'सर्वहारा विजन' के प्रतीक बने और महात्मा गाँधीराष्ट्रीय जागरण के। इतना ही नहीं, मार्क्स ने साध्य पर बल दिया और साधन के प्रति खुला दिमाग रखा तो उसके उत्तराधिकारियों ने उसके साथ सशस्त्र क्रान्ति जोड़ दिया। इसी प्रकार गाँधी ने साधन की पवित्रता पर अत्यधिक बल दिया था। और प्रत्येक राजनीतिक कार्यकर्त्ता को सत्याग्रही और अहिंसक बनाने का प्रयास किया था, अतः उनके साथ, उनके उत्तराधिकारियों के आचरण के बावजूद, सत्य, अहिंसा जैसे मूल्य जुट गये। इसी प्रकार बाबा साहेब दलित जागरण के प्रतीक बने हैं, यद्यपि उनके पास भी एक समग्र 'विजन' था। लेकिन, चूँकि दलित जागरण के प्रणेता के रूप में बाबा साहेब ने मार्क्स और गाँधी दोनों की आलोचना की, इसलिए आज का दलित जागरण सम्पूर्णतः गाँधी-विरोधी और मार्क्स-विरोधी है। मार्क्सवाद-विराध के चलते दलित जागरण का नेतृत्व दलितों में उभरी मलाईदार पर्त को स्वीकार करेगी और गाँधी-विरोध के चलते इनका राजनीतिक-सामाजिक आचरण निषेधात्मक और अनपेक्षित ढंग से आक्रामक बना रहेगा। परिवर्तनवादी ताकतों की अनपेक्षित उग्रता भी सामाजिक बदलाव की गति में रोड़े अटकाती है और स्थितियों को जटिल बनाती है। इससे मनोगत सन्तुष्टि और नायकत्व का विभ्रम तो जरूर पैदा होता है, लेकिन समाज पर इराका नकारात्मक प्रभाव ही पड़ता है। अतः आज बाबा साहेब की सोच को विकसित करने और उसे अद्यतन बनाने की आवश्यकता है। उनके प्रारम्भिक दौर की सोच का उपयोग सवर्ण-विध्वंस के लिए किया जा सकता है, लेकिन उनके अन्तिम दौर की सोच एवं आचरण का उपयोग, देश में दलित हित को केन्द्र में रखते हुए, एक व्यापक एवं वृहत्तर समझौते के रूप में भी किया जा सकता है। आज अम्बेडकर साहेब के समय के गतिरोध और विवशताएँ समाप्तप्राय हैं। हिन्दू समाज का फौलादी ढाँचा अब जर्जर है। इसके अलम्बरदार भी अब इसकी श्रेष्ठता की बात नहीं करते। समाज अब प्रतियोगी है और भारतीय समाज के प्रत्येक तबके में आर्थिक स्तरीकरण एवं विभाजन हुआ है। दलित तबके भी इससे वंचित नहीं हैं। अर्थात् जमीनी यथार्थ तेजी से बदल रहा है और इसमें दलित जागरण का भी अपना योगदान है। लेकिन अगर दलित जागरण अपने को बार-बार संस्कारित न करता रहा तो निकट भविष्य में ही उसकी सारी आक्रामकता नामदेव धसाल की कविताओं की तरह, अवास्तविक एवं खोखले शब्दातिरेक का शिकार हो, आत्मतुष्टि का उपकरण बन जायेगी। हाँ, सुखद इतना जरूर है कि दलित जागरण के अभिकर्त्ताओं में ऐसी अनेक विवेकशील आवाजें सुनायी देती हैं जो इस खतरे को समझती हैं और यथासम्भव इसके राजनीतिक प्रतिनिधियों को आगाह भी करती रहती हैं।

# दलित चिन्तन के कतिपय आयाम

आज अम्बेडकर-जयन्ती है। महान् अम्बेडकर पहले डॉ. अम्बेडकर बने और अपने जीवनकाल में ही 'दलित मसीहा बाबा साहेब' बने। कभी 'राष्ट्रद्रोही' माने जाते थे, अब 'राष्ट्र के कर्णधार' माने जाते हैं। वह अपने विचारों और सरोकारों के बल पर 'विलेन' से 'नायक' बने हैं। राष्ट्रवादी उफान के दिनों में उन्होंने अपने समुदाय की पीड़ा-मुक्ति के लिए जो रास्ता चुना वह उन्हें 'विलेन' बनाता था। उनकी राजनीति साम्राज्यवाद-विरोधी नहीं थी। देशज हिन्दुओं की तुलना में उन्हें अंग्रेज बेहतर दिखते थे। दलित सन्दर्भ में वे बेहतर थे भी। वे छूत-अछूत की बीमारी से मुक्त थे। उनके पास आधुनिक विचार और संस्थाएँ थीं जिनके बिना नया भारत नहीं बन सकता था। लेकिन अंग्रेजों के शासन में ही क्या भारत बन पाता? यह सोचना भी एक खयाली पुलाव पकाना है। साम्राज्यवाद का अपना वर्चस्ववादी, शोषक चरित्र होता है। इसलिए न तो इसकी राजनीति विश्वसनीय हो सकती थी और न समाज-नीति ही। अपने वर्चस्व को बनाये रखने के लिए इसने ब्राह्मणों और रजवाड़ों से समझौते किये। दक्षिण अफ्रीका में तो 'अपार्थीड' तक लागू किया। उसका डॉ. अम्बेडकर से भी जुड़ाव सम्भव था, क्योंकि दोनों ही कांग्रेस और गाँधी को अपने-अपने लिये खतरनाक मानते थे। डॉ. अम्बेडकर के लिए कांग्रेस एक हिन्दूवादी दल था और गाँधी एक दकियानूस, सनातनी हिन्दू बनिया थे। लेकिन अंग्रेज साम्राज्यवादियों के लिए दोनों ही चुनौती थे। डॉ. अम्बेडकर के हिन्दू-विरोध ने उन्हें अंग्रेजों तक पहुँचाया और अंग्रेजों का साम्राज्यवादी हित उन्हें डॉ. अम्बेडकर तक ले गया। अतः दोनों हाथ मिला सके।

एक और ऐतिहासिक विडम्बना की ओर ध्यान देना आवश्यक है। उस समय राजनीतिक-सामाजिक स्तर पर सक्रिय हिन्दुओं में दो मिजाज के लोग थे। एक थे सेक्यूलर, उदार मिजाज के हिन्दू जैसे गाँधी और नेहरू, और दूसरे थे दकियानूस और

अनुदार हिन्दू जैसे सावरकर और मुंजे। मालवीय जी हिन्दुत्ववादी तो अवश्य थे लेकिन सावरकर या महाराष्ट्रवादी ब्राह्मणों की तुलना में उदार थे। जमाने की विडम्बना यह थी कि सावरकर और मुंजे जैसे अनुदारवादी हिन्दू जो गाँधी के विरोधी थे और हिन्दू-विरोधी डॉ. अम्बेडकर दोनों ही साम्राज्यवादी प्रशासन के निकट थे। अर्थात् डॉ. अम्बेडकर का हिन्दू-विरोधी दलितवाद अनुदार हिन्दुत्व का मित्र बना, और दोनों मिलकर साम्राज्यवादियों के सहयोगी बने। यह एक ऐतिहासिक विडम्बना है।

गाँधी का उदारवादी हिन्दुत्व दलित-विरोधी अथवा मुस्लिम-विरोधी नहीं था। वह दलित और मुस्लिम राजनीति में हस्तक्षेप रखता था। यह एक तरफ दलित चेतना पर अम्बेडकर के वर्चस्व में बाधक था और दूसरी तरफ जिन्ना के मुसलमानों पर वर्चस्व के प्रयास में। इसी कारण दोनों ही उनमें केवल हिन्दू देखते थे। दलितों पर हिन्दुओं के सामाजिक अत्याचार को रेखांकित कर डॉ. अम्बेडकर उन्हें हिन्दुओं से अलग करना चाहते थे, और स्वाधीन भारत में हिन्दू बहुसंख्यक की सत्ता का हौवा खड़ा कर जिन्ना साहेब मुसलमान जनता को मुस्लिम लीग की तरफ खींचना चाहते थे। अंग्रेजी शासन भारतीय समाज के आन्तरिक विभाजन को और तीव्र करना चाहता था, क्योंकि यह विभाजन ही साम्राज्यवादी विरोधी राष्ट्रवाद को कमजोर कर सकता था। अतः तीनों अपने-अपने कारणों से कांग्रेस और गाँधी का विरोध कर रहे थे। विरोध की समानता इन्हें निकट किये हुए थी। अनुदार हिन्दू भी इसी नकारात्मक गठजोड़ के हिस्से थे, क्योंकि गाँधी के चलते हिन्दुओं में ये अलग-थलग पड़े हुए थे। अम्बेडकर और जिन्ना तो गाँधी की उग्र आलोचना और निन्दा में लगे हुए थे, लेकिन उग्र हिन्दुत्ववादियों ने तो गाँधी की हत्या कर दी और आज उनकी हत्या की साजिश रचनेवाले सावरकर को राष्ट्र के प्रतीक पुरुषों में गिना जाने लगा है। आज पुनः अम्बेडकर और सावरकर एक साथ हैं। उत्तर प्रदेश में मायावती-टण्डन का गठबन्धन अप्रत्याशित नहीं है। यह दोनों की ऐतिहासिक विरासत का प्रतिफल मात्र है, और इस रूप में बिल्कुल स्वाभाविक भी। व्यवहारवाद की यह अनिवार्य परिणति है, और डॉ. अम्बेडकर एक व्यवहारवादी नेता थे। व्यवहारवाद मूलतः आदर्श-रिक्त होता है। यह तत्कालीनता पर बल देता है, और तत्कालीनता का अपना मिजाज और तर्क होता है। इसका सतही रैडिकलिज़्म आम जन को मात्र धोखा देने के लिए है। आज डॉ. अम्बेडकर के सामाजिक रैडिकालिक की यही निशानी है।

मऊ में प्रगतिशील लेखक संघ के अधिवेशन (5 अप्रैल, 2003) में मैंने अपना व्याख्यान इसी बिन्दु पर केन्द्रित किया था। स्वाधीन भारत का वैचारिक एवं मूल्यगत आधार स्वाधीनता-संग्राम के दौरान विकसित परिप्रेक्ष्यों एवं मूल्यों पर निर्मित हुआ था। उसी दौर में एक राष्ट्रीय सहमति बनी थी जो मूलतः गाँधी-नेहरू-आज़ाद के

त्रिक पर खड़ी थी। बाद में ऐसी ही राष्ट्रीय सहमति के दायरे में डॉ. अम्बेडकर को भी समाहित कर लिया गया था। इस राष्ट्रीय सहमति में डॉ. अम्बेडकर का हिन्दू-गाँधी-विरोधी दलितवाद और सावरकर-मुंजे-गोलवरकर के गाँधी-मुस्लिम-विरोधी हिन्दुत्व दरकिनार थे। कांग्रेस और वामपन्थियों का हिन्दू साम्प्रदायिकता पर अतिशय रेखांकन और अल्पसंख्यक साम्प्रदायिकता की अनदेखी ने इस राष्ट्रीय सहमति के सामाजिक आधार को कमजोर बनाया जिसके उग्र हिन्दुत्व को राजनीतिक जगह मिली। इसमें मायावती और मुलायम के एक क्षणिक गठजोड़ ने आग में घी का काम किया। भयाक्रान्त सवर्ण हिन्दुत्ववादियों की गोद में भागने लगा, और अब हिन्दुत्ववादी तरह-तरह के धार्मिक प्रतीकों को राजनीतिक मुद्दा बनाकर उनकी चेतना का सम्प्रदायीकरण कर रहे हैं। पुरानी सेक्यूलर राष्ट्रवादी सहमति तोड़ी जा रही है और सेक्शनल हितों के नायक सामने उभारे और प्रतिष्ठित किये जा रहे हैं। डॉ. अम्बेडकर और अब सावरकर जी की भी राष्ट्रीय छवि के टूटते जाने का उभार है। इनमें भी डॉ. अम्बेडकर तो समझ में भी आते हैं। दलित थे और हजारों साल तक सवर्णों द्वारा दलितों पर किये गये अत्याचार के शिकार थे। अपनी अद्वितीय मेधा और अर्जित योग्यता के बावजूद, उनकी अवमानना ने भी आग में घी का काम किया था। दलित प्रश्न एक राष्ट्रीय प्रश्न था जिसमें सभी अवगत थे। दलित-हित को केन्द्र में रखे बगैर राष्ट्र-निर्माण की कल्पना सम्भव नहीं थी। इसी कारण उनकी असन्तुलित राजनीति के बावजूद उन्हें 1946 के चुनाव के बाद जब स्वाधीनता निकट थी और स्वाधीन भारत के निर्माण का संवैधानिक प्रारूप तैयार किया जा रहा था, तो उन्हें अपेक्षित सम्मान, स्थान एवं केन्द्रीयता प्रदान की गयी थी। गाँधी ने इसकी पहल की थी, और पटेल तथा नेहरू ने इसे स्वीकारा था।

दुर्भाग्य यह है कि सम्प्रति दलित नेतृत्व इसकी अनदेखी करता है। वह केवल डॉ. अम्बेडकर की राजनीतिक बयानबाजियों को शास्त्र मानकर चलता है। वह डॉ. अम्बेडकर की सीमाओं को समझने की स्थिति में नहीं है। उसके लिए डॉ. अम्बेडकर मात्र राजपुरुष नहीं हैं, वह धर्मपुरुष भी हैं। अब वह बोधिसत्व भी हैं। दलित चेतना में डॉ. अम्बेडकर की वही स्थिति है जो मुस्लिम चेतना में मुहम्मद साहेब की है। दोनों आलोचना से परे हैं। दोनों मूलतः सम्प्रदायवादी (communitarian) हैं। बौद्ध धर्म को स्वीकार कर डॉ. अम्बेडकर ने भी दलितों को एक सम्प्रदाय के रूप में गठित एवं विकसित करने की कोशिश की। दोनों ने 'द अदर' को सामने रखकर अपने को संगठित विकसित किया। अतः दलित और मुसलमान दोनों ही अपने-अपने नबी में कोई कमजोरी नहीं देख सकते। अब दोनों ही उनके पवित्र क्षेत्र के विषय हैं। अतः दोनों ने ही जो कुछ भी कहा अथवा किया है, वह अन्तिम और अनुल्लंघनीय है। स्वभावतया, जो भी उनकी आलोचना करता

है वह शैतान है, और सम्प्रदाय का कोई भी आदमी उतनी दूर तक अपना बलिदान नहीं दे सकता। एक दौर था जब मुहम्मद साहेब और डॉ. अम्बेडकर दोनों ही 'रैडिकल' थे, लेकिन अब ये दोनों अपने-अपने समुदायों के पूज्य हैं। इस स्थिति में आज ये दोनों ही सामुदायिक दृढ़ीकरण और राजनीतिक सत्ता के प्रभावशाली उपकरण हैं। ब्राह्मण-विरोधी दलित नेतृत्व नया-ब्राह्मण है, और इसके साथ ही उसके पास बहुत-सारी सुविधाएँ हैं। अब ये शीघ्र ही निहित स्वार्थों के एजेण्ट्स बन जायेंगे। जब तक ब्राह्मणों के पास 'मनुस्मृति' है, और दलितों के पास 'कांग्रेस और गाँधी ने अछूतों के लिए क्या किया है?' है, तब तक दोनों ही अपने-अपने शास्त्रों के शिकार बने रहेंगे।

लेकिन डॉ. अम्बेडकर में लोकतान्त्रिक सम्भावनाएँ हैं, जिनके लिए उनके पास विचार और परिप्रेक्ष्य हैं, लेकिन इन्हें मानने में अभी समय लगेगा। मुझे सन्देह है कि दलित यह काम अपने ही कर सके। इनके सुविधा-प्राप्त लोगों ने डॉ. अम्बेडकर में अपना निहित स्वार्थ देख लिया है। सम्भव है, दलित क्षेत्र का कोई तेजस्वी व्यक्ति लोकतन्त्र-विरोधी ईमानदार हेजीमनी तैयार करे जो डॉ. अम्बेडकर को खारिज न करती हो।

●

# बाबा साहेब अम्बेडकर पर रामविलास शर्मा की दृष्टि

साम्राज्यवाद-विरोधी राष्ट्रवाद का एक दौर था जब महात्मा गाँधी भारतीय इतिहास के नायक थे और बी. आर. अम्बेडकर खलनायक। लेकिन डॉ. अम्बेडकर के विचारों के प्रचार-प्रसार के साथ आये दलितवादी तूफान ने गाँधी प्रतिमा का विखण्डन किया है और सामाजिक रूपान्तरण के वर्तमान दौर के डॉ. अम्बेडकर नायक हैं और गाँधी खलनायक। कभी किशोर नक्सल आंदोलन ने भी गाँधी-विखण्डन का भरपूर प्रयास किया था। डॉ. रामविलास शर्मा ने अपनी पुस्तक *गाँधी, अम्बेडकर, लोहिया और भारतीय इतिहास की समस्याएँ* (वाणी प्रकाशन, नयी दिल्ली, 2000) में ऐसे किसी उत्साही विवाद से बचते हुए कुछ एक सर्वमान्य मानकों के सन्दर्भ में गाँधी और अम्बेडकर (रामविलास जी हमेशा मराठी भाषा के अनुसार 'आम्बेडकर' लिखते हैं) की सीमाओं एवं उपलब्धियों की मीमांसा की है और उनमें निहित प्रेरक एवं विधायी सम्भावनाओं का रेखांकन भी किया है। डॉ. अम्बेडकर के अन्तर्विरोधों एवं बहुत-सारी राजनीतिक एवं वैचारिक सीमाओं को रेखांकित करते हुए भी डॉ. शर्मा भारत की समकालीन चुनौतियों के सन्दर्भ में उन्हें महत्त्वपूर्ण बताते हैं–

> *अम्बेडकर विधि-विशेषज्ञ थे, अर्थशास्त्री थे, इतिहास विवेचक थे, धर्म और दर्शन के विद्वान् थे। उन्होंने अपने लेखन में अनेक ऐसे सूत्र दिये हैं जिनके आधार पर भारतीय इतिहास को हम पूँजीवादी विवेचकों के दुष्प्रभाव से मुक्त कर सकते हैं। (रामविलास शर्मा, पृ. 638)*

इस प्रकार डॉ. अम्बेडकर की विधायी भूमिका केवल दलितों के उद्धार तक सीमित नहीं है। विभिन्न सन्दर्भों में उन्होंने जो कुछ लिखा है उसका सम्बन्ध सारे देश की जनता से है–

> *उन्होंने जो कुछ लिखा, उसका गहरा सम्बन्ध आज के भारत और इस देश के इतिहास से है। शूद्रों के उद्धार के लिए उन्होंने जीवन-भर काम किया पर उनका लेखन केवल शूद्रों के लिए महत्त्वपूर्ण नहीं है। उन्होंने दर्शन, इतिहास, राजनीति, आर्थिक*

*विकास आदि अनेक समस्याओं पर विचार किया जिनका सम्बन्ध सारे देश की जनता से है। (वही, पृ. 486)*

स्पष्ट है, अपनी इस पुस्तक में रामविलास जी ने डॉ. अम्बेडकर को दलित मसीहा के रूप में कम, राष्ट्र-निर्माण के वृहत्तर विधायी सन्दर्भों में अधिक देखा-समझा है। इस रूप में रामविलास द्वारा डॉ. अम्बेडकर का विवेचन-मूल्यांकन बहुत महत्त्व का है।

सर्वप्रथम डॉ. शर्मा उस किशोर अम्बेडकर के 'धैर्य और वीरता' का अभिवादन करते हैं जिसके बल-बूते, उपेक्षा और हिकारत के बीच, उसने अपनी शिक्षा पूरी की। तत्पश्चात् लेखक उनके विचारों एवं शोधी निष्कर्षों की विवेचना करता है, जो साम्राज्यवादी निष्कर्षों एवं स्थापनाओं का खण्डन करते हैं। उनके तीन प्रमुख निष्कर्ष हैं जिनका यहाँ रेखांकन अपेक्षित है :

## (1) आर्य-द्रविड़ विमर्श

अंग्रेज भारत में आक्रान्ता थे और अंग्रेजी-राज की प्रामाणिकता के लिए उन्हें ऐतिहासिक-वैचारिक आधार और साथ ही एक विभक्त भारतीय समाज चाहिए था ताकि उनकी शासकीय चौधराहट की अनिवार्यता बनी रहे। भारत में अंग्रेजी शासन को कायम रखने के लिए यह आवश्यक था। डॉ. शर्मा की समझ है कि यह कार्य उन्होंने आर्य-द्रविड़ विमर्श के माध्यम से उत्तर एवं दक्षिण भारत के बीच मानसिक-सामाजिक टकराव पैदा करके भी करना चाहा था। उन्होंने अपने पश्चिमी नस्ली प्रारूप को भारत पर लागू किया– आर्य गोरे थे और द्रविड़ काले, आर्य एक नस्ल के थे और द्रविड़ दूसरी नस्ल के, द्रविड़ भाषा-परिवार एक था और आर्य भाषा-परिवार दूसरा, आर्य आक्रान्ता थे और द्रविड़ आक्रान्त, आर्य विजेता थे और द्रविड़ विजित, आर्यों ने द्रविड़ों की संस्कृति और जीवन-पद्धति को समाप्त कर उनका आर्यीकरण किया, इत्यादि। अगर यह सब सही है तो अंग्रेजों का भारत में आना और राज करना, लूटना और अपनी संस्कृति को आरोपित करना ऐतिहासिक दृष्टि से एक स्वाभाविक घटना थी। अर्थात् अंग्रेजी-राज का ऐतिहासिक औचित्य था। इस विघटनवादी वैचारिकी का अपेक्षित प्रभाव भी पड़ा। रामास्वामी पेरियार की 'जस्टिस पार्टी' और उनसे प्रेरित डी.एम.के. आन्दोलन इस 'साम्राज्यवादी' वैचारिकी से प्रभावित–प्रेरित थे। 'जस्टिस पार्टी' राष्ट्रीय मुक्ति आन्दोलन की मुखालफत करती थी और राज के साथ थी और डी.एम.के. का आरम्भिक दौर राष्ट्रीय एकता एवं अखण्डता की दृष्टि से निरापद नहीं था। डॉ. अम्बेडकर ने 'जस्टिस पार्टी' के वक्तव्यों एवं क्रियाकलापों पर कोई प्रतिकूल टिप्पणी नहीं की है, लेकिन उन्होंने

अपने लेखन में आर्य-द्रविड़ समस्या को लेकर जो निष्कर्ष दिये, वे प्रचलित साम्राज्यवादी निष्कर्षों के प्रतिकूल थे, जो सोचने-समझने के लिए महत्त्वपूर्ण सूत्र प्रदान करते हैं। डॉ. अम्बेडकर के निष्कर्ष निम्नांकित हैं—

1. द्रविड़ शब्द संस्कृत शब्द तमिल का रूपान्तर है।
2. द्रविड़ केवल दक्षिण भारत की भाषा नहीं बल्कि आर्यों के आने से पहले, समूचे भारत की भाषा थी।
3. द्रविड़ों का ही दूसरा नाम नाग था। नाग और दस्यु भी एक ही थे। नागों ने उत्तर भारत में भी साम्राज्य स्थापित किये, लेकिन उत्तर भारत में वे अपनी भाषा छोड़कर आर्य भाषा बोलने लगे।
4. भारत के लोग किसी समय गण-सभाओं में रहते थे, जिनमें कुछ द्रविड़ भाषी थे और कुछ आर्य-भाषी।
5. आर्य एक जन-समुदाय का नाम था, जो एक विशेष संस्कृति से बँधा हुआ था और उसे सुरक्षित रखना चाहता था। जो इसे स्वीकार करता था, वह आर्य था। आर्य नाम की कोई नस्ल नहीं थी। 'दस्यु' भी अनार्य इसलिए बना था कि उसके रीति-रिवाज कुछ भिन्न थे।
6. यह धारणा गलत है कि आर्य आक्रान्ता थे, और वे भिन्न नस्ल के थे। (देखें, वही, पृ. 485-89)।

डॉ. शर्मा तत्कालीन सन्दर्भों में इन निष्कर्षों को बहुत महत्त्वपूर्ण मानते हैं। डॉ. अम्बेडकर द्वारा नस्ली आक्रान्ता-आक्रान्त की धारणा का नकारा जाना महत्त्व रखता है। इतना ही नहीं, उन्होंने आर्य-अनार्य या आर्य-द्रविड़ सम्बन्धी विवेचन में भाषा और गण-समाजों को आधार बनाया और भाषागत आदान-प्रदान की ओर ध्यान खींचा। इसके साथ ही उन्होंने आर्यों एवं द्रविड़ों की एक-देशजता के सिद्धान्त को भी सप्रमाण स्थापित किया। इस स्थापना में उन्होंने अनेक पश्चिमी विद्वानों की स्थापनाओं का खण्डन भी किया, जिनसे जाने-अनजाने भारत में अंग्रेजी-राज की स्थापना का औचित्य प्रमाणित होता था। सारांश यह कि डॉ. अम्बेडकर ने साम्राज्यवाद विरोधी वैचारिकी के सामाजिक, भौगोलिक एवं भाषिक औचित्य को प्रतिपादित किया।

## (2) आर्य-शूद्र विमर्श

डॉ. शर्मा ने डॉ. अम्बेडकर के आर्य-द्रविड़ विवेचन के सन्दर्भ में प्रमुखतः उनकी पुस्तक 'द अनटचेबल्स' (1948) और एक निबन्ध 'शूद्राज ऐण्ड द काउण्टर रिवोल्यूशन' (यह निबन्ध बाबा साहेब की राइटिंग्ज ऐण्ड स्पीचेज के खण्ड तीन में संकलित है) को आधार बनाया है। आर्य-शूद्र विमर्श के सन्दर्भ में वह उनकी चर्चित

पुस्तक "हू वेयर द शूद्राज?" (1946) को आधार बनाते हैं। आर्य-शूद्र विमर्श भी अंग्रेजी-राज के दौर में आरम्भ हुआ था और इससे भी भारत में अंग्रेजी-राज का औचित्य स्थापित होता था, और इसके उसे राजनीतिक लाभ भी मिलते थे, क्योंकि यहाँ भी नस्ली विभेद, आक्रान्ता-अक्रान्त, विदेशी-देशी, जैसी विघटनकारी अवधारणाओं को पुष्ट एवं प्रचारित किया जाता था। डॉ. अम्बेडकर ने इन स्थापनाओं का डटकर खण्डन किया और कुछ निष्कर्ष दिये, जो अद्यतन सन्दर्भों में भी प्रासंगिक हैं–

1. ऋग्वेद में प्रयुक्त आर्य, अनार्य, दस्यु आदि शब्दों का नस्ली सन्दर्भ नहीं है।
2. आर्यों का भी मूल निवास भारत ही था।
3. आर्यों, दस्युओं और शूद्रों में कोई नस्ली भेद नहीं था।
4. ऋग्वेद में भी वर्णव्यवस्था को लेकर कोई मतैक्य नहीं है। इसे दैवीय भी बताया गया है और नैसर्गिक भी। 'पुरुष सूक्त' पुरोहितों द्वारा बाद में जोड़ा गया है, ताकि वर्ण-व्यवस्था को दैवीय बताकर 'सनातन' बनाया जा सके।
5. आरम्भ में शूद्र किसी वर्ग या वर्ण का सूचक नहीं था, बल्कि गण का नाम था जो आर्य था। आर्यों में यह क्षत्रिय था और कभी इतना शक्तिशाली एवं महत्त्वपूर्ण था कि प्राचीन आर्य समुदाय के सबसे प्रसिद्ध एवं शक्तिशाली राजा शूद्र हुए।
6. ऋग्वेद का समाज आदिम मानव समाज नहीं है। अन्य प्राचीन समाजों में भी ब्राह्मण (पुरोहित), क्षत्रिय (सैन्य वर्ग), वैश्य (व्यापारी वर्ग) और शूद्र (शिल्पकार एवं श्रमिक वर्ग) मिलते हैं।

इस प्रकार 'सूझ-बूझ के अनुसन्धानकर्त्ता' डॉ. अम्बेडकर ने द्विज-शूद्र विमर्श को नस्ली एवं बाह्य आक्रान्ता तथा देशी आक्रान्त के साम्राज्यवादी सन्दर्भ से अलग किया और आर्य-शूद्र विभाजन को उत्पादन के साधनों एवं गण-समाजों से उत्पन्न सामाजिक विभाजन से जोड़कर एक स्वाभाविक, सार्वभौम सामाजिक प्रक्रिया के रूप में देखा। रामविलास शर्मा के अनुसार डॉ. अम्बेडकर की यह दृष्टि 'साम्राज्य-विरोधी और सामन्त विरोधी' भी है–

> *द्विज और शूद्र के भेद को नस्ल के सिद्धान्त से जोड़कर साम्राज्यवादियों ने एक ओर उत्तर और दक्षिण के निवासियों में शत्रु-भाव पैदा किया, दूसरी ओर उत्तर और दक्षिण भारत के दोनों भागों में द्विज और शूद्र के भेद को नकली रूप देकर उन्होंने राष्ट्रीय आन्दोलन में फूट डालने का प्रयास किया। इसलिए इस धारणा का खण्डन साम्राज्य-विरोधी कार्य था (पृ. 520)।*

### (3) प्राचीन भारतीय अर्थव्यवस्था

अंग्रेजी-राज समर्थक विद्वानों ने यह स्थापना दी थी कि अंग्रेजों के आगमन से पूर्व भारतीय अर्थव्यवस्थाओं एवं समाज अत्यन्त पिछड़ी एवं अराजक स्थिति में थे, कि अंग्रेजों ने इसे कानून एवं व्यवस्था और आर्थिक विकास दिया। ऐसी स्थापना से अंग्रेजी-राज के भारत में कायम रहने का नैतिक आधार मिलता था। अर्थात् भारत में अंग्रेजी-राज ऐतिहासिक आवश्यकता था। स्वयं अंग्रेजी शासन इस साम्राज्यवादी समझ का शिकार था और लगभग समूचा भारतीय मार्क्सवादी इतिहास-लेखन भी। लेकिन मार्क्सवादी विद्वान रामविलास शर्मा ने अपनी विभिन्न पुस्तकों, विशेषतः **भारत में अंग्रेजी-राज और मार्क्सवाद,** दो खण्ड, (1982) एवं **मार्क्स और पिछड़े हुए समाज** (1986) में इस 'दुष्प्रचारित' साम्राज्यवादी स्थापना का खण्डन किया और 'पुनरुत्थानवादी मार्क्सवादी' कहे जाने का खतरा मोल लेते हुए अपनी शोधों की रोशनी में अंग्रेजी-राज के पूर्व के भारत की आर्थिक स्थिति, उद्योग-व्यवसाय का विकसित विस्तीर्ण स्वरूप, यूरोप की तुलना में विकसित भारतीय नगर केन्द्रों की स्थापना, उन्नत खेती, पगार-व्यवस्था, मुद्रा-चलन, इत्यादि पर सोदाहरण प्रकाश डाला और बताया कि जब भी केन्द्रीय सत्ता कमजोर और विघटित हुई है और संकीर्ण उद्धत सामन्तों का प्रादुर्भाव हुआ है, विदेशी आक्रान्ता सफल हुए हैं। इस दृष्टि से 12वीं और 18वीं सदियों के भारत में अद्भुत साम्य है। उनकी यह भी समझ थी कि अंग्रेजी सत्ता हमेशा आक्रान्ता, बाह्य और शोषक सत्ता के रूप में भारत में रही और इसने भारत को आर्थिक, सामाजिक एवं सांस्कृतिक तीनों ही दृष्टियों से तबाह किया।

डॉ. शर्मा को अपनी इस समझ की पुष्टि डॉ. अम्बेडकर के अधूरे शोध-प्रबन्ध 'प्राचीन भारत में व्यवसाय' से मिली, जिसे उन्होंने 1913-15 में कोलम्बिया विश्वविद्यालय में एम.ए. उपाधि हेतु लिखा था। डॉ. अम्बेडकर ने इस शोध-प्रबन्ध में विभिन्न पश्चिमी विद्वानों के अध्ययनों की रोशनी में प्राचीन भारत की आर्थिक समृद्धि, सभ्यतागत विकास और व्यापारिक विस्तार पर सविस्तार लिखा है। उनकी दृष्टि में प्राचीन भारत के व्यापारिक सम्बन्ध सुदूर यूनान, रोम, मिस्र बेबीलोनिया और फिलिस्तीन तक फैले हुए थे। बौद्ध जातकों में 3-3 मील लम्बे सार्थवाहों का उल्लेख है। इस समृद्धि के प्रमाण अकबर और शाहजहाँ तक पर्याप्त मिलते हैं। लेकिन अंग्रेज व्यापारियों ने सत्ता पर अधिकार कर भारतीय उद्योग, व्यवसाय एवं कृषि को तहस-नहस किया, शहरों को खँडहर बनाया, जिससे देश का ग्रामीणीकरण हुआ, सत्ता का बर्बर उपयोग कर देश को लूटा और भारत हर दृष्टि से विपन्न हो गया। (देखें पृ. 501) डॉ. अम्बेडकर के अध्ययन की रोशनी में डॉ. शर्मा का अभिमत निम्नांकित है : "अंग्रेजों ने शस्त्रबल से जो अपनी स्थिति 18वीं सदी के संसार

में बनायी, वह स्थिति उनसे पहले उस समय के ज्ञात संसार में भारत ने अपनी आर्थिक क्षमता से बनायी थी। अंग्रेजी-राज में भारत की दशा में किस तरह का परिवर्तन हुआ, उसका वर्णन अम्बेडकर ने विस्तार से किया है" (पृ. 501) स्पष्टतः डॉ. अम्बेडकर के निष्कर्ष साम्राज्य-विरोधी हैं। अन्ततः डॉ. अम्बेडकर ने एम.ए. की उपाधि हेतु जो शोध-प्रबन्ध प्रस्तुत किया था, उसका शीर्षक था, 'एडमिनिस्ट्रेशन ऐण्ड फिनान्स ऑफ ईस्ट इण्डिया कम्पनी' (1915), जिसका यह सारगर्भित वक्तव्य ध्यातव्य है : "इंग्लैण्ड ने भारत के सोने और चाँदी के भण्डार में कुछ नहीं जोड़ा है; उल्टे उसने भारत को खाली कर दिया है, इसे विश्व का नाबदान बना दिया है। उसका अवदान गैर-आर्थिक क्षेत्रों में है, लेकिन यह इतना विराट् है कि इसे सिक्कों में नहीं तौला जा सकता।" (राइटिंग्स ऐण्ड स्पीचेज, खण्ड-6, पृ. 48)

यहाँ भी अंग्रेजी-राज की आर्थिक लूट का रेखांकन स्पष्ट है। लेकिन रामविलास जी अंग्रेजी सत्ता के किसी भी प्रकार के अवदान को खारिज करते हैं। उनका डॉ. अम्बेडकर पर यह आरोप भी है कि वे सामाजिक-राजनीतिक सवालों को आर्थिक सवालों से काटकर देखते हैं। उनका यह आरोप काफी हद तक सही है। आर्थिक एवं सामाजिक-राजनीतिक मुद्दों को अलग-अलग देखने और सामाजिक प्रश्नों को आर्थिक आधार के ऊपर रखने का ही परिणाम है कि दलित मुक्ति आन्दोलन अन्धी गली में पहुँचा-सा लगता है। वर्ग-संघर्ष की प्रक्रिया कमजोर हुई है और जात-पाँत एवं सम्प्रदाय-धर्म से जुड़े प्रश्न प्रमुख राजनीतिक सरोकार बने हुए हैं और पूँजीवाद सुरक्षित और मोटा-ताजा होता जा रहा है। डॉ. शर्मा का यह सोचना सही है कि वर्ग-चेतना के बिना दलित मुक्ति असम्भव है। जो भी हो, लेकिन अंग्रेजी सत्ता के आर्थिक शोषण को सामने लाकर डॉ. अम्बेडकर ने भी साम्राज्यवाद-विरोध की वैचारिक भूमिका निभायी थी, जो वर्तमान नव-साम्राज्यवादी दौर में प्रासंगिक है।

**असहमतियाँ**—डॉ. रामविलास शर्मा ने जगह-जगह डॉ. अम्बेडकर की कतिपय स्थापनाओं से अपनी असहमतियों को रेखांकित किया है और उनमें व्याप्त अन्तर्विरोधों की तरफ भी ध्यान खींचा है।

1. महत्त्वपूर्ण असहमति, भारतीय जीवन-मूल्यों को लेकर है। डॉ. अम्बेडर का मानना है कि अप्रतिरोध और अपरिग्रह प्रमुख भारतीय जीवन-मूल्य हैं। उनकी दृष्टि में त्याग एवं सन्तोष जैसे जीवन-मूल्य पीड़ादायी अर्थव्यवस्था का रैशनलाइजेशन हुआ करते हैं। दरअसल, भारतीय जीवन मूलतः उद्भिजीय और निष्क्रिय रहा है। यहाँ जीवन की अवधि और विस्तार का महत्त्व रहा, स्तर एवं गुणवत्ता का नहीं। यहाँ बाहर से आक्रान्ता आते रहे और देश पराजित होता रहा। डॉ. शर्मा ऐसी स्थापनाओं को साम्राज्यवादियों द्वारा सचेतन निर्मित एक मिथक के रूप में देखते हैं, जिससे

भारतीय विद्वान् भी प्रभावित रहे। रामविलास का मानना है कि भारतीय जीवन-मूल्यों के केन्द्र में 'रामायण' और 'महाभारत' जैसे महाकाव्य तथा 'गीता' जैसी पुस्तकें रही हैं जिनमें कहीं भी समर्पण का भाव नहीं है। दूसरा यह कि अगर कुछ आक्रान्ता जीते हैं तो बहुतों को लड़कर खदेड़ा भी गया है। सिकन्दर को लौट जाना पड़ा था, हूणों को भगाया गया था। अंग्रेजों को भी लड़कर ही भगाया गया। तुर्कों की सामरिक मोर्चे पर अवश्य जीत हुई लेकिन सामाजिक-सांस्कृतिक मोर्चे पर पराजित हुए और उन्हें अपनी जातीयता खोनी पड़ी, जबकि यूनान में तुर्क जातीयता आज भी जीवित है। यही स्थिति शकों और कुषाणों की हुई और आभीरों और गुर्जरों की भी। गौतम बुद्ध ने जरूर अप्रतिरोधी जीवन-बोध दिया था, लेकिन बौद्ध सामन्त भारत के बाहर या भीतर कभी युद्ध करने से पीछे नहीं हटे। अंग्रेजों को भी भारत में राज स्थापित करने में लगभग 250 वर्ष लगे और अनेक युद्ध लड़ने पड़े, और वे अपनी वीरता से नहीं जीते, बल्कि आन्तरिक फूट और तिकड़म का लाभ उठाकर जीते। डॉ. शर्मा का कहना है कि डॉ. अम्बेडकर इन तथ्यों की अनदेखी करते हैं। डॉ. शर्मा की दृष्टि में, "मनुष्य का व्यवहार उसके जीवन की परिस्थितियों और उसके वर्गहितों द्वारा निर्धारित होता है। धार्मिक विश्वास और नैतिक आदर्श इन वर्गहितों के पीछे चलते हैं।"(पृ. 542-44)

**2.** डॉ. अम्बेडकर से डॉ. रामविलास शर्मा की दूसरी महत्त्वपूर्ण असहमति जात-पाँत के सम्बन्ध में है। डॉ. अम्बेडकर जात-पाँत और जातीयता को उनके अनिवार्य आर्थिक-सामाजिक आधारों से काटकर देखते हैं। 1935 के संविधान में अनुसूचित जातियों को रेखांकित किया गया। डॉ. अम्बेडकर ने इसे 'सौभाग्य' की बात कहा और यह भी कहा कि अब झगड़ा समाप्त हो गया। लेकिन वे जन्मना जातिगत स्थिति को संवैधानिक स्वरूप प्रदान कर 'अछूत हमेशा अछूत बने रहें' की स्थिति पक्की कर रहे थे। 1932 में अनुसूचित जातियों की पहचान के दौरान चमड़ा उद्योग से जुड़े 32 लाख समृद्ध शूद्रों को सूची से निकाल दिया गया। डॉ. अम्बेडकर ने 'साफ-सुथरा' काम करनेवाले धनी चमारों को दलितों से अलग करने को 'गलत' कहा, क्योंकि, "हिन्दू सामाजिक जीवन का नियम यह है कि जो एक बार अछूत हो गया वह सदा अछूत रहेगा"। (पृ. 567) डॉ. अम्बेडकर का यह तर्क अछूतपन को खत्म करनेवाला नहीं। बल्कि इसे बनाये रखनेवाला था। ताकि, 'अलगाव के आध ार पर अछूतों को विशेष राजनीतिक छूट मिल सके'। (पृ. 567) डॉ. अम्बेडकर यह नहीं समझ सके कि इससे अछूतपन को बनाये रखने में विकसित एवं सशक्त अछूतों का निहित स्वार्थ विकसित होगा।

डॉ. अम्बेडकर जाति-प्रथा को हिन्दू समाज की विशेषता बताते हुए कहते हैं कि इसका आधार आर्थिक नहीं बल्कि धार्मिक है। डॉ. शर्मा का कहना है कि जाति-प्रथा भारतीय हिन्दुओं में ही नहीं, ईरान, मिस्र और यूनान जैसे देशों में भी रही है, जहाँ हिन्दू नहीं थे। अगर इसका आधार धार्मिक है तो इसे भारतीय ईसाइयों एवं मुसलमानों में नहीं होना चाहिए था। इतना ही नहीं, एक ही जाति में ऊँच-नीच का बोध क्यों दिखता है? डॉ. शर्मा ने 'साकेत जातक', 'बालीभट्ट जातक', 'महासोम जातक' तथा राईस डेविड्स की पुस्तक 'बुद्धिस्ट इण्डिया' से उद्धृत करते हुए दिखाया है कि जब बौद्ध धर्म अपनी बुलन्दी पर था तब भी जात-पाँत की प्रथा थी। एनी बेसेण्ट इंग्लैण्ड में शूद्र जैसे सामाजिक तबके के अस्तित्व को स्वीकार करती हैं। (देखें पृ. 569-70) मार्क्स और एंजेल्स ने जिस अंग्रेज सर्वहारा का वर्णन किया है वह भारतीय शूद्रों जैसा है। डॉ. अम्बेडकर यह भूल जाते हैं कि प्रत्येक व्यवस्था अपना शूद्र पैदा करती है। जो उत्पादन करता है वह शूद्र हो जाया करता है और अनुत्पादक वर्ग, जो सामन्तवाद में पुरोहित और भूस्वामी के रूप में होते हैं, उनके श्रमफल पर जीते हैं। (पृ. 527) जात-पाँत की प्रथा, ऊँच-नीच का भेद-भाव सामन्तवाद की देन है जिससे भारत में अंग्रेजी-राज ने समझौता कर लिया था। (पृ. 564) और जिसकी ओर डॉ. अम्बेडकर ने 1930 में पहली गोलमेज सभा में ध्यान भी खींचा था। अतः डॉ. शर्मा की स्थापना है कि जात-पाँत, ऊँच-नीच की प्रथा को सामन्ती सामाजिक उत्पाद के रूप में न देखकर इसे धर्माधारित बताना और इसी के आधार पर राजनीतिक अधिकारों की माँग करना, इस प्रथा को और ठोस और जड़ीभूत बनाना है। गाँधी ने भी इसे रेखांकित किया था। इतिहास ने इसे सही ठहराया है। अछूतपन की संवैधानिक अवस्थिति का राजनीतिक दोहन जोरों पर है।

**3.** तीसरी महत्त्वपूर्ण असहमति जातीयता (nationality) के सन्दर्भ में है। डॉ. अम्बेडकर हिन्दू और मुसलमान को दो जाति (nation) के रूप में देखते-समझते हैं, और इसी कारण भारत के विभाजन की माँग एवं योजना को 'निरर्थक' मानते हुए भी 'अनिवार्य' बताते हैं। अपनी पुस्तक *थाट्स ऑन पाकिस्तान* में वे मुस्लिम लीग की जिद, आक्रामक रवैया और मुस्लिम समुदाय का हिन्दू समुदाय से भावनात्मक कटाव, उनकी अलग-अलग परम्पराएँ, विश्वास एवं प्रतीकों की रोशनी में विभाजन को अपरिहार्य और भारत के हित में बताते हैं। उनकी इस सन्दर्भ में स्पष्ट घोषणा है—विभाजित भारत अविभाजित भारत से मजबूत होगा।

रामविलास जी डॉ. अम्बेडकर की इस समझ एवं निष्कर्ष से सहमत नहीं हैं। डॉ. शर्मा की मूल आपत्ति इस बात पर है कि जातीयता की पहचान के लिए डॉ. अम्बेडकर ने कोई 'वस्तुनिष्ठ कसौटी' नहीं अपनायी है। उनका आधार नितान्त

भावनात्मक है। वे इस बात की अनदेखी करते हैं कि साथ या दूर रहने की भावना परिस्थितिजन्य भी होती है। परिस्थिति के बदलते ही भावना बदल जाती है। इतना ही नहीं, भावनाएँ कई प्रकार की होती हैं–बिरादरीगत, धर्मगत, जातिगत, क्षेत्रगत इत्यादि। इसके अलावा जातीय भावना (नेशनल फीलिंग) भी होती है–हम बंगाली हैं, हम काश्मीरी हैं, हम पंजाबी हैं, इत्यादि। बंगालियत ने पाकिस्तान का विभाजन करा डाला और वहाँ धार्मिक जातीयता का बोध असहाय हो गया। पाकिस्तान बना लेकिन सिन्धी, पखतून और पंजाबी परस्पर संघर्षरत और रक्तरंजित हैं। डॉ. शर्मा की दृष्टि में जातीयता (नेशनलिटी) के दो मूल आधार हैं–आर्थिक वितरण एवं भाषा। अतः सम्प्रदाय कुछ समय के लिए जातीय चेतना को दबा सकता है, पर अन्त में विजय जातीयता की होती है। भारत में तुर्क, अफगान और मुगल आपस में लड़ते रहे हैं। ईरान और इराक के बीच युद्ध को इस्लाम नहीं रोक सका। अफगानिस्तान का उदाहरण सामने है। शिआ-सुन्नी संघर्ष एक स्थायी रक्तरंजित सन्दर्भ है। इसलिए इन सबसे यही सिद्ध होता है कि धार्मिक एकता की भावना बार-बार जातीय एकता की भावना के सामने परास्त हुई है। (देखें, पृ. 575-76) लेकिन डॉ. शर्मा की दृष्टि में जातीय बोध कोई मानोलिथिक संरचना नहीं है–एक ही जाति में अनेक धर्मों, अनेक सम्प्रदायों के लोग होते हैं। उनकी जातीय संस्कृति साम्प्रदायिक भेदभाव से ऊपर स्थापित होती है। (पृ. 579) डॉ. अम्बेडकर की सबसे बड़ी भूल यह है कि वे जातीयता और सम्प्रदाय के बारे में उनके आर्थिक-भाषाई आधार से काटकर, गडमड्ड करके सोचते हैं। (पृ. 580) वह यह नहीं देख पाते कि दोनों समुदायों को लड़ाने का काम पुरोहित और जमींदार करते हैं। वे इस बात की भी अनदेखी करते हैं कि 1857 में दोनों एक साथ लड़े थे, शिवाजी और सुभाषचन्द्र बोस की सेना में दोनों थे, गाँधीवादी आन्दोलन में मुसलमान भी थे, कम्युनिस्ट एवं अन्य क्रान्तिकारी आन्दोलनों में भी हिन्दू-मुसलमान दोनों थे। डॉ. अम्बेडकर के साथ सबसे बड़ी परेशानी यह है कि इनके बीच, "जहाँ लड़ाई की बात है, वहाँ अम्बेडकर उसे बहुत बढ़ा-चढ़ाकर देखते हैं। जहाँ सामान्य शत्रु के साथ मिलकर लड़ने की बात है वहाँ उसे भुला देते हैं।"(पृ. 576) उनके चिन्तन में वस्तुगतता का अभाव खटकता है।

**4.** डॉ. शर्मा की चौथी असहमति ब्राह्मणों और हिन्दुओं की सामाजिक भूमिका के सम्बन्ध में है। अछूतों पर अत्याचार के लिए डॉ. अम्बेडकर समूचे हिन्दुओं को दोषी ठहराते हैं, जबकि दोषी मुट्ठी भर जमींदार और पुरोहित हैं; और ये दोषी लोग जितने हिन्दुओं में हैं उतने मुसलमानों में भी हैं। (पृ. 581) दरअसल, आभिजात्य और पुरोहित वर्ग परस्पर निर्भर होते हैं और एक-दूसरे के अस्तित्व के लिए आवश्यक हुआ करते हैं। एक सामन्तवाद का भौतिक संचालन करता है और दूसरा उस

संचालन को वैचारिक आधार प्रदान करता है, उसे औचित्य प्रदान करता है। डॉ. शर्मा यह भी कहते हैं कि वर्ण-व्यवस्था उतनी विशुद्ध नहीं है, जितनी डॉ. अम्बेडकर दिखाते हैं। उन्होंने बड़ौदा के गायकवाड़ राजघराने की बात उठायी है, जिसे महाराष्ट्र के ब्राह्मण शूद्र मानते थे। इस घराने का दलित शिक्षा एवं समाज-सुधार में अवदान है। डॉ. अम्बेडकर की शिक्षा का श्रेय भी इसी परिवार को है। लेकिन इससे दो बातें स्पष्ट होती हैं–

1. अगर मराठी ब्राह्मणों की बात मान ली जाये तो इसके मायने हैं कि अंग्रेजों के आगमन से पूर्व शूद्र भी राजा था; और 2. अगर इस घराने का वर्ण उच्च था तो इसके मायने यह कि उच्चवर्ण में जन्मा कुलीन भी प्रगतिशील हो सकता था। दोनों ही बातें डॉ. अम्बेडकर की वर्ण-सम्बन्धी शुद्धतावादी धारणा को खण्डित करती हैं। (पृ. 485) डॉ. अम्बेडकर का यह कहना भी सही है कि प्राचीन भारत का सारा उपलब्ध साहित्य केवल ब्राह्मणों द्वारा लिखा गया है। इसमें बहुत-कुछ ब्राह्मण पुरोहितों (सभी ब्राह्मण पुरोहित नहीं थे) द्वारा भी रचित है और बहुत-कुछ क्षत्रियों द्वारा भी। ब्राह्मण उद्दालक, क्षत्रिय अश्वपति और अजातशत्रु के यहाँ शिक्षा लेने जाता है। डॉ. अम्बेडकर ने ब्राह्मण-क्षत्रिय संघर्ष पर भी बहुत जोर दिया है। इस संघर्ष को भूमिहीन ब्राह्मणों और भूस्वामी क्षत्रियों के संघर्ष के रूप में भी देखा जा सकता है। (पृ. 525) ऐसी सोच अधिक समाधानात्मक होती। लेकिन डॉ. अम्बेडकर ब्राह्मण-क्षत्रिय संघर्ष को उसके वर्ग से काटकर हमेशा वर्ण से जोड़ते रहते हैं।

**5.** पाँचवीं महत्त्वपूर्ण असहमति बौद्ध धर्म के पतन और वर्ण-व्यवस्था के पुनरुत्थान के सम्बन्ध में है। डॉ. अम्बेडकर बौद्ध धर्म के पतन को हिन्दुत्व की पुनरुत्थानवादी हिंसा, मुस्लिम आक्रमणों, बौद्ध भिक्षुओं के असामाजिक जीवन इत्यादि के सन्दर्भ में देखते-समझते हैं। यह सही है कि पुनरुत्थानवादी हिन्दुओं और मुसलमान शासकों ने बुद्ध मूर्तियों का विध्वंस किया और भिक्षुओं की हत्या भी की। भिक्षुओं का आमजन से कटाव भी स्वाभाविक था, जिसके चलते बौद्ध धर्म प्रमुखतः विहारों का धर्म बना रहा है। लगता है, इस देश में कभी बौद्ध समाज नहीं बना, बौद्ध धर्म भले रहा हो और वह भी केवल राजधर्म के रूप में। डॉ. शर्मा बाबा साहेब के विवेचन को पर्याप्त नहीं मानते। इनका मानना है कि बौद्ध धर्म के पतन के प्रमुख कारण दूसरे थे–

1. लोकधर्म का अव्याहत चलन; 2. वैदिक पुरोहितों का आमजन के पुरोहित के रूप में बने रहना; 3. बौद्ध विहारों की अकूत समृद्धि, जिससे ब्राह्मण वंचित किये गये थे और ब्राह्मण-भिक्षु संघर्ष बहुत तीव्र था; 4. अग्रणी बौद्ध भिक्षुओं का पलायन या उनका संहार और सामान्य भिक्षुओं का चलन जो 'पटु' ब्राह्मणों की तुलना में

'हीन' थे; और सर्वोपरि, 5. वर्णधर्म की आर्थिक-सामाजिक प्रासंगिकता। डॉ. शर्मा का मानना है कि अनुत्पादक एवं अनुपादेय विचारधारा कायम नहीं रखी जा सकती, और वर्णधर्म की वापसी प्रमुखतः उसकी प्रगतिशील प्रासंगिकता के चलते है :

> *वर्णव्यवस्था पुराने समाज के रक्त सम्बन्धों को तोड़कर उभरी थी, जो युगीन सन्दर्भों में प्रगतिशील थी। अगर श्रमण धर्म वर्ण-संहारक था तो पुरोहित धर्म वर्ण प्रदायक। तो प्रश्न है कि कौन इतिहास की प्रगतिशील भूमिका के साथ? (पृ. 535)।*

आशय यह कि सामन्ती समाज का उदय और तदनुरूप समाज का वर्गगत विभाजन सामाजिक विकास की अगली मंजिल थी। अपने से पूर्व एवं बाद की समाज व्यवस्थाओं की तरह इसने भी अपने किस्म का गुलाम पैदा किया। महाभारत में जगह-जगह भीष्म के कथनों और अर्जुन की युद्ध से विरक्ति के कारणों में उन पुराने रक्त सम्बन्धों पर आधारित गण समाजों की अनुगूँज सुनी जा सकती है, जिनकी वापसी इतिहास धारा के प्रतिकूल थी। कृष्ण—धर्म मूलतः वर्णाधारित मर्यादाओंवाला धर्म है, यद्यपि यह कभी शुद्ध नहीं रहा। (पृ. 536) निष्कर्षतः यह कहा जा सकता है कि डॉ. अम्बेडकर आधारगत प्रश्नों को दरकिनार कर केवल अधिरचना से जुड़े ऊपरी प्रश्नों को केन्द्रस्थ करते हैं, जहाँ संघर्ष तो बहुत दिखता है लेकिन समाधान नहीं है।

**6.** छठीं महत्त्वपूर्ण असहमति डॉ. अम्बेडकर द्वारा गाँधी, कांग्रेस और स्वाधीनता संग्राम के आकलन-मूल्यांकन को लेकर है। ये जमाने के सर्वाधिक महत्त्वपूर्ण मुद्दे हैं, और विभिन्न सामाजिक ताकतें अपने-अपने हित बोध के दायरे में प्रतिक्रिया व्यक्त कर रही थीं। डॉ. अम्बेडकर कांग्रेस को हिन्दू संगठन और गाँधी जी को हिन्दू नेता मानते थे। इसी प्रकार वे दलितों को एक गैर हिन्दू अल्पसंख्यक जमात मानते थे। उनके और मुस्लिम लीग के बीच ये ही मिलन-बिन्दु थे। अतः 1928 में साइमन कमीशन के समक्ष उन्होंने दलितों के लिए पृथक् निर्वाचन क्षेत्र की माँग रखी थी। दलित समस्याओं के समाधान के लिए कांग्रेस के कलकत्ता अधिवेशन (1917) में कुछ प्रस्ताव पारित हुए थे और नीचे की कमेटियों को अपेक्षित निर्देश भी दिये गये थे। प्रतिक्रियास्वरूप मुम्बई की दो दलित सभाओं में अंग्रेजी-राज के प्रति वफादारी व्यक्त की गयी थी। इसमें कुछ भी अप्रत्याशित नहीं था। महाराष्ट्र के ब्राह्मणों की दलितों के प्रति क्रूर आचरण की यह परिणति थी। वैसे 1885 में ही उसका स्वरूप बदलने लगा था। किन्तु डॉ. अम्बेडकर पर उपर्युक्त दलित-दृष्टि, कुछ एक उतार-चढ़ावों के बावजूद, 1930 से 1946 तक हावी रही। इस पर आश्चर्य इसलिए होता है कि डॉ. अम्बेडकर एक बड़े विद्वान् एवं विश्लेषक थे। उन्हें ठीक से मालूम

था कि मुस्लिम लीग वाइसराय डफेरिन की मानसिक पुत्री थी और पृथक् निर्वाचन की अवधारणा भी भारतीय समाज के साम्प्रदायिक विभाजन के उपकरण के रूप में लायी गयी थी। डॉ. अम्बेडकर ने प्रथम गोलमेज सभा में अंग्रेजी-राज को दलितों के प्रति 'कृतघ्नता' के लिए बहुत कोसा था, क्योंकि जिन दलितों ने अंग्रेजी-राज की स्थापना के लिए खून दिया था उन्हें 1890 तक आते-आते सेना में भर्ती से रोक दिया गया और महार रेजिमेण्ट को भी भंग कर दिया गया। उस भाषण में उन्होंने यह भी कहा था कि अंग्रेजी-राज की शिक्षा-नीति प्रमुखतः ऐंग्लो इण्डियन समुदाय तक सीमित थी। उन्होंने अंग्रेज प्रशासकों को सिद्धान्तहीन और अवसरपरस्त बताया था। दरअसल, 1890 तक आते-आते अंग्रेजी-राज ने सामन्ती तबकों से समझौता कर लिया था। इसके बावजूद, डॉ. रामविलास जी का कहना है, डॉ. अम्बेडकर यह नहीं देख पा रहे थे कि उनके 'देशी सहयोगी, जिन्हें वह अस्वीकार कर रहे थे, वे क्या कह रहे थे?" (पृ. 558)। "गाँधी और उनके सहयोगी संगठन एवं अखबार दलितों के अन्याय की ओर जनता का ध्यान खींच रहे थे और छोटे-बड़े समाज-सुधार आन्दोलन भी चला रहे थे। फिर भी डॉ. अम्बेडकर गाँधी को लिंकन से भी बड़ा पाखण्डी घोषित कर रहे थे। (पृ. 558) "डॉ. अम्बेडकर ने आर्यसमाजियों के समाज-सुधार आन्दोलन की प्रशंसा की थी और स्वामी श्रद्धानन्द को दलितों का सबसे बड़ा हितैषी घोषित किया था, लेकिन साथ ही वे आर्य समाजियों की समूची विचारध ारा को समूल नष्ट करने की बात कर रहे थे। (पृ. 559-60) डॉ. अम्बेडकर ने गाँध ी के इस सुझाव की भी अनसुनी कर दी कि दलितों को अंग्रेजी-राज का विरोध करना चाहिए क्योंकि इससे भारतीयों के बीच आपसी सहयोग, विश्वास एवं सद्भाव बढ़ेगा।" (पृ. 562) डॉ. शर्मा के अनुसार, "अंग्रेजों की मदद करके अछूतों का उद्धार किया जा सकता है, यह बहुत बड़ा भम्र था, जिसे डॉ. अम्बेडकर एक अर्से तक पाले रहे।" (पृ. 513) 1857 में अवध के पासियों ने अंग्रेजों के विरुद्ध संघर्ष किया, राजपूताना और मध्य प्रदेश के भीलों और सन्थालों ने विद्रोहियों का साथ दिया। डॉ. अम्बेडकर के नेतृत्व में दलित भी यही कर सकते थे क्योंकि, स्वाधीनता-आन्दोलन से अलग रहकर निम्न जनों का उद्धार नहीं किया जा सकता था। (पृ. 594) डॉ. शर्मा का मानना है कि, "अगर डॉ. अम्बेडकर ने ऐसा किया होता तो 1946-47 की विधान-सभाओं का स्वरूप ही कुछ दूसरा रहा होता। अर्थात् स्वाधीनता-आन्दोलन के साथ रहते हुए डॉ. अम्बेडकर हिन्दू पुनर्गठन में बहुत-कुछ कर सकते थे।" (पृ. 555) मेरी भी समझ है कि बाबा साहेब द्वारा दलित मुक्ति को स्वाधीनता-आन्दोलन से न जोड़ पाना एक बड़ी राष्ट्रीय दुर्घटना है, जिसके चलते एक-दूसरे के मूल्यांकन में दोनों तरफ गलतियाँ होती रहीं और दलित राजनीति तो उस जमाने के पूर्वाग्रहों को आज भी अतिक्रमित करने की स्थिति में नहीं है।

**7.** डॉ. शर्मा की सातवीं महत्त्वपूर्ण असहमति डॉ. अम्बेडकर की धर्म एवं बौद्ध धर्म-सम्बन्धी अवधारणा से है, जो उनकी मार्क्सवाद की आलोचना का सन्दर्भ-बिन्दु भी है। रामविलास जी अपने विवेचन के लिए डॉ. अम्बेडकर के एक निबन्ध, 'बुद्ध या कार्ल मार्क्स' (राइटिंग्स ऐण्ड स्पीचेज, खण्ड–3 में प्रकाशित) पर आधारित है। डॉ. शर्मा की असहमतियाँ निम्नांकित हैं–

क. डॉ. अम्बेडकर ऐतिहासिक पीठिका में समस्याओं को नहीं देखते क्योंकि धर्म के उद्देश्य और जीवन की भौतिक उत्पत्ति के बारे में जो बातें बुद्ध और सारिपुत्त ने कही है, वही बातें उनके पूर्व ऋग्वेद के 'दार्शनिक' ऋषि महामर्षण और दीर्घतमस ने कही हैं, और बाद में मार्क्स और एंजेल्स ने भी कही हैं। (पृ. 615)

ख. भारतीय समाज को विघटन से बचाने के लिए डॉ. अम्बेडकर नैतिकता पर बहुत बल देते हैं और बौद्ध धर्म को एक विवेकवादी नैतिक धर्म के रूप में देखते हैं। लेकिन धर्म-सम्बन्धी उनका विवेचन राजनीतिक महत्त्वाकांक्षाओं से भी प्रेरित है और इसलिए यह विभाजक है, संयोजक नहीं है। (पृ. 620-21)

ग. बौद्ध धर्म व्यक्तिगत सम्पत्ति को नकारता है, लेकिन व्यक्तिगत सम्पत्ति एक दौर में इतिहासजनित आवश्यकताओं की पूर्ति है। दरअसल, यह विकसित हुई थी, क्योंकि गण समाजों की सामूहिक सम्पत्ति जो गौतम बुद्ध का मानक सन्दर्भ है, अनुत्पादक और इसलिए अप्रासंगिक हो चुकी थी। डॉ. अम्बेडकर इस परिप्रेक्ष्य की अनदेखी करते हैं।

घ. डॉ. अम्बेड़कर विज्ञान-समम्त धर्म चाहते हैं और बौद्ध धर्म को खूब अध यन, चिन्तन एवं मनन के बाद चुनते हैं। इसमें वे फ्रान्सीसी विवेकवाद की स्थापनाओं को मूर्त होते देखते हैं। गाँधी की तरह वे भी धर्मविहीन समाज की कल्पना नहीं कर पाते। अन्तर इतना भर है कि गाँधी अपने 'सनातन' धर्म को विवेकशील बनाने के लिए प्रयासरत हैं, और डॉ. अम्बेडकर बुद्ध धर्म को। लेकिन डॉ. शर्मा का मानना है कि अगर धर्म के माध्यम से ही स्वाधीनता, समता और भाईचारा सम्भव थे तो फिर किसी 'वैज्ञानिक विचारधारा' की बात न उठती। भिक्षु धर्मरक्षित द्वारा अनूदित एवं सम्पादित 'परिनिब्बान सुत' से स्पष्ट है कि बुद्ध धर्म में भी आवागमन, पुनर्जन्म, कर्मफल, स्वर्गलोक, शव-निष्पादन में विषमता, इत्यादि वह सब-कुछ है, जिनसे डॉ. अम्बेडकर इसे मुक्त मानते थे। (पृ. 629) इसमें बुद्ध-जीवन से जुड़ी अनेक चमत्कारिक कथाएँ भी हैं। (पृ. 631) इतना ही नहीं, आर्य सत्यों में दुःख और निब्बान की अवधारणा अनिवार्यतः निराशावादी है और यह इस श्रमण विचारधारा को इहलौकिकता से काटती हैं। तुलना में वर्णाश्रम धर्म अधिक इहलौकिक और समाज-सापेक्ष है।

ङ. **द अनटचेबुल्स** में डॉ. अम्बेडकर बताते हैं कि गो-मांस खाते रह जाने के कारण (एक समय सभी खाते थे) बौद्धों को ब्राह्मणों ने 'अछूत' एवं 'अन्त्यज' घोषित कर दिया। डॉ. शर्मा इससे असहमत हैं। भवभूति के 'उत्तर रामचरित' से स्पष्ट है कि 8वीं शताब्दी में भी ब्राह्मण ऋषि गो-मांस खाते थे, यद्यपि आमजन इसे अनुचित मानने लगे थे। डॉ. अम्बेडकर की यह मान्यता भी सही नहीं लगती कि बौद्धों की देखा-देखी ब्राह्मणों ने शाकाहार अपनाया था। अगर ऐसा है तो फिर गो-मांस खाने से बौद्ध कैसे अछूत घोषित हो गये। (पृ. 40, 634-35) डॉ. शर्मा का मानना है कि गुप्तकाल की 5वीं सदी में वैष्णव मतावलम्बियों ने पशुबलि का विरोध किया। वेदान्ती आरम्भ से ही इसके आलोचक थे (डॉ. शर्मा महावीर का नाम नहीं लेते) और यह धारा चलती रही, जिसके प्रभाव में 15वीं-16वीं सदी में सन्त-सूफी आन्दोलन उभरे, जिन्होंने 'प्रेमतत्त्व पर बल दिया और हर प्रकार की हिंसा का विरोध किया। इनका शास्त्रों से भी विरोध था। इस वैष्णव आन्दोलन में शूद्रों और स्त्रियों ने भी भाग लिया था। अपनी वैष्णव भक्ति के बल पर ही रैदास ब्राह्मणों तक के पूज्य बने थे। (देखें पृ. 50, 634-36) इतना ही नहीं, बुद्ध के समय में और उनके पूर्व भी अन्धविश्वासों पर प्रहार किये जा रहे थे जिनकी डॉ. अम्बेडकर ने अनदेखी की है। (पृ. 619) डॉ. शर्मा का आरोप है कि डॉ. अम्बेडकर से इन सारे तथ्यों की अनदेखी हुई, क्योंकि उनका धार्मिक-सामाजिक अभियान राजनीतिक महत्त्वाकांक्षाओं से प्रेरित था। (पृ. 634-36)

**8.** आठवीं एवं अन्तिम महत्त्वपूर्ण असहमति डॉ. अम्बेडकर की मार्क्सवाद सम्बन्धी समझ और निष्कर्षों से है। इस सन्दर्भ में डॉ. शर्मा द्वारा उठाये गये कुछ एक बिन्दु ध्यातव्य हैं–

(1) डॉ. अम्बेडकर का मानना है कि मार्क्सवाद समाजवाद को ऐतिहासिक नियति के रूप में प्रस्तुत करता है, जिससे मनुष्य निष्क्रिय हो जायेगा, किसी ऐतिहासिक पहल में कभी कोई पहल नहीं कर सकेगा। अगर ऐसा होता तो कम्युनिस्ट पार्टी के रूप में किसी वैनगार्ड संगठन की स्थापना न की गयी होती। इतना ही नहीं, रूसी और चीनी क्रान्तियाँ इतिहास में मार्क्सवादी पहल की ज्वलन्त उदाहरण हैं।

(2) डॉ. अम्बेडकर 'हिंसा' के प्रयोग को लेकर स्पष्ट नहीं हैं। एक तरफ तो वह यह कहते हैं कि 'हिंसा' का प्रयोग पूरी तरह छोड़ा नहीं जा सकता और दूसरी तरफ साम्यवादियों पर सैद्धान्तिक रूप से हिंसक होने का आरोप लगाते हैं, जो तथ्याधारित नहीं है। (पृ. 634-36)

(3) डॉ. अम्बेडकर किसी वृहत्तर सामाजिक परिप्रेक्ष्य में थोड़े समय के लिए 'डिक्टेटरशिप' की आवश्यकता को स्वीकार करते हैं, लेकिन सर्वहारा क्रान्ति के बाद

के संक्रमणकालीन दौर में सर्वहारा की 'डिक्टेटरशिप' को अस्वीकार करते हैं। वे मार्क्स के इस कथन की भी अनदेखी करते हैं कि सर्वहारा क्रान्ति मूलतः प्रचण्ड बहुमत की पूँजीवादी अल्पमत के विरुद्ध होती है और सर्वहारा की तानाशाही उसी बहुमत की पूँजीवादी अवशेषों को मात्र समाप्त करने के लिए होता है। अगर रूस में सर्वहारा की तानाशाही का दौर लम्बा हुआ, जिसकी ओर डॉ. अम्बेडकर संकेत करते हैं तो इसके कारणों को वस्तुगत राष्ट्रीय-अन्तरराष्ट्रीय परिस्थितियों में भी देखा जाना चाहिए। (देखें, पृ. 628-29)

(4) डॉ. अम्बेडकर का यह कहना कि मार्क्स ने धर्म को आम जनता की अफीम बताया है, मार्क्स की धर्म-सम्बन्धी अवधारणा के साथ अन्याय करना है। मार्क्स ने इस कथन से ठीक पूर्व धर्म की मानवीय भूमिका को भी सम्बोधित किया है–'धर्म हृदयहीन विश्व का हृदय है', 'आत्मारिक्त परिस्थिति की आत्मा है', इत्यादि। डॉ. शर्मा यह कहना भी नहीं भूलते कि धर्म को वास्तविक मानवमुक्ति अर्थात् आर्थिक, राजनैतिक, सामाजिक एवं आध्यात्मिक मुक्ति के रूप में प्रस्तुत करना, आमजन को धर्म के नशे से उन्मत्त कर उसकी वास्तविक मुक्ति से ध्यान हटाना है प्रतिक्रियावादी ताकतें हमेशा धर्म और संस्कृति का उपयोग इसी रूप में करती रही हैं। मार्क्स को ध्यान में रखते हुए डॉ. शर्मा यह रेखांकित करते हैं कि धर्म एक विचारधारा है, एक विश्वदृष्टि है, जो खास भौतिक परिस्थितियों की उपज है और इसलिए जोर धर्म पर न देकर उन परिस्थितियों के विवेचन-विश्लेषण और उनकी आलोचना तथा उन्हें बदलने पर देना चाहिए। (देखें, पृ. 631-32)

(5) डॉ. अम्बेडकर मार्क्सवाद को केवल आर्थिक मूल्यों से जोड़ते हैं--यह आर्थिक समता दे सकता है, लेकिन भाईचारा, स्वाधीनता, नैतिकता जैसे मूल्य तो केवल बुद्धमार्ग ही सुनिश्चित कर सकता है। डॉ. अम्बेडकर की मार्क्सवाद-सम्बन्धी समझ अपर्याप्त है और धर्म-सम्बन्धी समझ अत्यधिक यूटोपियन। आध्यात्मिक एवं नैतिक मूल्यों के बीच भी कोई स्पष्टता नहीं है। (पृ. 627-29) दरअसल, डॉ. अम्बेडकर वर्णाश्रम धर्म की आलोचना में ही इतने उलझे हुए हैं कि उन्होंने न तो पूँजीवाद का कोई विश्लेषण प्रस्तुत किया है और न ही अंग्रेजी-राज में जमींदारों की भूमिका का। (पृ. 632)

## बाबा साहेब अम्बेडकर की प्रासंगिकता

दरअसल, डॉ. अम्बेडकर ने गाँधी, गाँधीवाद को और एक दौर में स्वाधीनता-आंदोलन को भी खारिज किया था और इनके विरुद्ध दलितों को आगाह भी किया था। तुलना में वे मार्क्स और रूसी क्रान्ति के प्रति जरूर संवेदनशील रहे, लेकिन मार्क्स के विकल्प में बुद्ध को प्रस्तुत कर उन्हें भी खारिज कर दिया। दलित

बुद्धिजीवियों एवं राजनेताओं द्वारा गाँधी की उग्र अवमानना और मार्क्सवाद की उग्र आलोचना की प्रेरणा डॉ. अम्बेडकर की कतिपय टिप्पणियाँ एवं स्थापनाओं से ही मिली है। मसीहा की अच्छाइयाँ भले दरकिनार हो जायें, लेकिन उसकी कमजोरियों को अनुयायी आसानी से पकड़ लेते हैं। इतिहास-बोध के अभाव के चलते समय का अन्तराल ध्यान में नहीं रहता और मनोनुकूलता प्रासंगिकता का स्थान ले लेती है। मार्क्स, गाँधी और अम्बेडकर तीनों की विरासत इस विडम्बना की शिकार है। अपने विश्लेषण में डॉ. रामविलास शर्मा यह भी रेखांकित करते हैं कि महापुरुष, वह पुरुष जो इतिहास एवं समाज को गहराई से उद्वेलित एवं संस्कारित करता है, दरकिनार नहीं किया जा सकता। अतः वे डॉ. अम्बेडकर से तमाम गम्भीर असहमतियों के बावजूद, उनकी प्रासंगिकता को रेखांकित करते हैं। वर्तमान नवसाम्राज्यवादी दौर में जब भूमण्डलीकरण और उदारीकरण की आड़ में पूँजीवाद नग्नता के साथ विश्व अर्थतन्त्र पर हावी हो रहा हो, जब पिछड़े एवं विकासशील देशों में बहुराष्ट्रीय कम्पनियाँ अपने शोषण का जाल बिछा रही हों, जब कमजोर देश पुनः आर्थिक एवं सांस्कृतिक गुलामी के कगार पर हों, जब श्रमिकों एवं अन्य कमजोर तबकों को मालिकों की मर्जी पर छोड़ा जा रहा हो, तब निश्चय ही हमें आर्थिक राष्ट्रवाद, राष्ट्रवादी संस्कृति, आत्मनिर्भर अर्थतन्त्र, श्रमिक वर्गों की ऐतिहासिक पहल की आवश्यकता है। बिना इसके किसी सक्षम प्रतिरोध की राष्ट्रीय राजनीति नहीं विकसित की जा सकती। इन सन्दर्भों में डॉ. अम्बेडकर के कतिपय विचारों एवं परिप्रेक्ष्यों की प्रासंगिकता असन्दिग्ध है। डॉ. शर्मा उनके निम्नांकित अवदान को विशेष रूप से याद करते हैं—

1. आर्य-द्रविड़ एवं आर्य-शूद्र सम्बन्धों के बारे में डॉ. अम्बेडकर के विचार एवं निष्कर्ष महत्त्वपूर्ण हैं जिनका रेखांकन किया जा चुका है। इन सन्दर्भों में जो भूमिका ईस्ट इण्डिया कम्पनी और अंग्रेजी-राज ने कभी निभायी थी, वही विभाजक भूमिका अब बहुराष्ट्रीय कम्पनियाँ एवं नवसाम्राज्यवादी ताकतें निभायेंगी। अपनी प्रतियोगी अराजक बहुदलीय राजनीति, व्याप्त फिरकापरस्ती और जाति-बिरादरीवाद, सिद्धान्तहीन राजनीतिक क्षेत्रीयतावाद उनकी साजिश के शिकार हो सकते हैं। अतः डॉ. अम्बेडकर के सम्बन्धित निष्कर्षों को याद रखना आवश्यक है।
2. डॉ. अम्बेडकर ने प्राचीन भारतीय आर्थिक समृद्धि, उद्योग-धन्धों, व्यवसाय, अन्तरराष्ट्रीय व्यापारिक रिश्तों, बड़े-बड़े नगर-केन्द्रों इत्यादि की सविस्तार चर्चा की है और यह भी रेखांकित किया है कि यह स्थिति 18वीं सदी तक कायम रही। अंग्रेजी-राज ने देशी कृषि एवं उद्योग-धन्धों को तोड़ा,

भारत को लूटा एवं निर्धन बनाया, नगरों को तोड़कर देश का ग्रामीणीकरण किया और इंग्लैण्ड को समृद्ध बनाया। डॉ. अम्बेडकर के इस विश्लेषण से भारत की प्राचीन समृद्धि का ही पता नहीं चलता, इस बात का भी पता चलता है कि कोई बहुराष्ट्रीय कम्पनी और विदेशी सत्ता क्या-क्या कर सकती है? एक अर्से से स्वयं डॉ. शर्मा इस सन्दर्भ में लिखते-बोलते रहे हैं। लेकिन डॉ. अम्बेडकर के लेखन से उन्हें अतिरिक्त बल मिला है। साथ ही, डॉ. अम्बेडकर का यह पक्ष अनजाना-सा रहा है। दरअसल, डॉ. अम्बेडकर आर्थिक राष्ट्रवाद के समर्थक हैं। डॉ. अम्बेडकर के माध्यम से रामविलास जी उन बुद्धिजीवियों को, जिनमें मार्क्सवादी बुद्धिजीवी भी हैं, आगाह करना चाहते हैं जो साम्राज्यवाद की प्रगतिशील भूमिका पर लिखते-बोलते रहे हैं। वर्तमान विश्व बाजारीकरण के दौर में यह परिप्रेक्ष्य देश के आत्मनिर्भर आर्थिक विकास हेतु अपेक्षित राजनीतिक चेतना जागृत करने में सहायक हो सकता है।

3. अपने 1942 के रेडियो प्रसारण में डॉ. अम्बेडकर ने स्वाधीनता, समता एवं भाईचारा जैसे क्रान्तिकारी आदर्शों को मूर्त रूप प्रदान करने के लिए भारतीय मजदूर वर्ग की मार्गदर्शक भूमिका पर प्रकाश डाला था। (पृ. 604) इस प्रसारण में उन्होंने संसदीय लोकतन्त्र की पूँजीवादी भूमिका को भी रेखांकित किया था। मार्क्सवादी डॉ. शर्मा अम्बेडकर साहेब के इस विचार से सहमत हैं और उनका विश्वास है कि भारतीय मजदूर वर्ग ही इतिहास के इस अधूरे कार्य (सामन्ती अवशेषों एवं पूँजीवादी का खात्मा) को पूरा कर सकता है। उनका यह भी मानना है कि क्रान्तिकारी चेतना के बलबूते ही जात-पाँत बिरादरीवाद और साम्प्रदायिक संकीर्णता को अतिक्रान्त किया जा सकता है और स्वस्थ दिशा में समाज को ले जाया जा सकता है। इतना ही नहीं, उन्होंने रूसी क्रान्ति की प्रशंसा की थी और 'थोड़े समय के लिए डिक्टेटरशिप' का भी 'स्वागत' किया था ताकि 'पुराने कचरे को साफ' किया जा सके। (पृ. 638) अतः यह कहना गलत होगा कि डॉ. अम्बेडकर संविधानवाद के शिकार थे।

4. डॉ. अम्बेडकर एक सच्चे राष्ट्रवादी थे। 25 नवम्बर, 1949 को उन्होंने घोषित किया था—"मुझे इस महान् देश के भविष्य के बारे में जरा भी दुविधा नहीं है।" उन्हें विश्वास था कि संकीर्ण राजनीतिक शिविरबद्धता समाप्त होगी जिसके वे स्वयं कभी शिकार थे। यह उनके सोच में आये परिवर्तन का द्योतक तो है ही, आज के शिविरबद्ध नेताओं को चेतावनी

भी है। (पृ. 639)

अपने अम्बेडकर विमर्श का समापन डॉ. शर्मा जिस रूप में करते हैं, वह ध्यातव्य है—"डॉ. अम्बेडकर, संसदीय लोकतन्त्र को नाकाफी समझते थे, यह निश्चित है। वह राजनीतिक समानता को नाकाफी समझते थे, यह निश्चित है। आर्थिक विषमता के दूर न होने पर पीड़ितजन इस लोकतन्त्र की इमारत उड़ा सकते हैं, यह बात वह जानते थे। जैसे समाज के नये और पुराने का संघर्ष होता है, वैसे ही अम्बेडकर की विचारधारा में भी नये और पुराने का संघर्ष है। अम्बेडकर की विरासत की रक्षा जाति-बिरादरी के आधार पर संगठन बनाकर नहीं, खेत मजदूरों, गरीब किसानों और शहरी मजदूरों के वर्ग संगठन मजबूत करके, शासनतन्त्र अपने हाथ में लेकर, दलितजन अपने साथ पूरे देश की दशा में परिवर्तन कर सकते हैं।" (पृ. 641)

मन्तव्य स्पष्ट है : डॉ. अम्बेडकर के विचारों में क्रान्तिकारी सम्भावनाएँ हैं। दलितों-पीड़ितों के वर्गीय संगठन ही इस क्रान्तिकारी सम्भावना को साकार कर सकते हैं। यह उनकी ऐतिहासिक जिम्मेदारी है और इस जिम्मेदारी का निर्वहन ही अम्बेडकर-विरासत की रक्षा है। इसमें यह भी निहित है कि बिना वर्गीय संगठन बनाये दलित पुरानी मुक्ति को सामाजिक/राष्ट्रीय मुक्ति से नहीं जोड़ सकता। कार्ल मार्क्स ने यहूदी-मुक्ति के सन्दर्भ में कहा था कि यहूदियों की विडम्बना यह है कि ये यहूदी बने रहकर, अर्थात् मनुष्य बने बगैर, अपनी मुक्ति के आकांक्षी हैं। दलित बने रहकर दलित भी अपनी सामाजिक मुक्ति चाहता है। जात-पाँतबद्ध भारतीय राजनीति आज इसी विडम्बना की शिकार है। इस स्थिति को अतिक्रमित करने में डॉ. अम्बेडकर के विचार सहायक हो सकते हैं।

# डॉ. अम्बेडकर : धर्मनिरपेक्षता एवं राष्ट्रीय एकता

पूज्य रिनपोछे जी, भिक्षुगण, प्रोफेसर रामशंकर त्रिपाठी जी, कृष्णनाथ जी एवं विद्वान् साथियो,

इस व्याख्यानमाला के संयोजक का मैं आभारी हूँ, क्योंकि उन्हीं के कारण आज मुझे इस पावन भूमि पर कुछ कहने का अवसर मिला है। जहाँ तक डॉ. भीमराव अम्बेडकर के चिन्तन के परिप्रेक्ष्य में धर्मनिरपेक्षता एवं राष्ट्रीय एकता का सवाल है, इसमें मैं सिर्फ यही कहूँगा कि डॉ. अम्बेडकर देश के गिने-चुने लोगों में थे, किन्तु उन्हें बाद में समझा गया। वह बहुत दिनों तक उपेक्षित रहे, फिर भी संघर्ष किये। काफी हद तक सफल भी हुए। उनके चिन्तन को जानना न केवल महत्त्वपूर्ण, अपितु आवश्यक है, अन्यथा उनका अभी भी सही मूल्यांकन नहीं हो सकेगा।

साम्प्रदायिकता एवं राष्ट्रीय एकता जैसे सवालों को लेकर हम लोग उलझे हुए हैं। उनके समाधान के लिए एकत्रित होकर विचार-विमर्श भी कर रहे हैं, किन्तु आज से कहीं अधिक जटिल स्थिति आजादी से पूर्व थी। आजादी हासिल करने के तुरन्त बाद जो स्थिति बनी, वह अत्यन्त दर्दनाक थी। डॉ. अम्बेडकर ने साम्प्रदायिक समस्याओं पर बहुत-कुछ लिखा है। राष्ट्रीय एकता को ध्यान में रखते हुए उन्होंने कहा कि सामुदायिक समस्याएँ कभी परिस्थिति-विशेष में साम्प्रदायिक रूप धारण कर लेती हैं। साम्प्रदायिकता कोई ऐसी चीज नहीं है जो ऊपर से आ जाती है। यह यहीं से उद्भूत है और इससे निजात भी मिल सकती है।

यह विडम्बना ही है कि आजादी मिलने से पूर्व ही देश में सामुदायिक गतिरोध पैदा हो गया। मुस्लिम लीग और कांग्रेस के बीच मतभेद उभरकर सामने आ गये। मोहम्मद जिन्ना और महात्मा गाँधी आपस में मिल भी नहीं पाये और जब मिले तब बहुत देर हो चुकी थी। इस प्रकार जो गतिरोध उत्पन्न हुआ उसे केन्द्र में रखकर विचार-विमर्श करने की जरूरत है। इतने बड़े-बड़े राजनेता जो राष्ट्र-निर्माण के लिए

अपना सर्वस्व न्योछावर करके संघर्ष कर रहे थे, न जाने किस कारणवश वे उस गतिरोध में फँस गये और अन्ततः देश का बँटवारा हुआ। डॉ. अम्बेडकर की दृष्टि में साम्प्रदायिकता एवं राष्ट्रीय एकता से बढ़कर जटिल सवाल धर्मनिरपेक्षता का नहीं था। इसीलिए उन्होंने इस मुद्दे पर खुलकर बहुत-कुछ नहीं कहा। फिर भी संविध ाान निर्माण के समय उन्होंने सरकार को 'सेक्यूलर' रहने का प्रस्ताव रखा। वस्तुतः भारत की जैसी सामाजिक संरचना है, उसमें सेक्यूलर सिद्धान्त ही समीचीन एवं श्रेयस्कर प्रतीत होते हैं, किन्तु सेक्यूलरिज़्म के सवाल से सभी सन्तुष्ट नहीं हैं। राज्य भी इस नियम का सच्चाई से परिपालन नहीं कर रहा है। वैसे भी यह विषय एकैडेमिक कम राजनीतिक अधिक बन गया है।

धर्मनिरपेक्षता एवं राष्ट्रीय एकता की अवधारणा जब से अधिक राजनीतिक बनी है, तभी से इस देश एवं देशवासियों के लिए चुनौतियाँ बढ़ गयी हैं। धर्मनिरपेक्षता शब्द एवं उसके अर्थ दोनों से भम्र पैदा हो गये हैं। समाज एकैडेमिक ही रहता तो इतनी कठिनाई न होती। इसके राजनीतिक बन जाने से ढेर-सारे सवाल उभर गये हैं। एकैडेमिक व्यक्ति राज-काज की कठिनाइयों को नहीं समझ पाता है। इसी प्रकार राजनीतिक व्यक्ति सिर्फ राजनीति की ही बात करता है, जिससे किसी भी अवधारणा का संकटग्रस्त होना स्वाभाविक है। स्वभावजनित अवधारणा में स्वार्थों की संख्या बढ़ जाती है। स्वार्थों के चलते नाना प्रकार के टकराव होते हैं। राजनीतिक मूल्यों के वस्तुनिष्ठ तर्क अवश्य होते हैं अतः उनमें स्वार्थ सन्निविष्ट रहते हैं, इसलिए संकट उभरते हैं। वैसे राजनीतिक समस्याओं का समाधान भी राजनीतिक ही होता है। जो राजनीतिक साधना में लीन हैं, वही राजनीतिक परेशानियों को जानते भी हैं। इसी प्रकार एकैडेमिक आदमी एकैडेमिक परेशानियों से वाकिफ होता है।

समस्याएँ चाहे राजनीतिक हों अथवा एकैडेमिक, उनके समाधान के लिए आत्मनिष्ठ अथवा भावुक नहीं, बल्कि वस्तुनिष्ठ और उदार बनने की जरूरत है। डॉ. अम्बेडकर न केवल राजनीति में बल्कि जीवन के किसी भी क्षेत्र में भावुकता को घातक मानते थे। 'फ्रीडम *बनाम* फेडरेशन' नामक उनके निबन्ध में इस बात को विधिवत् देखा जा सकता है। तत्कालीन राष्ट्रीय नेताओं पर अपना विचार व्यक्त करते हुए उन्होंने स्पष्ट कहा था– "सौभाग्य से मैं उन राष्ट्रीय नेताओं में नहीं हूँ। राजनीति से मेरा प्राथमिक लगाव भी नहीं है। राष्ट्रनेता बनना मेरा उद्देश्य भी नहीं है...ब्रिटेन में हुई गोलमेज वार्त्ता में गाँधी के जाने का कोई औचित्य नहीं था। किसी अन्य को भी भेजा जा सकता था, क्योंकि गाँधी भावुक थे।" डॉ. अम्बेडकर की यह सोच थी कि स्वतन्त्रता-संग्राम में लोकप्रियता को बुद्धिमत्ता से अलग रखा जाये, क्योंकि लोकप्रियता में भावुकता अभिनिविष्ट रहती है। भावुकता का प्राधान्य होने से ही देश का विभाजन हुआ। दंगे-फसाद एवं तनाव बढ़े।

वस्तुतः डॉ. अम्बेडकर का व्यक्तित्व महान था। वह कुशल समाज-सुधारक, विधिवेत्ता एवं बड़े चिन्तक थे। समाज-सुधारक होने के कारण उन्होंने हिन्दू समाज में व्याप्त कुरीतियों को खत्म करने का अथक परिश्रम किया। उन्होंने यह भी कहा कि हिन्दू समाज आदर्श समाज नहीं है। वह जातिवाद का समर्थक ढीला-ढाला महासंघ है। उसमें असमानता अनुस्यूत है। ऐसे समाज में लोकतन्त्र का संरक्षण नहीं हो सकता। मानवीय मूल्यों की स्थापना भी नहीं हो सकती। राष्ट्रीय एकता की अवधारणा भी सिर्फ एक मिथक बनकर रह जायेगी। किसी भी विभक्त अथवा असमान समाज में राष्ट्रीय एकता की कल्पना कोरी ही होगी, असली नहीं। हिन्दू समाज में व्याप्त इन विसंगतियों का कारण उन्होंने हिन्दू धर्मशास्त्रों एवं हिन्दू धर्मध्वजियों को बताया। उन्हें दोषी ठहराते हुए तरह-तरह की टिप्पणियाँ भी कीं। उनका मानना था कि भारतीय समाज विसंगतियों से भरा पड़ा है और सामाजिक सामंजस्य की दृष्टि कमजोर है, इसीलिए यह राजनीतिक दृष्टि से भी कमजोर रहेगा। सम्भवतः इसी के चलते यहाँ विदेशी आक्रान्ताओं का वर्चस्व भी बढ़ता गया।

डॉ. भीमराव अम्बेडकर ने भारत में सामाजिक वैषम्य को दूर करने के लिए समाज-सुधार-सम्बन्धी आन्दोलनों की आवश्यकता पर बल दिया। उन्होंने शिक्षा की पुरानी परम्पराओं की जगह नयी शिक्षा नीति की वकालत की। महात्मा फुले, रानाडे जैसे महापुरुषों को आदर्श माना। उनका स्पष्ट उद्घोष था—“यदि मेरी पसन्द की बात होती तो मैं रानाडे की तुलना फुले साहेब से करता, क्योंकि राजनीतिक परिवर्तन की अपेक्षा सामाजिक परिवर्तन न केवल सामयिक है, बल्कि आवश्यक है।” इस प्रकार डॉ. अम्बेडकर आजीवन समाज-सुधार की आवश्यकता एवं उसकी महत्ता पर जोर देते रहे। उनका मानना था कि लोकतन्त्र की जीवन्तता के लिए समाज-सुधार जरूरी है। सामाजिक विसंगितयाँ यदि दूर होंगी तो साम्प्रदायिक अथवा सामुदायिक समस्याओं के समाधान में मदद मिलेगी। उनके अनुसार राजनीतिक समस्याओं में उलझे रहने के कारण ही देश का बँटवारा हुआ, जिसके मूल में गाँधी थे। उनका मानना था कि भारत जैसे पिछड़े देश में सामाजिक वैषम्य सर्वथा अमानवीय है। ऐसी स्थिति में यहाँ के लोग यह भी नहीं समझ पा रहे हैं कि मानवीय मूल्य समान होते हैं। डॉ. अम्बेडकर के अनुसार भारत में देवत्व बँटा है? अतः यहाँ मानवता भी बँटी है और इसी कारण यहाँ व्यक्ति भी बँटा हुआ है। व्यक्ति के बँटे होने के नाते ही साम्प्रदायिकता है जो राष्ट्रीय एकता के लिए चुनौती भी है।

‘थॉट्स ऑन पाकिस्तान’ नामक ग्रन्थ में डॉ. अम्बेडकर व्यक्तित्व के विकास के लिए सामाजिक एकता पर जोर देते हैं। उनका मानना था कि सामाजिक एकता के जरिये राष्ट्रीय एकता एवं अखण्डता को अक्षुण्ण बनाये रखा जा सकता है। उन्होंने उक्त पुस्तक में समुदाय, राष्ट्र एवं राष्ट्रीयता की अवधारणा पर विधिवत विचार

प्रस्तुत किया है। पश्चिमी विचारक प्रोफेसर फ्रायड एवं प्रोफेसर रोनाल्ड के विचारों से सहमति संस्थापित करते हुए डॉ. अम्बेडकर ने कहा है कि प्रत्येक समुदाय में राष्ट्रीयता की भावना विद्यमान रहती है। भाषा, भूगोल, जनसंख्या, जाति आदि कोई भी राष्ट्र के मानक नहीं होते। इसीलिए उन्होंने समुदाय, राष्ट्र एवं राष्ट्रीयता के सन्दर्भ में गुणात्मक एवं भावनात्मक दोनों पक्षों पर विचार प्रस्तुत किया है। उनके अनुसार हिन्दू नेताओं ने यह समझने की कोशिश ही नहीं की कि अपने को राष्ट्रीय घोषित करने और सचमुच राष्ट्रीय होने में क्या अन्तर है। यह अन्तर ठीक वैसा ही है जैसा कि 'मैं भारतीय हूँ' और 'भारतीय होना' चाहता हूँ। मैं 'भारतीय' हूँ यह औपचारिक घोषणा है, किन्तु 'भारतीय होना' मानसिक अथवा भावनात्मक है। जहाँ तक सवाल राष्ट्रीयता का है तो उसमें सकारात्मक एवं नकारात्मक दोनों पक्ष अनुस्यूत होते हैं, किन्तु इनमें परिस्थितियाँ काफी महत्त्वपूर्ण स्थान रखती हैं। जैसे भारत एक राष्ट्र है, किन्तु इसमें हिन्दू एवं मुसलमान हैं। ये दो हैं, फिर भी इनकी राष्ट्रीयता एक है, इनकी एकता सचेतन न होकर, बल्कि अचेतन है। इस प्रकार यह यान्त्रिक होने के नाते कमजोर हैं। कमजोर अथवा भावुकता भरी एकता कभी भी मजबूत नहीं होती। इसमें व्यक्ति-व्यक्ति के बीच भाई-भाई का सम्बन्ध रहेगा। बाह्य विरोधों में भी ऐक्य दिखलायी देगा, किन्तु जैसे ही अस्तित्व पर आँच आयेगी, वैसे ही द्वन्द्ध खड़ा हो जायेगा। छुरा चल जायेगा। यह सब भावुकता के चलते है। ऐसी स्थिति में कविता भले ही रची जा सकती हो, किन्तु राजनीति नहीं हो सकती। सामाजिक समता की बात तो दूर छूट जाती है। राष्ट्रीय एकता की बात तो सोची भी नहीं जा सकती। मुसलमान कहेगा कि पाकिस्तान चाहिए और हिन्दू कहेगा कि हिन्दुस्तान ही रहे। हिन्दुओं में महाराणा प्रताप पूज्य इसलिए हैं कि उन्होंने सम्राट् अकबर से लड़ाई लड़ी। यह नियति बन जाती है कि एक हिन्दू अपना संघटन एवं राज्य चाहेगा और दूसरा अपना संघटन आदि। स्थिति यहाँ तक पहुँच जाती है कि एक मन्दिर में पूजा-पाठ एवं नाच-गाना करता है तो दूसरा उसे निरर्थक कहता है। विरोध करता है। डॉ. अम्बेडकर इतिहास-पुरुष थे, उन्होंने कहा कि जब मुसलमान मक्का जाता है तो वह गाय नहीं खाता, किन्तु यहाँ (भारत) न जाने क्या है कि वह गाय का मांस खाता है। मक्का में शायद गाय का मांस नहीं मिलता, क्योंकि सम्भवतः मांस-भक्षण वहाँ वर्जित है।

इस प्रकार डॉ. अम्बेडकर सतही अथवा बाह्य एकता का भाव त्यागकर वास्तविक एवं आन्तरिक एकता के पक्षधर थे। वह किसी भाषा-भाव, जात-पाँत एवं देश-विशेष की बात को छोड़कर विशुद्ध अतीत एवं वर्तमान के आलोक में चिन्तन करते थे। समाज के सभी तबकों के लोगों को समान दृष्टि से देखने का आग्रह करते थे। उनका मानना था कि अगर ऐतिहासिक स्मृतियाँ एक जैसी हैं और वर्तमान में

एक जैसे सपने हैं तो समुदाय में राष्ट्र के अंकुर मान लिये जाने चाहिए। अगर हिन्दू समुदाय में अपने अतीत का सुरक्षित होना अथवा वर्तमान में उसे सँजोये रखना अभीष्ट है तो इस तरह की बात दूसरा समुदाय भी सोच सकता है। इस प्रक्रिया से वर्तमान के सँवरने एवं सुधरने के साथ ही अतीत भी जीवन्त बना रह सकता है। वस्तुतः अतीत का अविभाज्य गौरव-बोध एवं वर्तमान का साझा संकल्प किसी बड़ी उपलब्धि को प्रदान कराने में सहायक साबित हो सकता है। डॉ. अम्बेडकर यह स्वीकार करते थे कि हिन्दू और मुसलमान दो हैं। इनकी भावनाएँ अलग-अलग हैं। अतः राष्ट्र का अलग होना आश्चर्य की बात नहीं है। इस अलगाव के बीज अतीत एवं वर्तमान दोनों में विद्यमान हैं। अगर इस तथ्य को स्वीकार कर लिया गया होता तो कांग्रेस एवं मुस्लिम लीग के मतभेद उभरे ही नहीं होते। देश का विभाजन भी नहीं हुआ होता। उन्होंने स्पष्ट कहा कि समुदाय एवं राष्ट्र को विभक्त कर जो राजनीति की गयी, वह राजनेताओं की भारी भूल थी। व्यक्ति चाहे जिस भी किसी समुदाय का हो, वह अपनी सुरक्षा का ध्यान रखता है और यही उचित भी है।

धर्मनिरपेक्षता के सन्दर्भ में डॉ. अम्बेडकर ने कहा कि इसे भावुकतापूर्ण नहीं, बल्कि संवैधानिक स्तर से व्यवहृत करना श्रेयस्कर होगा। इसे संस्थाबद्ध बनाना होगा। समाज की विभिन्नताओं को ध्यान में रखते हुए व्यवस्था देनी होगी और इसके लिए धर्मनिरपेक्षता का भाव काफी कारगर साबित होगा। इससे न केवल राष्ट्रीय एकता एवं अखण्डता कायम रहेगी, बल्कि मानवता का भी भला हो सकता है। उनका मानना था कि भारत एक बहुधर्मी समाज है, इसे सभी को स्वीकार करना होगा। यहाँ हिन्दू बहुसंख्यक हैं और मुस्लिम अल्पसंख्यक। इनमें ऐतिहासिक कारणों से टकराव है। टकराव से छुटकारा पाने के लिए सबकी सुविधा, सुरक्षा एवं मन्शा को ध्यान में रखना होगा, जो धर्मनिरपेक्ष मूल्यों को आत्मसात् करने से ही सम्भव है। सामाजिक सौमनस्य के संस्थापन के सन्दर्भ में उन्होंने विधायिका एवं कार्यपालिका पर विशेष बल दिया है। उनका मानना था कि यदि सभी को कर्त्तव्यबोध हो जाये तो ढेर-सारी समस्याओं का समाधान स्वतः हो जायेगा। वह चाहते थे कि हिन्दू हिन्दुओं की चिन्ता करें और मुसलमान मुसलमानों की। इसी तरह दलित दलितों के बारे में सोचें, लेकिन जिम्मेदारी के साथ। वह उस अमेरिकी राज्य व्यवस्था को वरीयता देना चाहते थे जिसमें समाज के सभी तबकों के लोगों का प्रतिनिधित्व रहता है। इसीलिए वह 'यूनाइटेड स्टेट ऑफ इण्डिया' को अपने दिमाग में रखकर अमेरिकन व्यवस्था को व्यवहृत करना चाहते थे, क्योंकि आजादी मिलने के बाद जो आशंका उनके दिमाग में थी, उसने मूर्तरूप धारण कर लिया। इसलिए बहुसंख्यक एवं अल्पसंख्यक का जो सामुदायिक रूप दिख रहा है, वह आज भी घातक बना हुआ है।

भारत जैसे बहुधर्मी समाज में सौमनस्य न रहने से जो परेशानियाँ आयीं, वे ऐतिहासिक बन गयीं। भारत-विभाजन से पूर्व जब मोहम्मद अली जिन्ना से पूछा गया कि क्या वह बहुसंख्यक समुदायों को स्वीकार करने के लिए तैयार हैं, तो जवाब मिला कि नहीं। उन्होंने कहा कि मैं मुसलमानों का बहुमत स्वीकार करता हूँ, जो स्वाभाविक भी है। काफी हद तक मुसलमान उन्हें स्वीकार करते थे, क्योंकि उनके दिमाग में वहीं सुरक्षित रहने की सम्भावना थी। वैसे इस अवधारणा की डॉ. अम्बेडकर ने आलोचना भी की, किन्तु अल्पसंख्यकों की उस भयभीत मानसिकता को कौन इन्कार कर सकता था। उनके दिमाग में यह भय बना हुआ था कि अंग्रेजों के बाद जब बहुसंख्यक सत्ता में आयेंगे तो अराजकता फैलेगी। वस्तुतः यह एक समस्या है और गम्भीर समस्या। इसे गम्भीरता से समझना चाहिए। इसीलिए उन्होंने संवैधानिक सुरक्षा की बात की, जिससे किसी भी अल्पसंख्यक अथवा दलित के दिल में असुविधा की भावना न भरे। किन्तु भारतीय नेताओं की उस समय सबसे बड़ी दिक्कत यह थी कि वे इस यथार्थ को समझने के लिए तैयार नहीं थे। इसीलिए डॉ. अम्बेडकर भावुकता पर नहीं, बल्कि बौद्धिकता पर बल देते थे, क्योंकि उनके अनुसार भावुकता भरे भाषणों से भीड़ जुटायी जा सकती है, किन्तु उससे राज्य संचालन सम्भव नहीं है। राज्य के सुघड़ संचालन के लिए अथवा उसकी सुदृढ़ व्यवस्था के लिए बौद्धिकता आवश्यक है, किन्तु ऐसी बौद्धिकता जो मानवता से आप्लावित हो। मानवता के संरक्षण के लिए समाज में व्याप्त विषमताओं को खत्म करना होगा।

आप लोगों ने मुझे बोलने का अवसर दिया, इसके लिए बहुत-बहुत धन्यवाद।

•

# भारतीय राजनीति में दलित चेतना का स्वरूप एवं विकास*

कुछ पूर्व वक्ताओं द्वारा इतनी अपेक्षाएँ उछाल दी गयी हैं कि उसमें मैं क्या कह पाऊँगा, मैं नहीं जानता। एक अत्यन्त परेशान मन से ही कुछ कहने की कोशिश करूँगा। बहुत सारी बातें अपने सुनी हैं। एक सामंजस्यपूर्ण लोकतान्त्रिक विकास को केन्द्र में रखते हुए दलित चेतना पर डॉ. सतीश राय ने चर्चा की। रास्ते में एक लड़का मिला और उसने कहा कि एक बात हम लोगों के दिमाग में बार-बार खटक रही है कि यह 'दलित' है क्या, इस 'दलित' शब्द की अवधारणा को लेकर भी कुछ कहने की कोशिश करूँगा।

'हू वेयर द शूद्राज?' में बाबा साहेब ने कहा है कि व्युत्पत्ति की दृष्टि से 'शूद्र' की कोई भारतीय जड़ नहीं मिलती। इसके लिए कोई शास्त्रीय प्रमाण नहीं मिलते। उनका मानना था कि 'शूद्र' एक सूर्यवंशी राजन्य कबीला था। 'ऋग्वेद' में इसका जिक्र है। इस राजन्य कबीले को वे दिवोदास और सुदास से सटाते हैं। दासराग्य युद्ध में तरह-तरह के राजा हैं। कम-से-कम दस राजा तो पहचान में हैं। वशिष्ठों को दिवोदास के साथ कोई दिक्कत पड़ी। दिवोदास कोई युद्ध हार गया, हार जाने के बाद सुदास ने वशिष्ठ-पुत्र से बदला लिया, उन्हें आग में झोंक दिया। झोंक दिये जाने के बाद वशिष्ठों ने जो एक वर्चस्वशील पुरोहित परिवार था, 'शूद्रों' के उपनयन संस्कार से इन्कार कर दिया। उपनयन संस्कार से वंचित हो जाने के बाद, पहले ये ज्ञान-रिक्त हुए, और जिसके पास ज्ञान नहीं होगा वह अपनी शक्ति और सम्पत्ति की रक्षा नहीं कर सकता। अतः ज्ञान-रिक्त 'शूद्र' कबीला उत्तरोत्तर सम्पत्ति-रिक्त और शस्त्र-रिक्त भी होता गया। इस प्रकार वह राजन्य कबीला पुरोहित कोप के

* यह व्याख्यान भुड़कुड़ा डिग्री कॉलेज में आयोजित सेमिनार में दिनांक को मुख्य वक्ता के रूप में दिया गया था।

चलते सर्वहारा बना और चौथी शताब्दी तक आते-आते 'शूद्र' बन गया। अछूत बनने के बाद जो उसकी दीनदशा हुई उसकी चर्चा वे करते हैं। यही इतिहास है जिसकी तरफ अम्बेडकर साहेब संकेत करते हैं।

उन्होंने इस क्षत्रिय कबीले की पूरी वंशावली चिह्नित की है। राम के गोत्र की 40वीं पीढ़ी में वे हैं। इन्होंने पूरा नाम दिया है 'शूद्र कौन थे' में। बीच में कुछ मिसिंग लिंक्स हैं। उनकी चर्चा करते हुए चालीस पीढ़ियों की चर्चा की है और कहा है कि राम के खानदान के ये सुदास और दिवोदास थे। बाबा साहेब कहते हैं कि मेरी थीसिस निर्णयात्मक नहीं है, लेकिन जो मैंने पढ़ा है और खोजा है उससे यही लगता है। इन बातों पर विश्वास किसी सीमा तक किया जा सकता है। बहुत तरह के उदाहरण उन्होंने पुराणों से दिये हैं। महाभारत और रामायण को केन्द्र में रखा है।

दूसरी महत्त्वपूर्ण बात वह यह कहते हैं कि चौथी सदी तक 'शूद्र' अछूत नहीं था। उन शूद्रों को वह गिनाते हैं जो शासक बनते आये हैं। लेकिन चौथी सदी में जब गुप्त साम्राज्य आता है, स्मृतियाँ लिखी जाने लगती हैं, तब इसका संहिताकरण होता है। समाज जड़ होने लगा और हम सभी पुरोहित वर्चस्व के शिकार होते गये हैं। इसका दृढ़ीकरण एवं वर्चस्व स्थापित होता है जिसके फलस्वरूप हिन्दू समाज में 'शूद्र' औपचारिक सच्चाई के रूप में उपस्थित है। इसके दृढ़ीकरण से अछूत प्रथा सामने आयी है। मध्ययुगों में इसका प्रयोग एक खुला रहस्य है। वैष्णव चेतना में रामानुज और रामानन्द इस अछूत प्रथा को अस्वीकार करते हैं। फिर भी, मध्ययुगों में एक वर्ग-विशेष के रूप में 'अछूत प्रथा' अस्पृश्य बनाती है। कहा जा सकता है कि 'ऋग्वेद' बृहस्पति और मध्ययुगों में रामानुज और रामानन्द इसका विरोध करते हैं। शंकराचार्य ने भी इस दिशा में प्रयास किया था। इस प्रकार शैव एवं वैष्णव परम्परा में ही नहीं, महात्मा बुद्ध एवं महावीर ने भी इसका विरोध किया था। फिर भी एक ताकतवर परम्परा के रूप में यह प्रतिष्ठित हुई जो आज तक किसी-न-किसी रूप में कायम है। इसका कारण पुरोहित परम्परा में दृढ़ प्रतिवाद का अभाव है। दरअसल पुरोहित ही हिन्दू परम्परा के दृढ़ पोषक रहे। इसीलिए 'अछूत प्रथा' भी एक मजबूत परम्परा के रूप में स्वीकृत हुई। पुरोहितों के पास वह विवेक नहीं था जो समूचे समाज को एकनद्ध कर सके।

अन्त में 'हरिजन' शब्द आता है, 1933 में। वैसे तो सन्त एवं भक्त परम्परा में एक-दूसरे को हरिजन कहने की प्रथा थी, लेकिन दलित सन्दर्भ में सितम्बर, 1932 में पूना पैक्ट के बाद 1933 से महात्मा गाँधी ने इसी तबके से आये लोगों से बातचीत के बाद 'हरिजन' नाम की एक पत्रिका प्रकाशित करना शुरू कर दिया। प्रकाशन के साथ ही अम्बेडकर साहेब ने अपना विरोध दर्ज किया। उनकी दृष्टि में

यह शब्द 'हरिजन' अपर्याप्त है, क्योंकि यह अत्यन्त 'पैसिव' है। यह अस्मिता को रेखांकित नहीं करता। यह इन दबे-कुचले लोगों को व्यक्तित्व नहीं प्रदान करता और न ही यह देश के दलितों को सम्मान प्रदान करने के लायक है। यह लोगों को नेतृत्व देने में भी अक्षम है। इतना ही नहीं, यह समाज के दबे-कुचले लोगों को परम्परा का पिछलग्गू बनाता है। वह परम्परा जो आज तक जिन लोगों को शोषित-पीड़ित करती आयी है, उसी परम्परा से सटकर, उन्हें कुछ भी प्राप्त नहीं हो सकता। बाबा साहेब यह मानकर लिखते और बोलते रहे। इस सन्दर्भ में उन्होंने दो पुस्तकें लिखीं—'अछूत' और 'शूद्र कौन थे' और इसकी सारी समस्याओं को उठाया।

बाबा साहेब ने 'हरिजन' पर दो-तीन आपत्तियाँ कीं। पहली तो यह कि यह 'बहुत सुस्त' शब्द है। इससे अछूत निर्मित नहीं हो पायेगा। दूसरों का पिछलग्गू बनकर उसके पुरोहित को ही अपना मानक सन्दर्भ बनाता रहेगा और जब तक यह उसको मानक सन्दर्भ बनायेगा तब तक उसके व्यक्तित्व का कोई विकास नहीं हो सकता। इसलिए उन्होंने कहा कि यह शब्द हमारे लिये अपर्याप्त है। दूसरी चीज यह कि गाँधी जी सवर्णों की नेक-नीयत में बहुत विश्वास करते हैं, लेकिन पिछला इतिहास बताता है कि वे इतनी दूरी तक विश्वास करने लायक नहीं हैं। वह प्रायश्चित्त करेगा, पश्चात्ताप करेगा, वह दलितों को आगे बढ़कर उठा लेगा, मेरा मन इस पर नहीं बनता। महात्मा जी सन्त पुरुष हैं। अपने महात्मापन में वे सारी चीजें कहते चले जाते हैं, लेकिन मुझे इन पर विश्वास नहीं है कि यह सवर्ण तबका दलितों को कोई राहत दे पायेगा। इसलिए इनका पिछलग्गू न बनकर दलितों के लिए दलितों की लड़ाई आवश्यक है, ठीक वैसे ही जैसे कार्ल मार्क्स ने सर्वहारा-मुक्ति के सन्दर्भ में कहा था। जब तक दलित अपने को संगठित करके भारतीय राजनीति में खड़ा नहीं होगा, तब तक कोई प्रभावकारी हस्तक्षेप बना पायेगा, उनको विश्वास नहीं था।

1935 में बाबा साहेब ने यह घोषित किया कि "मैं हिन्दू के रूप में जन्मा जरूर था लेकिन हिन्दू के रूप में मरना कोई विवशता नहीं है।" तब सब लोग परेशान हुए थे कि वे क्या निर्णय लेंगे। उन्होंने एक और वक्तव्य दिया था जो बहुत महत्त्वपूर्ण है, मेरा एक निर्णय देश को बर्बाद कर सकता है। गाँधी इतने परेशान हुए थे कि सेवाग्राम से उनको सन्देश भेजा था कि मैं आपसे मिलना चाहता हूँ। 1935 में जब 'एन्नीहिलेशन ऑफ कास्ट्स' प्रकाशित हुई थी और गाँधी के यहाँ पहुँची तब उन्होंने उसे पढ़ा था। वाद-प्रतिवाद गाँधी से उनका हुआ था। उनके सारे पत्राचार छपे हुए हैं। गाँधी ने उनसे बात करने का समय माँगा था, लेकिन उन्होंने कहा कि वह सेवाग्राम में ही मिलेगा। सेवाग्राम में गाँधी से वह मिले थे। गाँधी ने उनसे कहा कि आपने जो तय किया है उस पर आप सोच-समझकर निर्णय लेंगे। उन्होंने गाँधी

को आश्वस्त किया था कि मैं कोई ऐसा निर्णय नहीं लूँगा जिस पर मुझे बाद में पश्चात्ताप करना पड़े। वह पता चला 1956 में जाकर। अन्ततः उन्होंने 14 अक्टूबर, 1956 को बौद्ध धर्म स्वीकार किया और बौद्ध धर्म स्वीकार करते समय जो वक्तव्य दिया था वह भी उतना ही महत्त्वपूर्ण था, "मैंने हिन्दू धर्म छोड़ा है, भारतीय संस्कृति नहीं।" वे बार-बार कहते हैं कि मैं दलित चेतना को अन्तरराष्ट्रीयकृत नहीं करूँगा। राष्ट्रीय चेतना के दायरे में ही दलित-मुक्ति और दलित-सत्ता की बात करता हूँ। यदि बाबा साहेब को समझना है तो उनकी इन चिन्ताओं को भी दिमाग में रखना होगा। इतना ही नहीं, वे बार-बार कहा करते थे कि जब कभी सवर्ण मुझे पढ़ेगा, लिखेगा और समझदार होगा तो समझेगा कि मैंने उनके लिए कितना किया है।

बस इतनी बात दिमाग में रखिये कि 'शूद्र' कहाँ था, 'शूद्र' किस तरह अछूत बना, अछूत बनने के बाद हरिजन बना और हरिजन शब्द पर उनकी आपत्ति क्यों थी। चूँकि उनके लिए बाबा साहेब opressed और depressed शब्दों का प्रयोग करते थे, लेकिन वह यह भी जानते थे कि 'हरिजन' शब्द इतनी कोमल चादर है कि वह हरिजनों को उठने नहीं देगा। वह बार-बार इस बात पर बल देकर कहते थे और वे बार-बार गौतम बुद्ध को उद्धृत भी करते थे। गौतम बुद्ध ने कहा था कि सत्य को सत्य की तरह जानो, झूठ को झूठ की तरह जानो। अतः बाबा साहेब कहा करते थे कि दलित को यह जानना पड़ेगा कि वह शोषित है। उन्होंने कहा कि गुलाम को एक बार बता दीजिये कि गुलामी किसे कहते हैं, तो वह गुलामी के खिलाफ लड़ने लगेगा। 'हरिजन' शब्द वह चेतना नहीं देता। इसलिए वह कहते थे कि 'दलित' शब्द का ही प्रयोग होना चाहिए। 'हरिजन' शब्द उनके लिए भ्रामक होगा। उनके व्यक्तित्व के निर्माण में यह सहयोगी नहीं बन सकेगा। उनकी यह समझ थी और उनकी इसी समझ के दायरे में उनकी राजनीति को आप देख सकते हैं। बाबा साहेब ने 'हेनरी ड्रूमण्ड' को बार-बार उद्धृत किया है, इसी सन्दर्भ में कि दलित चेतना को करना क्या चाहिए। 'हेनरी ड्रूमण्ड' की तीन पंक्तियाँ हैं, "वह जो आलोचना करता ही नहीं, वह गुलाम है; वह जो आलोचना कर ही नहीं सकता, वह मूर्ख है; वह जो आलोचना करेगा ही नहीं, कठमुल्ला है, धर्मान्ध है। तो एक ऐसी चेतना का निर्माण हो जो प्रतिवादी हो, जो आलोचना कर सकती हो। आलोचना एक हथियार है। उसी माध्यम से वह अपना दर्शन दलितवाद भी गढ़ता है। दलित चेतना के स्वरूप की जब भी आप चिन्ता करेंगे तब अम्बेडकर साहेब को दरकिनार करना सम्भव नहीं होगा। एक सबसे बड़ी बात जो उन्होंने की कि उन्होंने दलित परम्परा को परिभाषित किया। अवर्ण परम्परा को दलित परम्परा के रूप में रेखांकित कर एक

सामानान्तर परम्परा की भी चर्चा की। बौद्ध धर्म को वे खासतौर से विश्वसनीय सन्दर्भ मानते थे। वह कहते थे कि बौद्धों, नाथों, सिद्धों, सन्तों व अन्ततः फुले से होती हुई अम्बेडकर तक यह चेतना आती है। गौतम बुद्ध से लेकर अम्बेडकर तक यदि दलित चेतना की चर्चा की जाये तो दलित परम्परा वह पहला सजग संगठित प्रयास है जिसने जातिवाद के विरुद्ध विद्रोह किया है और जन्मना श्रेष्ठता को प्रश्नांकित किया है। इसलिए ही वह मानक सन्दर्भ बने हैं। मुनि परम्परा या जिसको अवर्ण परम्परा भी कहा जाता है, वह ऋषि परम्परा से भिन्न है। इस तरह उनके एक अवदान की हमेशा चर्चा होती है। अम्बेडकर साहेब में बहुत-से लोगों की रुचि है, तो यह भी हम लोगों को दिमाग में रखना चाहिए कि उन्होंने दलित चेतना को एक परम्परा-बोध व बल दिया। अगर किसी चेतना के पास कोई खड़ी परम्परा नहीं है तो वह कोई व्यापक सन्दर्भ नहीं बन सकती। यदि दलित चेतना या किसी भी चेतना के पास संगठित होते हुए कोई व्यापक सन्दर्भ नहीं है तो वह कोई वृहत्तर चेतना बनकर दूसरों को अपने अन्दर समाहित करके समायोजित करे इसकी कोई सम्भावना दिखायी नहीं देती। उन्होंने एक परम्परा-बोध दिया।"

एक तीसरा काम जो उन्होंने किया, जो दलित चेतना के आज के वर्तमान स्वरूप को परिभाषित कर देगा, दलित चेतना के जितने भी सवाल उठाये गये, महात्मा फुले ने जो उठाया या सन्तों की चर्चा जो हम इतनी करते हैं। दुबे जी कह रहे थे कि कल किसी ने उनसे प्रश्न उठाया था बाबा साहेब ने कहा कि सन्त इतने आये लेकिन उनका प्रभाव नहीं पड़ा। चेतना तो फैली, विभेद का बोध तो हुआ जो चल रहा है, वह गलत है। लेकिन उसी गलत के साथ पूरी तरह से समाज सटा रह गया। व्यापक परिवर्तन की सूचना हमें नहीं मिलती। दिन-प्रतिदिन का हमारा जो आचरण रहा, बहुत अच्छा नहीं कहा जा सकता। बाबा साहेब ने एक काम किया जो उनका सबसे बड़ा अवदान है, कि उन्होंने दलित चेतना का निर्माण किया जो महात्मा फुले से बेहतर थी। महात्मा फुले का मत था कि सारे अछूत ईसाई धर्म अपना लें, लेकिन डॉ. अम्बेडकर ने ऐसे किसी विकल्प की बात नहीं सोची। उन्होंने दलितों को अन्तरराष्ट्रीय होने से बचाया। बहुत-सारे दलित नेता इकट्ठे हुए थे जो कहते थे कि हम ईसाई बनेंगे। उनमें से कुछ दलित नेता मुसलमान बने थे। बात भी हिन्दू-मुसलमान और ईसाई की नहीं थी, बात उनके सोच-समझ की थी। उन्होंने कहा कि जल्दबाजी करने की जरूरत नहीं है। बहुत जल्दी धर्म के बारे में निर्णय लेने की जरूरत नहीं है। तुम दलित अगर ईसाई भी बनोगे तो तुम वहाँ भी मेहतरी ही करोगे। मुसलमान भी बनोगे तो मेहतर ही रह जाओगे। अछूत से मेहतर बन जाओगे। जब वह दौलताबाद गये थे और किसी पुराने तालाब पर घूम रहे थे तो

किसी पवित्र तालाब से पानी उठाकर छिड़का था। थोड़े आस्थावान् आदमी भी थे, इस रूप में मुसलमानों ने प्रतिवाद किया कि इन्होंने तो आकर तालाब को अशुद्ध कर दिया। मुसलमानों के बीच, ईसाइयों की यही स्थिति है। हिन्दुओं के बीच भी, वही स्थिति है। तो इतनी जल्दबाजी की जरूरत नहीं है।

उन्होंने सुझाव दिया, और 20 साल दिया। धर्म-परिवर्तन किया। धर्म-परिवर्तन उन्होंने किस तरह किया, पूरी राजनीति भी कही जा सकती है, समाज-नीति भी कही जा सकती है, धर्मनीति भी कही जा सकती है, क्योंकि तीनों एक ही हैं। एकान्वित हैं। इसको काट-छाँटकर हम देखेंगे तो गलती करेंगे। उन्होंने Politicise किया इस चेतना को। दलित चेतना के पास अपनी कोई राजनीति नहीं थी, यदि थी भी तो उसका नेतृत्व किसी और के पास था। वह कहते थे कि दलित अपना राजनीतिक दल, अपनी राजनीतिक संस्था, अपनी चेतना, अपने को लेकर जब तक राष्ट्रीय राजनीति में खड़ा नहीं होगा, तब तक उसकी मुक्ति की कोई सम्भावना नहीं है। इस दृष्टि को लेकर आप दलित चेतना को देखें, उसके स्वरूप को देखें। वह बार-बार कहा करते थे कि राजनीति ही वह गुरु कुंजी (Master Key) है जो हर ताले को खोल सकती है। अंशतः ही सही, लेकिन मैं इस वक्तव्य से सहमत हूँ। पूर्णतः सहमत नहीं भी हुआ जा सकता है, लेकिन इतना तय है कि लोकतन्त्र में आते आते राजनीति का सत्ता का स्वरूप क्या होता है और उसके प्रभाव कितने व्यापक होते हैं, इसे कम-से-कम हम-आप समझने की स्थिति में हैं। उन्होंने इस बात पर भी बल दिया कि अगर दलित चेतना की बात करनी है तो दलित चेतना को निर्मित करना होगा। दलित राजनीति की भी एक कल्पना करनी होगी। दलित राजनीति की उन्होंने एक कल्पना की जो उस दौर के राष्ट्रवादी आन्दोलन से टकराती थी, वह अंग्रेजों का साथ देती है, इसे लेकर बहुत तरह की दिक्कते हैं। मूल चिन्ता यह है कि दलित अस्मिता को कैसे संगठित किया जाये, कैसे उसे खड़ा किया जाये। बाबा साहेब की भी मूल चिन्ता यही थी। हालाँकि कमजोरियों से मैं परिचित हूँ, लेकिन कमजोरियों के बावजूद उस चिन्ता को, अपनी जो ताकत है, उसको मानकर हमें चलना पड़ेगा। दरकिनार करने से काम नहीं चलेगा। यह उनका एक बड़ा अवदान था।

एक बड़ा अवदान यह भी मानता हूँ कि उन्होंने भी एक वर्ग की सामाजिक समालोचना तैयार की। सामाजिक समालोचना उन्होंने खड़ी की। ऐसा नहीं था कि वर्ण-धर्म की आलोचना नहीं हो रही थी। एक तार्किक परम्परा हमारे पास थी। चार्वाकों से लेकर अब तक है। इस सन्दर्भ में बृहस्पति की चर्चा की जाती है। समूची अवर्ण परम्परा ही खड़ी है, लेकिन वह वर्चस्वशील नहीं है, बीच में आकर थोड़े दिन के लिए वर्चस्वशील भी बनी रही। जैन भी शासन में रहे, बौद्ध भी शासन में रहे, लेकिन धीरे-धीरे चौथी सदी तक आते-आते वे शासन में नहीं रह गये, स्थितियाँ दूसरी

तरह की हो गयीं। तो सवाल यह नहीं है, सवाल बस इतना ही है कि वह एक सामाजिक समालोचना खड़ी नहीं कर सके, दलित कोश से किस तरह वर्ण-परम्परा की आलोचना की जाये। कोई सामाजिक समालोचना स्पष्टता के साथ हमारे सामने नहीं थी। गाली-गलौज बहुत था, सीमाओं का रेखांकन भी बहुत था। दयानन्द सरस्वती ने अपने ढंग से हिन्दू दायरे में वर्ण-चेतना की आलोचना प्रस्तुत की है। वर्ण-धर्म को मानते हुए भी उसकी गतिशीलता को किस तरह से रेखांकित किया गया है। विवेकानन्द सवर्णों को कितनी गालियाँ देते हैं। स्वयं रामानुज और रामानन्द के भीतर भी यह चेतना दिखेगी। रामानन्द के भीतर यह चेतना बहुत स्पष्ट है। चेतना तो है, लेकिन जो एक आर्थिक, राजनीतिक एवं सामाजिक व्याख्या, उसको सांस्कृतिक जो विस्तार दिया, जो स्पष्टता दी वह उनसे पहले किसी के पास नहीं थी। सीमाओं से तो सभी परिचित थे, लेकिन अम्बेडकर के पहले यह चेतना इतनी व्यापक नहीं थी। जब आप दलित चेतना की चर्चा करते हैं, इसमें दलित शब्द आया है, तो दलित शब्द अनिवार्यतः अम्बेडकर चेतना से जुड़ता है। इसलिए उसकी बहुआयामी महत्त्वाकांक्षाएँ हैं। उसके जो तरह-तरह के अपने प्रयास हैं, संस्कृति के स्तर पर मेल-जोल के लिए, समाज के स्तर पर समता के लिए, संस्कृति के स्तर पर सामाजिकता के लिए, राजनीति के स्तर पर अपने हस्तक्षेप के लिए, जितने तरह के उनके प्रयास हैं, बहुआयामी हैं। उन बहुआयामी प्रयासों को अगर संगठित करके, आप नहीं देखेंगे तो मुझे यह लगता है कि अगल-बगल की गलतियों को रेखांकित करते हुए भी, हम बाबा साहेब को समझने में कहीं-न-कहीं भूल कर रहे होंगे।

बाबा साहेब के बारे में जब कभी मैं सोचता हूँ तो मुझे लगता है कि उनके जीवन को तीन भागों में बाँटकर देखा जाना चाहिए; **1.** बाबा साहेब 1917 से 1935 तक; **2.** 1936 से 1946 तक; और **3.** 1946 से 1956 तक। 1919 में साउथ बोरो कमीशन के सामने उन्होंने अपना पहला साक्षात्कार दिया था। 1919 से वे राजनीतिक हस्तक्षेप की स्थिति में धीरे-धीरे चले और 1935 तक एक अम्बेडकर हैं जो हिन्दू दायरे में बने रहकर समाज-सुधार चाहते हैं। हिन्दू सुधर सकता है, हिन्दू सँभल सकता है जैसा कि गाँधी कह रहे हैं। अम्बेडकर साहेब का महाड़ आन्दोलन एक बड़ा आन्दोलन है। 25 दिसम्बर, 1927 के इस आन्दोलन की बड़ी चर्चा होती है, विशेषतः दलित साहित्य में। 1932 में जब पूना पैक्ट सम्पन्न हुआ था तब अम्बेडकर साहेब ने किसी की बात नहीं मानी, लेकिन मदन मोहन मालवीय की बात मानी थी क्योंकि वह हिन्दू महासभा के अध्यक्ष थे और अम्बेडकर साहेब भी अभी हिन्दू थे। इसलिए ही उन्होंने उस हिन्दू कान्फ्रेन्स में जाने के लिए मालवीय जी के

आमन्त्रण को स्वीकारा था। बाम्बे में जो कान्फ्रेन्स हुई वह अंग्रेजों द्वारा दूसरी राउण्ड टेबिल कान्फ्रेन्स में दलितों को दिये गये आरक्षण कोटे के सुधार के लिए महात्मा गाँधी आमरण अनशन पर थे। उन्हें बचाने की चिन्ता सब में थी। कान्फ्रेन्स के बाद हरिजन सेवक संघ बना। उसके बाद 1935 में एक सन्दर्भ में बाबा साहेब ने अपना रास्ता खोला। एक **जात-पाँत-तोड़ो-मण्डल** था, जो फुले साहेब की बड़ी चर्चा किया करता था। जात-पाँत तोड़ने के मुद्दे पर यह बहुत सक्रिया था। डॉ. अम्बेडकर को अध्यक्षीय उद्बोधन के लिए बुलाया गया। इसके लिए उन्होंने एक लम्बा निबन्ध लिखा था–'Annihilation of Caste'। उसके आयोजकों ने कहा कि और सब तो ठीक है, लेकिन भाषण के अन्त का जो हिस्सा है उसे बदल दीजिये, तभी आप अपना अध्यक्षीय उद्बोधन यहाँ दे सकते हैं। तभी हम आपके भाषण को छापेंगे और उसका वितरण करा दिया जायेगा। इस पर डॉ. अम्बेडकर ने कहा कि नहीं, मुझे अध्यक्ष नहीं बनना है, आप अपनी अध्यक्षता लिये रहिये। बाद में स्वतन्त्र रूप से छपवा दिया। उसमें उन्होंने चार चीजें कही हैं, **1.** कि थोड़ा हम दलितों से मिलें जुलें, बातचीत करें, उनके साथ थोड़ा मेल-जोल बढ़ायें, सामाजिक संवाद बनायें। **2.** यह कि धीरे-धीरे खान-पान साथ करें। जब खान-पान साथ करेंगे तो आपस की दूरियाँ निश्चित रूप से घटेंगी। दलितों के भीतर जो हीन भावना है वह समाप्त हो जायेगी। दलित व्यक्ति के रूप में समाज में एक भ्रातृत्व के आधार पर खड़ा हो पायेगा। खान-पान तक ले आने के बाद भी उन्होंने कहा कि यह समाधान नहीं है। हिन्दू एक समाज बना सके क्योंकि हिन्दू एक समाज है ही नहीं। यह तो जातियों का ढीला-ढाला गठजोड़ है। इस ढीले-ढाले गठजोड़ से कुछ होनेवाला नहीं है। इस ढीलेपन के चलते वह बाहरी आक्रान्ताओं का सामना नहीं कर सकता। **3.** रास्ता रास्ता है। बेटी-रोटी का सम्बन्ध बने और जब यह बेटी-रोटी का सम्बन्ध बनेगा तो उसी दिन यह हिन्दू समाज बनेगा। यह हिन्दू समाज तभी बन पायेगा, अन्यथा यह जातियों में विभक्त रहेगा। कोई भी इसको किसी-न-किसी तरह से शोषित करता रहेगा। उन्होंने कहा कि इन्हीं दलितों ने अंग्रेजों का साथ दिया था और अंग्रेजी-राज भारत में चल रहा है। हिन्दू चेतना की स्थिति यह है कि एक हिन्दू ने एक दिन खजूर खा लिया, कुछ देर बाद उसको बताया गया कि खजूर तो मुसलमानों के देश से आता है, यह तो मुस्लिम भोजन है तो वह वमन करने लगा। वह बड़ा प्रबुद्ध लड़का था, एम.ए. का छात्र था लेकिन वह Vomit करने लगा। उन्होंने कहा कि जो मानसिक गतिरोध बनते हैं वे कैसे दूर होंगे। जो चेतना में बैठी हुई बातें हैं उन्हें कैसे निकाला जाये। सामाजिक मेल-मिलाप, सामाजिक भोजन, अन्तरजातीय विवाह इसके बाद एक आलोचकीय विवेक चाहिए।

एक विवेक जो आलोचना करना चाहता हो और जो सार ग्रहण करना भी जानता हो। इसके लिए उन धर्मग्रन्थों की आलोचना करता हो जो आज के युग में अनुकूल नहीं है। यही अन्तिम हिस्सा था जिसके चलते 1935 में व्याख्यान नहीं देने दिया गया। उनके सामने महाड़ आन्दोलन था। कालाराम मन्दिर में पिछले पाँच सालों से आन्दोलन चल रहा था। वहाँ दलितों को घुसने नहीं दिया जाता था। गाँधी ने भी बहुत प्रयास किया था लेकिन वहाँ के पुजारी-पण्डे इस तरह के थे कि उन्होंने दलितों को मन्दिर में घुसने की इजाजत नहीं दी। वहाँ मार-पीट की नौबत आ जाती थी। हिन्दू जिद्द को देखते हुए बाबा साहेब ने कहा था कि मैं इस निष्कर्ष पर पहुँचा हूँ कि हिन्दू अपने को बर्बाद कर सकता है लेकिन बदल नहीं सकता। 1935 के बाद उनमें परिवर्तन आता है। उनकी राजनीति में परिवर्तन का थोड़ा मोड़ पहले से दिख रहा था, लेकिन उसके बाद मुस्लिम लीग से मिलना, ब्रिटिश सत्ता से समझौता करना, ये सारी चीजें घटित होने लगीं। 1936 से 1946 तक की जो उनकी राजनीति है उससे मैं बहुत असहमत आदमी हूँ, और उसके ऊपर बहुत-सारे लोगों ने बहुत-सारी बातें कहीं हैं। राष्ट्रवादी आन्दोलन के खिलाफ दलित चेतना को खड़ा करके दलित कुछ पा नहीं सकता था, लेकिन बाबा साहेब की समझ यही बनी थी। इस पर मेरी कोई टिप्पणी नहीं है, यद्यपि टिप्पणी करने की वजह बहुत है।

1946 में बाबा साहेब एक चौथी भूमिका में आये। 1946 में महात्मा गाँधी ने कहा कि आज तक हमने अम्बेडकर को नहीं सुना, पर अब अम्बेडकर को सुनने की जरूरत है। महात्मा गाँधी के दबाव में वे महाराष्ट्र के एम. पी. बने और फिर मसविदा समिति के सदस्य और फिर चेयरमैन फिर कानून मन्त्री बनाये गये। कांग्रेस उनको किसी तरह भी शामिल करने को तैयार नहीं थी। बाबा साहेब योजना मन्त्री बनना चाहते थे। वे बहुत दुःखी थे कि हमको योजना विभाग नहीं मिला। गाँधी की सोच थी कि योजना मन्त्री बनकर क्या करेंगे? योजना मन्त्री बनेंगे तो उनकी योजना को दूसरा मन्त्रिमण्डल खत्म कर देगा। लेकिन अभी संविधान बन रहा है, और दलित जितने दावे रखते हैं, आपस में बात करके, संवाद करके दलित दावे वैधानिक हो जायेंगे। दलित दावों की गारण्टी होती चली जायेगी। सरकारें बदलती रहेंगी पर संविधान रहेगा। तो वे कानून मन्त्री बने और कानून मन्त्री का परिणाम ही है कि उनको संविधान में बार-बार हस्तक्षेप करना पड़ा।

मसौदा समिति के अध्यक्ष बनाये गये। बड़े दबे मन से बाबा साहेब ने गाँधी की इस भूमिका को सराहा है। जगह-जगह स्वीकार भी किया है। 'द स्टेट्स मैन' नाम की एक पत्रिका निकलती थी। मैंने उस पत्रिका में उनका एक साक्षात्कार पढ़ा

था। इसमें उन्होंने स्वीकार किया था कि मेरे मन्त्री बनने में महात्मा गाँधी का हाथ था। चूँकि गाँधी की वे इतनी आलोचना कर चुके थे कि उसे खुलकर कहने की स्थिति में नहीं थे। लेकिन जो लोग इतिहास जानते हैं वे जानते हैं कि 1946 में उनका मन्त्रिमण्डल में आना, कानून मन्त्री बनना, कानून मंत्री ही नहीं बल्कि ड्राफ्टिंग समिति का चेयरमैन बनना इत्यादि ने उनको संविधान का पिता बना दिया। सही समय है जो उनको कहना-सुनना है संविधान के दायरे में कह-सुन सकते हैं। संविधान रहेगा शेष चीजें बदलती रहेंगी। दलित महत्त्वपूर्ण हैं। अम्बेडकर महत्त्वपूर्ण हैं इसलिए दलित चेतना के प्रतिनिधि हैं। दलितों के लिए कुछ किया जाना राष्ट्रीय उत्थान की पहली शर्त थी। इसी शर्त के रूप में महात्मा गाँधी ने इन सारी बातों को किया था और बाबा साहेब की वह दूसरी महत्त्वपूर्ण भूमिका थी।

एक राष्ट्र निर्माता की भूमिका में 25 नवम्बर, 1949 को अम्बेडकर साहेब ने संविधान सभा में संविधान के अन्तिम प्रारूप को डॉ. राजेन्द्र प्रसाद को सौंपा था। उसमें उन्होंने स्पष्ट कहा था कि हम गुलाम क्यों हुए। गुलाम हम इसलिए हुए कि हम आपस में लड़ रहे थे। अगर हम इतिहास से सबक नहीं लेंगे, जिस तरह हम लड़ते रहे उसी तरह स्वतन्त्रता-प्राप्ति के बाद भी लड़ते रहेंगे तो फिर वही स्थिति चली आयेगी। हम फिर गुलाम हो जायेंगे। उनके पास राष्ट्रवादी चेतना, एक सामाजिक चेतना थी, राष्ट्र को बनाने की उनके पास एक बड़ी चिन्ता थी। और उस बड़ी चिन्ता के दायरे में ही दलित चतेना का वे समायोजन चाहते थे और उसकी राजनीति में समायोजन चाहते थे। बहुत बड़े-बड़े लोगों द्वारा भी बहुत बड़ी-बड़ी गलतियाँ होती हैं। गलतियाँ रेखांकित न करके यदि दलित आन्दोलन की सम्भावनाओं को हम रेखांकित करेंगे तो मैं कह सकता हूँ कि अम्बेडकर साहेब का एक बड़ा अवदान वह है कि दलित चेतना को उन्होंने अराष्ट्रीय नहीं होने दिया। 1935 में जब उन्होंने वक्तव्य दिया कि मैं हिन्दू के रूप में नहीं मरूँगा तो सर आगा खाँ और 'हैदराबाद के नवाब' ने उनको बाम्बे में घेरा कि आप इस्लाम कबूल कर लीजिये कमरे में, शेष तो हम लोग निपट लेंगे। आठ करोड़ रुपया भी दे रहे थे दलित उत्थान के लिए क्योंकि गाँधी पर अम्बेडकर का आरोप था कि गाँधी ने पर्याप्त पैसा दलित उत्थान के लिए नहीं जुटाया। इसके सम्बन्ध में बाबा साहेब ने दो बातें कही थीं जिसे धनञ्जय कौर ने रेखांकित किया है कि मुसलमान 'क्रूएल' है तो हिन्दू 'मीन' है। एक क्रूर है तो दूसरा निकृष्ट है। अतः क्रूरता और निकृष्टता में कोई चुनाव नहीं हो सकता और उन्होंने अपना रास्ता पकड़ा। मेरे कुल कहने का मतलब यह है कि व्यापक राष्ट्रीय परिदृश्य में केवल हिन्दू चेतना को अगर राष्ट्रीय चेतना हम मान लेंगे तो दिक्कत बढ़ती है, लेकिन उसमें हम बौद्ध चेतना को, जैन चेतना को, सिख

चेतना को और मुस्लिम चेतना को समायोजित कर लें तो एक राष्ट्रीय चेतना के दायरे में हम हिन्दुस्तान की बहुलता का निर्माण करने की कोशिश करेंगे। इस दृष्टि से उनके प्रयास महत्त्वपूर्ण हो सकते हैं। इसी रूप में सोचना भी चाहिए।

मैं एक बात और सोचता हूँ कि बाबा साहेब ने दलितों को 'शैतान' नहीं बनने दिया। लोकतान्त्रिक चेतना में बने अम्बेडकर साहेब के हस्तक्षेप ने इसे लोकतान्त्रिक चेतना में डाला, नहीं तो यहाँ से बन्दूकें उठ सकती थीं। कितना शोषण हजार-हजार साल तक हुआ था, यहाँ से बन्दूकें खड़ी हो सकती थीं। लेकिन लोकतन्त्र और संविधान के दायरे में दलित चेतना को ले जाने का यदि किसी को श्रेय है तो यह बाबा साहेब अम्बेडकर को है। उन्होंने दलित चेतना को लोकतान्त्रिक राष्ट्रीय दायरे में बनाये रखने का सांस्कृतिक और राजनीतिक आधार दिया। इतनी बड़ी भूमिका में मैं बाबा साहेब को ही मानता हूँ। दलित चेतना के राजनीतिक अवदान में और लोकतन्त्र के निर्माण इत्यादि में क्या-क्या अवदान हैं, किस-किस तरह से इनका विकास हुआ, हम कल सुन चुके हैं। मेरा केवल इतना ही कहना है कि बाबा साहेब के बारे में अथवा अन्य बड़े लोगों के बारे में केवल टिप्पणियाँ नहीं की जातीं। उनकी मेधा को समझा जा सकता है। इतिहास में गाँधी ने भी बड़े-बड़े निर्णयों में बड़ी-बड़ी गलतियाँ कीं। 1922 के उनके निर्णय को लेकर कोई सहमत नहीं होता। 1942 में गाँधी असमंजस में पड़े थे। खिलाफत को लेकर भी हजार तरह की बातें खड़ी होती हैं। बहुत तरह के विवाद चलते हैं, नेतृत्व के सवाल को लेकर। बहुत-सारी बातें चलती रहती हैं, लेकिन गाँधी की पूर्व-निष्ठा, एक राष्ट्रीय मन, एक समूचे राष्ट्र को एक मंच पर लाने की चेष्टा और उसके लिए तरह-तरह के समझौते जो इतिहास की आवश्यकता हैं। अगर इसी रूप में हम गाँधी-चेतना को लें, गाँधीवादी प्रयासों को लें, अम्बेडकर-चेतना और अम्बेडकर के प्रयासों को लें, तभी मैं समझूँगा हम समाज को बेहतर समझ दे सकेंगे, और भविष्य के निर्माण में दोनों की भूमिकाओं को बेहतर ढंग से रेखांकित कर सकेंगे। मैं तो इसी दायरे में लिखता-पढ़ता और बोलता रहता हूँ।

इस देश के निर्माण में मैं चार लोगों को केन्द्रीय व्यक्तित्व के रूप में देखता हूँ। मैं कार्ल मार्क्स को भी देखता हूँ, यद्यपि हम लोग उन्हें राष्ट्र के बाहर का मान लेने के आदी हैं। लेकिन मुझे खुशी हुई कि वर्ग चेतना की बात हमारे पहले वक्ता, जो अध्यक्ष भी थे, करके गये। मैंने उनसे कहा भी था कि आपने तो दुर्भाग्यवश मेरी बात कह दी जिसके लिए हम बाहर झगड़ते रहते हैं। बहुत जरूरी है कार्ल मार्क्स, महात्मा गाँधी, बी. आर. अम्बेडकर और जवाहरलाल नेहरू को पढ़ना। पाँचवाँ नाम अगर जोड़ा जा सकता है तो डॉ. लोहिया का, क्योंकि एक व्यापक बौद्धिक संवाद के दायरे में

लोहिया के विचारों का भी प्रचार-प्रसार है। दलित चेतना का अगर निर्माण करना है तो किसी-न-किसी तरह का समायोजन चेतनाओं के दायरे में किया जाना उचित होगा। इतनी बड़ी चुनौती हमारे सामने नहीं आनेवाली है जिसको हम अतिक्रमित नहीं कर पायेंगे।

आज का समय संकटग्रस्त इसीलिए है कि कोई विचारधारा सक्रिय नहीं है, क्योंकि समाजवाद शब्द ही अपमान का शब्द हो गया है। कोई बड़ी विचारधारा जब समाज में नहीं होती तो छोटी-छोटी चेतनाएँ सक्रिय हो जाती हैं। विश्व पूँजीवाद ने जान-बूझकर इसे पैदा किया है। हमीं लोग इसके शिकार नहीं हैं। दुनिया कहीं जाति को लेकर परेशान है, कहीं नस्ल को लेकर परेशान है, कहीं रंगभेद को लेकर, और कबीलाई लोग आपस में लड़ ही रहे हैं।

हम लोगों के यहाँ इतिहास का एक प्रश्न है जो अभी तक उत्तरित नहीं है। इसलिए इस दायरे में हम फँसे हुए हैं। जब तक कोई बड़ी राष्ट्रीय चेतना या अन्तरराष्ट्रीय विचारधारा नहीं बना पायेंगे, तब तक ये छोटी-छोटी चेतनाएँ, अवधारणाएँ आपस में संघर्षरत रहेंगी। दिक्कत यह नहीं है कि इधर के बौद्धिक विमर्श में, जो लोग भी अद्यतन विमर्शों से अवगत हैं वे मानते हैं कि, उत्तर-आधुनिकता ने एक काम किया है। इससे जितने भी विद्वान् जुड़े हैं चाहे, आजकल के बड़े-बड़े दार्शनिक हैं, वे लोग जिनकी चर्चा आप लोग समाजशास्त्र में करते-कराते हैं, इन लोगों को दिक्कत में डाल दिया है। आज छोटी-छोटी चेतनाओं को आदर्शीकृत किया जाता है, आदर्शीकृत ही नहीं किया जाता बल्कि इनको आवश्यक मान लिया जाता है। जब लोकतन्त्र की जमीन तक ये चीजें जाती हैं, तो आदमी के पास जो पुरानी चेतनाएँ पड़ी हैं, उन्हीं को लोकतन्त्र में जहाँ-जहाँ जिस-जिस नेता को उसमें जगह मिली है, इसमें प्रवेश किया है। मैं ज्यादा परेशान नहीं होता। एक तो यह मानकर चलता हूँ कि यदि मायावती को यह महसूस होता है कि बिना ब्राह्मण के मेरा काम नहीं चलेगा, तो शक्ति-संरचना में बहुजातीयता आ जायेगी। यह इसके संकेत हैं, चाहे मुलायम सिंह हों या दलित चेतना को लेकर मायावती हों। पिछड़ी चेतना के रूप में मुलायम सिंह खड़े हों, या लालू प्रसाद यादव, सवर्ण-चेतना के रूप में या दकियानूस सवर्ण चेतना कहूँ, भाजपा खड़ी हो, मैं बहुत साफ़-सुथरे शब्दों में कहना चाहता हूँ कि जो दकियानूस चेतनाएँ हैं, अपने-अपने ढंग से सबने अपने को अतिक्रमित किया है। भाजपा भी जब शक्ति-संरचना में जाती है, तो वृहत्तर समायोजन की चिन्ता उसको भी होती है। मायावती जब भी शक्ति के लिए जाती हैं तो तरह-तरह के समायोजनों की बात करती हैं, और रेवड़ियाँ भी बाँटती हैं। लेकिन इससे भी दूसरों की परस्पर निर्भरता का ही बोध होता है। यह परस्पर निर्भरता

का बोध पिछड़ी और सवर्ण राजनीति ने भी ठीक से सीखा है। कोई एक जाति अकेले शासन नहीं कर सकती। एक तो यह गड्डमड्ड हो जाती है। जाति अपनी राजनीतिक अपर्याप्तता को साबित कर रही है। अगर उभार नहीं हुआ होता, तो बहुत तरह के मोह बने रहते। मैं तो यह मानता हूँ कि इस रोग को उभार दीजिये। उत्तर मण्डल चेतना ने इस रोग को उभारा है। इसके उभर जाने देने का रोग मरा नहीं रहेगा। लेकिन इसका कोई समाधान भी नहीं है। अब हमें तो लगता है कि हम लोग समाधान प्रक्रिया में हैं, कि इन जातियों को हम लोग अतिक्रमित कर जायेंगे। अर्थात् विकसित होने दीजिये इस समाज को, कृषक समाज को औद्योगिक समाज की तरफ आने दीजिये, और मध्यवर्ग को बनने दीजिये। मध्यवर्ग जड़ वर्ग नहीं होता। यह कितनी अन्तरजातीय शादियाँ करेगा, इसकी आप कल्पना नहीं कर सकते। महानगरों में शुरू भी है। सत्ता शोषण करती रहेगी, लेकिन समाज का आन्तरिक रूपान्तरण भी होता रहेगा। मध्यवर्ग को बनने दीजिये। एक कृषक समाज बनकर जब तक हम रहेंगे तब तक इस तरह की गतिहीनता भी बनी रहेगी। जातिबद्ध चेतनाएँ बनी रहेंगी। उसको बनानेवाले एजेण्ट्स भी बने रहेंगे। मेरा मानना है कि इतिहास को नियति मानकर चलें और कोई बड़ी विचारधारा गढ़ने का प्रयास करें। राष्ट्रवाद अब कोई विचारधारा नहीं रहा। सबसे बड़ी दिक्कत यह है कि 1967 के बाद धीरे-धीरे कांग्रेस का टूटना, कांग्रेस एक राष्ट्रवादी दल के रूप में सत्ता में थी, लेकिन धीरे-धीरे इसका प्रश्नांकित होना, नेहरू का प्रश्नांकित होना, पूरी-की-पूरी कांग्रेस का प्रश्नांकित होना, वैकल्पिक परिप्रेक्ष्यों में आने-जाने का मतलब है समन्वित राष्ट्र की कल्पना। लेकिन इसके खतरे भी हैं। साम्प्रदायिक चेतना, जातिवादी चेतना, आंचलिक महत्त्वाकांक्षी आन्दोलन इत्यादि के उभार की समस्या सामने है।

अब अन्त में तीन बातें मुझे कहनी हैं। **पहली** बात हीगेल कहते हैं कि द्वन्द्व जब खड़े नहीं होते हैं तो समझिये कि किसी की हेजीमनी है। अगर कहते हैं कि पुराना समाज बड़ा शान्त था तो उसका विश्लेषण किया जाना चाहिए कि वह किसकी शर्तों पर चल रहा था, निर्णायक शर्तें किसकी थीं। जिन्हें अशान्त होना था, वे अशान्त क्यों नहीं हो पाये। समाज का शान्त होना किसी अच्छे समाज का लक्षण नहीं है। द्वन्द्वात्मक सम्भाग सब में शान्त होता है। अमेरिका समाज भीतर से सबसे अधिक मुसीबत में है। भारतीय समाज में भी लोकतान्त्रिक समाज होने के नाते, तरह-तरह की अस्मिताएँ सक्रिय हैं। बहुत तरह के संघर्ष हैं, लेकिन ये विस्तृत होती चेतना के दायरे में पुरानी संकीर्णताओं के अतिक्रान्त कर लिये जाने से इसी के भीतर से अवसर बनेंगे। देर-सबेर यह मालूम हो ही जायेगा कि जातिवादी चेतना के भीतर

शासन या राजनीति सम्भव नहीं है। यह तो राजनीति अपने व्यवहार से बोध दे देगी। राजनीति इसे बोध दे देगी, इसे आपको स्वीकारना पड़ेगा। गाँवों में, आप लोग जानते हैं कि जो कभी दलित जाति को कुएँ पर खड़े होकर गालियाँ देते थे, वही लोग political process में पड़कर आज पैर छू-छूकर वोट माँगते हैं। बहुत रूपान्तरण हुआ है। जाति भी चलती है, जाति से समझौते भी चलते हैं। तरह-तरह के सम्बन्ध भी बनते हैं। अब उस तरह की जड़ताएँ नहीं हैं, जिनकी बाते हम करते हैं। राजनीति दोहन भी करती है, लेकिन थोड़ी देर तक उनको ले भी जाती है। यह करती है वह करती है, लेकिन यह सब टिकता-उकता नहीं है सत्ता के समीकरण में। और **दूसरी** बात, शिक्षा का विस्तार कीजिये। विकास को गति दीजिये। मध्यवर्ग का निर्माण होने दीजिये। मध्यवर्ग, इन आधुनिक समस्याओं का समाधान है। अन्यथा आप पीछे की तरफ देखेंगे। अगर कृषक समाज का सपना देखते रहेंगे तो मुझे नहीं लगता कि आप किसी तरह का समाधान दे पायेंगे। **तीसरी** बात यह कि राजनीति अपना अतिक्रमण करेगी, क्योंकि यह व्यवहार है, शास्त्र अपना अतिक्रमण नहीं करता, क्योंकि वह किया हुआ शब्द है। शब्द अतिक्रमण नहीं करता, व्यवहार अतिक्रमण करता है। व्यवहार तो बाप-बेटे से भी सीख लेता है। बाप पहले मारता-पीटता ही रहता है, लेकिन जब बेटा खड़ा होने लगता है, तो वही बाप दबकर बेटे से बतियाने लगता है— "भई अब तू नया लोगन के जमाना आ गइल बा।" तो ये जातियाँ भी सीख रही हैं। गाँव के व्यवहार से उसको देखिये। राजनीति अपने व्यवहार से अपना अतिक्रमण करेगी। उसका सही-सही लोकतान्त्रिक सच सामने आ जायेगा। मध्यवर्ग का निर्माण होगा जो जातीय जड़ताओं को तोड़ेगा। शहरीकरण होगा। गाँव संस्कारों से जुड़ा होता है, शहरों के पास उतने गहरे संस्कार नहीं होते। शहरीकरण की प्राक्रिया शुरू है। उसके भीतर कितने मानसिक बदलाव हो रहे हैं, आप सभी इस चीज को जानते हैं। तो थोड़ी शिक्षा दीजिए, थोड़ा शहरीकरण होने दीजिये। थोड़ा गाँव में हस्तक्षेप कीजिये, राजनीतिक-हस्तक्षेप करके गाँव को सजग कीजिये और 15-20 सालों तक इन्तजार कीजिये। समाज एक दिन में न तो बिगड़ता है और न एक दिन में बनता ही है।

●

# वर्शिपिंग फाल्स गाड्स : एक निषेधात्मक प्रतिक्रिया

चर्चित पत्रकार-लेखक अरुण शौरी एक खण्डन-मण्डनप्रिय बुद्धिजीवी हैं जो अपनी खण्डित दृष्टि एवं परिप्रेक्ष्य को बौद्धिक जेहाद की शक्ल देना जानते हैं। ऐसा नहीं कि वे जो कुछ भी लिखते हैं वह तथ्यहीन है, लेकिन वे निपट तथ्यता की सीमाओं की अनदेखी करते हैं। वे कभी भी अपने आलोच्य व्यक्ति अथवा आन्दोलन की घटनाओं अथवा परिस्थितियों की ओर नहीं देखते जिसके परिणामस्वरूप आंशिक सत्य के पाठ को समग्र सत्य की तरह परोसते हैं। यही खण्डन-मण्डनप्रियता अम्बेडकर साहेब के अधिकांश लेखन एवं इससे अनुप्रेरित 'दलित' राजनीति एवं लेखन की भी सीमा है जिससे उनके उद्‌देश्य की पवित्रता एवं उच्चता प्रभावित हुई है और श्री शौरी जैसे लोगों को बहुत-कुछ कहने-लिखने के लिए जगह बनती है। यह तरीका किसी जेहादी के लिए भले उपयोगी हो बुद्धिधर्मिता के प्रतिकूल है। आश्चर्य नहीं, 'वर्शिपिंग फाल्स गाड्स' अर्थात् 'छद्म देवताओं का पूजन' में 'देवताओं' की नहीं बल्कि एक देवता को 'छद्म' सिद्ध करने का प्रयास है जो पुस्तक के उप-शीर्षक 'अम्बेडकर ऐण्ड द फैक्ट्स ह्विच हैव बीन इरैज्ड' से स्पष्ट है। दरअसल यह पुस्तक एक किस्म की कटुता के विरुद्ध एक कटु प्रतिक्रिया है। 663 पृष्ठोंवाली इस पुस्तक में श्री शौरी ने अम्बेडकर साहेब की स्वतन्त्रता-पूर्व की राजनीति, समाज-सुधार अभियान और संविधान-निर्माण में उनकी भूमिका के साथ-साथ उनकी राजनीतिक विरासत की सीमाओं को अथक परिश्रम से अवमूल्यित किया है। पुस्तक के कवर पृष्ठ पर आगे और पीछे दोनों ओर इतिहास की खोह से निकालकर अम्बेडकर साहेब के ऐसे दो चित्रों को देना जो उन्हें काले-अंग्रेज की तरह पेश करते हों, श्री शौरी के मन्तव्य को उद्‌भासित करता है। लेकिन भड़काऊ शीर्षक और फोटो भी उन्हें पर्याप्त नहीं लगते, अतः पिछले कवर पर तत्कालीन समाचार-पत्रों से ऐसे उद्धरणों को दिया गया है जो उन्हें स्वतन्त्रता-संग्राम के खलनायक के रूप में प्रस्तुत करते हैं यह सब एक पत्रकार के प्रचारक-व्यक्तित्व के चलते है।

अम्बेडकर साहेब के स्वतन्त्रता-पूर्व राजनीतिक व्यवहार पर समकालीन राष्ट्रीय नेताओं ने पर्याप्त टिप्पणियाँ की हैं जिनमें महात्मा गाँधी और नेहरू अपवाद हैं। इतिहास का यह खुला रहस्य है कि स्वतन्त्रता-संग्राम के जोखिम-भरे महाप्रयास में अम्बेडकर साहेब की कोई प्रत्यक्ष सकारात्मक भूमिका नहीं थी। उनकी राजनीतिक भूमिका के चलते अंग्रेज महाप्रभुओं को राष्ट्रीय आन्दोलन को विभाजित करने और उसे दलित-विरोधी छविवाला आन्दोलन बताकर उसे बदनाम कर कमजोर करने में एक सीमा तक अवश्य मदद मिली। लेकिन इस सम्बन्ध में अम्बेडकर साहेब ने पर्याप्त कहा–लिखा है और अपनी भूमिका पर उन्हें कभी खेद नहीं हुआ, क्योंकि तत्कालीन परिस्थिति में वे अपने को 'राष्ट्रीय' नेता के रूप में नहीं बल्कि 'अछूत' एवं 'अल्पसंख्यक' नेता के रूप में ही देखते थे। उन्होंने जो कुछ भी किया था खूब सोच-समझकर दलित-हित में किया था और छिपाकर कुछ भी नहीं किया था। इस सन्दर्भ में श्री शौरी का योगदान इतना भर है कि इन्होंने अंग्रेजी-राज के सहकारी एवं प्रशासकीय 'गोपनीय' अभिलेखों आदि से भी उद्धरण दे-देकर उनकी उस विवादित भूमिका को रेखांकित किया है जिसकी राष्ट्रीय पुनर्निर्माण के वर्तमान चरण में कोई आवश्यकता नहीं थी।

सर्वप्रथम श्री शौरी 1930 से लेकर 1946 तक की अम्बेडकर साहेब की राजनीतिक भूमिका को 'शत्रु-सहयोगी' (collaborationist) भूमिका के रूप में प्रस्तुत करते हैं। 1930-32 के दौरान गोलमेज सभाओं में अम्बेडकर साहेब की भूमिका की सराहना करते हुए 10 नवम्बर, 1933 को सर सैमुएल होर ने मद्रास के गवर्नर सर जार्ज स्टैन्ली को लिखा था–

> *पिछले दो-तीन वर्षों के दौरान अम्बेडकर से मेरा काफी मिलना-जुलना रहा और अन्य दोस्तों की भाँति अम्बेडकर ने भी भारत में अंग्रेजी-राज के प्रभाव के समर्थन में जिस योग्यता एवं दृढ़ इच्छा को दर्शाया है उससे मैं अत्यन्त प्रभावित हूँ। उन्होंने जोरदार लड़ाई लड़ी। सर्वप्रथम गाँधी से, फिर हिन्दुओं और कुल मिलाकर उनका कार्य अच्छा रहा। (वर्शिपिंग फाल्स गाड्स, पृ. 66)*

अतः अंग्रेजी सरकार की ओर से अम्बेडकर साहेब को वाइसराय काउन्सिल अर्थात् 'वाइसराय मन्त्रिमण्डल' में शामिल कर लेने का सुझाव दिया गया लेकिन वाइसराय की ओर से, आन्तरिक कारणों के चलते, देर होती गयी। अतः पुनः 13 जून, 1941 को राज-हित में उन्हें 'काउन्सिल' में शामिल करने का सुझाव दिया गया–

मुझे विश्वास है कि वे एक वास्तविक योग्यतावाले व्यक्ति हैं और किसी-न-किसी रूप में उस श्रमजीवी के प्रतिनिधि हैं जो सर्वाधिक पददलित हैं। बिना साम्प्रदायिक

मुद्दा उभारे वे चौथे सदस्य हो सकते हैं। इससे अवश्य ही आपकी सूची का प्रचारात्मक महत्त्व बढ़ेगा, अछूत खुश होंगे और गाँधी की नाक तोड़ी जा सकेगी (वहीं., पृ. 67)।

इस सुझाव की तत्कालीन पीठिका थी कांग्रेस का व्यक्तिगत सत्याग्रह, देश का गरमाता राजनीतिक माहौल और उस गरमाहट को शामिल कर समूची राष्ट्रीय ऊर्जा को युद्ध में लगाना और देश में इसके विरुद्ध किये जा रहे हर प्रयास के दमन हेतु 'काउन्सिल' में भारतीय सदस्यों से सलाह कर सर्वसम्मत समर्थन प्राप्त करना। इसी बीच 8-9 अगस्त को बम्बई में कांग्रेस का विशेष अधिवेशन था, राजनीतिक माहौल गरम था और कोई भी राज-विरोधी अप्रत्याशित निर्णय सम्भव था। अतः 'जानी दुश्मन' कांग्रेस का सामना करने के लिए मद्रास के गवर्नर ने 23 जुलाई, 1942 को वाइसराय को 'सर्वोत्तम उपाय' के रूप में सुझाया कि देश के 'गैर कांग्रेसी जनमत को प्रेरित एवं संगठित' करने के लिए 'महत्त्वपूर्ण गैर-कांग्रेसियों' को सरकार में शामिल किया जाना चाहिए। (वही, पृ. 87-88) तत्काल अम्बेडकर साहेब को भी काउन्सिल में शामिल किया गया और उन्हें श्रम विभाग की जिम्मेदारी दी गयी। गाँधी के 21 दिवसीय अनशन के चलते काउन्सिल के तीन सदस्यों ने इस्तीफा दे दिया और बाद में न साँप मरे न लाठी टूटे को चरितार्थ करते हुए सर सी.पी. रामास्वामी अय्यर ने भी इस्तीफा दे दिया, लेकिन इन 'भगोड़ों' के अलावा अन्यों ने अपनी भूमिका निभायी। ब्रिटिश गृहमन्त्री ने वाइसराय को लिखा कि, "एक से अधिक बार अम्बेडकर सर्वाधिक प्रभावशाली रहे हैं जैसे प्रारम्भ में फिरोज नून हुआ करते थे", अतः उन्हें इसी भूमिका के लिए प्रोत्साहित करते रहना होगा और यह ध्यान रखना होगा कि उन्हें लगे कि वे अपना कार्य कर रहे हैं जिससे उनके काउन्सिल में बने रहने का 'औचित्य' सिद्ध होगा और भारत में तथा बाहर हर जगह इसका उत्तरोत्तर अधिक प्रभाव पड़ेगा। (वही., पृ. 93) जो भी हो, 1942 के 'भारत छोड़ो आन्दोलन' के दौरान इस काउन्सिल के भारतीय सदस्यों ने सरकार के दमनात्मक निर्णयों पर अपनी मुहर लगायी, जिसके फलस्वरूप सरकारी आँकड़ों के अनुसार 1018 स्वतन्त्रता-सेनानी मारे गये और लगभग 3200 लोग गोली से घायल हुए, लेकिन आम धारणा थी कि 25 हजार लोग मारे गये जिसे पण्डित नेहरू ने अतिशयोक्तिपूर्ण बताते हुए लगभग 10 हजार आँका था। प्रसन्न वाइसराय लिनलिथगो ने इंग्लैण्ड में सरकार को सूचित किया था कि काउन्सिल में 'मेरे सहकर्मी' अब शायद कभी भी कांग्रेस से समझौता नहीं करेंगे क्योंकि, "व्यक्तिगत एवं सामूहिक रूप में अपने दायित्व को लेकर ये अत्यन्त उत्तेजित हैं और पराजित होने की किसी भी सम्भावना से भयभीत हैं। (वही, पृ. 152) अर्थात् कांग्रेस विरोध जो प्रारम्भ में राजनीतिक था, धीरे-धीरे व्यक्तिगत हित एवं प्रतिष्ठा का मुद्दा बनता गया।"

इसी प्रकार, 1946 में ब्रिटिश सरकार द्वारा भारतीयों को सत्ता-हस्तान्तरण के निर्णय का अम्बेडकर साहेब ने विरोध किया और उसे 'राष्ट्रीय आपदा' बताया, लेकिन जब उन्होंने इस निर्णय को निर्विवाद तथ्य (faitaccompli) के रूप में पाया तो जी-जान से यह प्रयास किया कि सत्ता-हस्तान्तरण से पूर्व अंग्रेजी सरकार को इस नयी सरकार से समझौता करना चाहिए कि यह सरकार अछूतों के लिए अलग बस्तियों का निर्माण करे और उनके लिए पहले निर्वाचन क्षेत्रों की घोषणा करे और अगर ऐसा नहीं करती तो ब्रिटिश सरकार को यह अधिकार होगा कि वह निर्णायक हस्तक्षेप करेगी। (वही., पृ. 49) अतः शौरी साहेब का कहना है कि जिन्ना साहेब तो केवल देश का विभाजन चाहते थे, लेकिन अम्बेडकर साहेब विभाजन के साथ-साथ किसी-न-किसी बहाने अंग्रेजी-राज के प्रभाव को भारत में कायम रखना चाहते थे। (पृ. 43-44, 49) इस सन्दर्भ में उन्होंने वाइसराय को यह भी याद दिलाया था कि हिन्दुस्तान पर अंग्रेजी-राज स्थापित करने में भारतीय दलितों ने अपना बलिदान दिया है और बाद में हमेशा वे इसके साथी रहे हैं जिसे अंग्रेजी-राज को नहीं भूलना चाहिए। (पृ. 407) इससे पूर्व अम्बेडकर साहेब ने 1939 में कांग्रेस मन्त्रिमण्डल के इस्तीफे के बाद मुस्लिम लीग के साथ 'मुक्ति-दिवस' मनाया था और उत्तेजक तकरीरें की थीं। उन्होंने 1932 में कम्युनल अवॉर्ड के विरुद्ध गाँधी के आमरण अनशन का तीखा विरोध किया था, फिर पूना पैक्ट को तहेदिल से स्वीकारा और उसे 'कम्युनल अवॉर्ड' से बेहतर बताया, लेकिन बाद में विशुद्ध राजनीतिक कारणोंवश उसकी तीखी आलोचना की और ठीक यही रास्ता उन्होंने अछूत-प्रथा को समाप्त करने के सन्दर्भ में मन्दिर-प्रवेश अभियान के प्रति अपनाया। (पृ. 321-22, 328, 344-48; 351-54) इसी तरह 1946 में उन्होंने सर्वप्रथम संविधान-सभा के निर्माण का डटकर विरोध किया और जब उनका प्रयास बेअसर रहा तो येन-केन-प्रकारेण संविधान-सभा में शामिल होकर उसमें बढ़-चढ़कर भाग लिया। (पृ. 404-07) कुल मिलाकर श्री शौरी यह सिद्ध करना चाहते हैं कि स्वतन्त्रता-संग्राम के दौरान अम्बेडकर साहेब की राजनीतिक भूमिका अंग्रेजपरस्त, साम्प्रदायिक और अन्तर्विरोधों से भरी थी और इसका मूल कारण उनका अर्थाभाव और व्यक्तिगत महत्त्वाकांक्षा थी, न कि उनकी दलित-निष्ठा जिसकी ओर बाम्बे के गवर्नर लूमली ने वाइसराय का ध्यान खींचा था और उत्तर में वाइसराय ने गवर्नर को डॉ. अम्बेडकर के बारे में इस आकलन के लिए धन्यवाद दिया था और आश्वस्त किया था कि भविष्य में इन बातों का ध्यान रखा जायेगा। (पृ. 70-71) वाइसराय ने डॉ. अम्बेडकर के व्यक्तिगत हित और ब्रिटिश हित में ताल-मेल बैठाया और, आश्चर्य नहीं, अम्बेडकर साहेब की दृष्टि में वाइसराय दलितों के परम हितैषी और महात्मा गाँधी दलितों के दृढ़ एवं खुले दुश्मन हो गये। (पृ. 73, 75, 342)

## समाज-सुधार आन्दोलन

श्री शौरी की दृष्टि में अम्बेडकर साहेब का समाज-सुधार आन्दोलन और धर्मान्तरण भी राजनीतिक कृत्य थे। 1857 के हिन्दू-मुसलमान एकता के खतरनाक अनुभव के बाद ब्रिटिश सरकार ने 'बाँटो और राज करो' की नीति अपनायी। मुस्लिम लीग की स्थापना और फिर बिना माँगे 1908-09 में उसे साम्प्रदायिक पुरस्कार देकर एक राजनीति को उभारा और सम्पोषित किया जिससे 'दो राष्ट्र' का सिद्धान्त जन्मा और अन्ततः देश का विभाजन हुआ। हिन्दू-मुस्लिम-हितों को विभाजित कर लेने के पश्चात् संविधान-निर्माण की आड़ में 1930-31 की गोलमेज सभाओं में परस्पर विरोधी हितों के टकराव को औपचारिक प्लेटफार्म प्रदान कर और 1932 में दूसरा 'साम्प्रदायिक पुरस्कार' घोषित कर साम्राज्य-विरोधी हिन्दू जनमत को भी विभाजित करने का प्रयास किया गया। परस्पर विरोधी जिद्दी हितोंवाली 'अल्पसंख्यक समिति' एक मत नहीं हो सकती थी और महात्मा गाँधीने सही कहा था कि इसकी 'घोर लज्जाजनक' असफलता का कारण 'प्रतिनिधियों के चयन में ही निहित था' और उनका यह कहना भी सही था कि साम्प्रदायिक समस्या का समाधान 'स्वराज संविधान का शिखर होता है न कि उनका आधार।' (वर्शिपिंग फाल्स गाड्स, पृ. 224-25) अर्थात् देश की राजनीतिक मुक्ति के मुद्दे दरकिनार करने एवं कमजोर बनाने के लिए अंग्रेजी-राज ने खूब सोच-समझकर चालाकी से समाज-सुधार के मसले को सामने कर दिया और नेता विभिन्न खेमों में बँटकर आपस में उलझ गये और ब्रिटिश सरकार को बन्दर-बाँट की नीति अपनाने का अवसर मिला। तथ्यों की अनदेखी करते हुए सर्वप्रथम राष्ट्रीय कांग्रेस को 'हिन्दू कांग्रेस' घोषित किया गया ताकि मुस्लिम समुदाय को इससे काटा जा सके; फिर इसे दलित का दुश्मन घोषित कर-करवाकर पुनः 1932 में 'कम्युनल अवॉर्ड' घोषित कर उन्हें इससे अलग-थलग करने की रणनीति अपनायी गयी। पहले के प्रभावी उपकरण जिन्ना साहेब बने और दूसरे के बाबा साहेब अम्बेडकर। महात्मा गाँधीने साम्राज्यवाद-विरोधी हिन्दू जनमत को इस दूसरे कम्युनल अवॉर्ड द्वारा विभाजित करने की रणनीति को असफल करने के लिए आमरण अनशन किया और वाइसराय ने, ब्रिटिश सरकार के परामर्श पर 'परोक्ष प्रचार' की नीति अपनायी ताकि दलितों को यह बताया जा सके कि गाँधी का आमरण अनशन राज-विरोधी न होकर दलित-विरोधी था। (पृ. 251) इस मुद्दे पर जमाने के चर्चित दलित नेता एम.सी. राज ने अंग्रेजी-राज का विरोध किया, जिसके लिए अम्बेडकर साहेब ने उनकी तीखी आलोचना की थी। (पृ. 358-59) अम्बेडकर साहेब के एक करीबी दलित विधायक डॉ. सोलंकी ने स्पष्ट घोषित किया था कि देश के दलित कांग्रेसी झण्डे के साथ न होकर 'यूनियन जैक' के

साथ हैं। (पृ. 326) इस प्रकार ऐसे ही अनेक तथ्यों के प्रकाश में शौरी साहेब यह बताना चाहते हैं कि इतिहास के उस बिन्दु पर समाज-सुधार के मुद्दे को केन्द्रीयता देना साम्राज्यवाद के हित में था और इसी कारण साम्राज्यवादी शासन इसे शह दे रहा था और इसके नेताओं को सम्पोषित कर रहा था।

श्री शौरी अम्बेडकर द्वारा दी गयी हिन्दू धर्म की आलोचना को भी गलत बताते हैं। उन्होंने हिन्दुत्व को न धर्म का दर्जा दिया और न हिन्दू समाज को समुदाय का। उन्होंने इसे जातियों का जमघट बताया। इतना ही नहीं, अछूतों के शोषण एवं उत्पीड़न को हिन्दू धर्म के सत्त्व के रूप में प्रस्तुत किया और हिन्दू धर्म एवं दर्शन के दायरे में अनेकानेक समाज-सुधारकों की भूमिका की अनदेखी की। अछूत प्रथा को एक 'पापयुक्त रूढ़ि' न मानकर इसे हिन्दुओं की 'मानसिक स्थिति' कहा और एक शाश्वत हिन्दू-सत्य के रूप में उछाला। (पृ. 229, 231)

इस सन्दर्भ में श्री शौरी गाँधी और डॉ. अम्बेडकर के प्रयासों एवं दृष्टिकोणों की तुलना करते हैं और बताते हैं कि गाँधी एक बेहतर समाज-सुधारक थे। गाँधी आत्म-परिष्कार समाज-सुधार की पूर्व-शर्त के रूप में देखते थे; जबकि डॉ. अम्बेडकर एवं साम्यवादी सक्रियतावादी अपने को बदले बगैर राज्य या आन्दोलन का दबाव देकर समाज को बदलना चाहते हैं। अतः गाँधी 'व्यक्तिगत नैतिकताओं' (private virtues) पर बल देते थे अर्थात् सत्याग्रही पहले बनें सत्याग्रह बाद में छेड़ें; जबकि डॉ. अम्बेडकर ने व्यक्तिगत नैतिकताओं का मखौल उड़ाया और ऐसे प्रयासों के विरुद्ध दलितों को आगाह करते हुए कहा कि पहले माहौल को बदला जाना चाहिए। (पृ. 364-65) **दूसरी** बात यह कि डॉ. अम्बेडकर एक अतिवादी एवं अव्यावहारिक 'स्टैण्ड' लेकर सबको, उतना न कर पाने के लिए' 'निष्ठावान् और बेईमान' कहा करते थे, जबकि गाँधी ठोस-व्यावहारिक पहल करते थे और उसी के पक्षधर हुआ करते थे। (पृ. 364-65) **तीसरी** बात यह कि डॉ. अम्बेडकर अछूतों को 'संघर्ष' 'सीधी कार्यवाही' जिसमें 'खून-खराबा भी निहित था', की वकालत करते थे ताकि 'सामाजिक संकट' पैदा हो और लोग सोचने के लिए विवश हों। अतः वे गाँधी के 'न्यूनतम प्रतिरोधवाले रास्ते' को अछूतों की स्वतन्त्र पहल को पंगु बनाने की तरकीब के रूप में देखते थे। (पृ. 365-66) **चौथी** बात यह कि डॉ. अम्बेडकर की 'अवसर की समानता' की वकालत केवल नौकरियों एवं प्रतिनिधि संस्थाओं में 'आरक्षण' के अधिकार तक सीमित थी और इसे भारत में स्थापित 'ब्राह्मण-बनिया राज' एवं इसके 'राजनीतिक उपकरण कांग्रेस' से दलितों की मुक्ति के लिए आवश्यक बताते थे और इसकी पूर्ति हेतु वे अंग्रेजी-राज को सहायक मानते थे। (पृ. 366-67) इसके ठीक विपरीत महात्मा गाँधीसवर्णों की सभाओं में उनके दम्भी व्यवहार के लिए फटकारते

थे और अछूतों को पढ़ने-लिखने, साफ-सुथरा रहने एवं अन्य सुधार करने के लिए आग्रह करते थे। अर्थात् गाँधी ने दोनों से कुछ छोड़ने एवं सीखने की जिद्द की जबकि डॉ. अम्बेडकर ने इसके ठीक विपरीत रास्ता अपनाया, "इन्होंने अपने संघटकों में यह विश्वास भरा कि उनकी स्थिति में उनका कोई हाथ नहीं है बल्कि उनकी स्थिति में दूसरे (the other) का हाथ है, बल्कि यह उसके षड्यन्त्र एवं विश्वासघात के चलते है।" (पृ. 369)

उपर्युक्त परिप्रेक्ष्य से श्री शौरी ने डॉ. अम्बेडकर की राजनीतिक एवं सामाजिक विरासत पर भी कुछ टिप्पणियाँ की हैं–

1. स्वतन्त्रता-पूर्व की उनकी शत्रु-सहयोग की राजनीति के चलते आज दलित राजनीति विदेशी मिशनरियों की संरक्षण खोजती है।
2. गैर-दलितों, विशेषतः सवर्णों की ओर से अच्छी-से-अच्छी पहल को भी सन्देह की निगाह से देखना और उस पर निहित स्वार्थ का कोई लेबल चिपकाना समूचे दलित समुदाय की मानसिक रचना का हिस्सा है।
3. उनसे प्रेरित सम्प्रेरित दलित राजनीति 'औसतपन को मानक', प्रतिमानों को ब्राह्मण-बनियाराज का उपकरण, शिष्टता को विश्वासी गरीबों को धोखा देकर अपनी सुविधाओं को कायम रखने का हथियार, अभद्रता को अधिकार, धमकी को तर्क और अज्ञानता को प्रमाण मानती है।
4. गाँधी को सवर्णों का एजेण्ट बताकर उन्हें अवमूल्यित एवं अपमानित करना तथा उनके हर कहे किये को नकारना भी एक महत्त्वपूर्ण विरासत है।
5. चूँकि अम्बेडकर की राजनीति में व्यक्तिगत नैतिकताओं के लिए कोई जगह नहीं थी, अतः आज दलित राजनीति के समक्ष आचरण का कोई प्रतिमान नहीं है। इसके नेता भला भी बुरे तरीके से करते हैं जिससे दूसरे में तीखी प्रतिक्रिया होती है जिसके चलते दलित और तीखे हो जाते हैं और दोनों पक्ष एक-दूसरे के विरुद्ध जुझारू तेवर अपनाते हैं और इसे वास्तविक संघर्ष की संज्ञा दी जाती है। (पृ. 371)

## पैरवीकारों की खतरनाक दलीलें

डॉ. अम्बेडकर के पैरवीकार उनकी 'शत्रु-सहयोग' की नीति के लिए कुछ दलीलें देकर उनकी अनदेखी करते हैं जो निम्न हैं–

1. अभिशप्त अछूतों के उद्धार की चिन्ता;
2. किशोरावस्था में उनके द्वारा झेला गया अन्याय एवं अपमान;
3. महात्मा गाँधीके प्रति उनमें नफरत; और

4. इस्लाम अथवा ईसाई धर्म को न अपनाकर उन्होंने देश का बहुत बड़ा कल्याण किया।

लेकिन श्री शौरी ऐसी दलीलों को 'खतरनाक' बताते हुए खारिज कर देते हैं और डॉ. अम्बेडकर की 'शत्रु-सहयोग' की नीति को उनके 'आर्थिक संकट', पद-प्राप्ति की आकांक्षा और दलितों की सामाजिक स्थिति के लिए अन्यों को दोषी ठहराने की आदत के सन्दर्भ में देखते-समझते हैं जिसकी ओर बाम्बे के गवर्नर ने वाइसराय का ध्यान खींचा। श्री शौरी आगे कहते हैं कि अगर यह मान भी लिया जाये कि वे दलित-उद्धार हेतु सब-कुछ कर रहे थे तो यह कहना होगा कि इससे राष्ट्रीय स्वतन्त्रता-संग्राम को उन्होंने जितनी क्षति पहुँचायी उसकी तुलना में उन्हें कुछ भी हासिल नहीं हुआ। (पृ. 371-72)

श्री शौरी डॉ. अम्बेडकर के धर्मान्तरण को भी एक नितान्त–'राजनीतिक कृत्य' मानते हैं। उनका कहना है कि उनके बौद्ध धर्म को गौतम बुद्ध के जीवन एवं शिक्षाओं से कुछ लेना-देना नहीं है और उनमें स्वयं 'आभ्यन्तरिकता' का अभाव है और वे कभी भी अपनी कटुता एवं दम्भ को अतिक्रमित नहीं कर सके। दूसरा यह कि स्वतन्त्रता-संग्राम के दौरान मुसलमान अथवा ईसाई बनकर वे अंग्रेजों के लिए अप्रासंगिक हो जाते। मुसलमानों की अपनी राजनीति एवं राजनेता थे जो राज के हितों का ध्यान रखते थे, अतः मुस्लिम नेता के रूप में उनकी कोई स्वतन्त्र अहमियत नहीं बन पाती। ईसाई के रूप में वे भारतीय जनमानस से सम्पूर्णतः कट जाते और उनका कोई राजनीतिक महत्त्व नहीं रह जाता। कांग्रेस एवं गाँधी के विरोध ी हिन्दू-दलित नेता के रूप में ही अंग्रेजों की दृष्टि में उनका महत्त्व था। अतः श्री शौरी की दृष्टि में डॉ. अम्बेडकर–

> *तभी तक उसके (राज के) लिए उपयोगी थे जब तक वे हिन्दू रहते हुए धर्म की भर्त्सना कर रहे थे; जब तक वे हिन्दू थे और गाँधी के इस दावे को झुठला रहे थे कि गाँधी पूरे भारत के प्रतिनिधि हैं। जिन्ना कह रहे थे कि गाँधी मुसलमानों के प्रतिनिधि नहीं है; अंग्रेजों को एक हिन्दू चाहिए था जो कहे कि वे समूचे हिन्दुओं के भी प्रतिनिधि नहीं हैं।(पृ. 375)*

तीसरी बात यह कि धर्मान्तरण अथवा अपने धर्म की मात्र भर्त्सना कभी भी समाज-सुधार का प्रभावी तरीका नहीं हो सकता। हिन्दू धर्म के प्रति डॉ. अम्बेडकर आक्रामक नहीं निन्दात्मक हैं और उनकी समूची विरासत भी वैसी ही है। इसके सन्दर्भ में वे स्वामी विवेकानन्द को उद्धृत करते हैं कि कोई धर्म बुराई से सर्वथा मुक्त नहीं है और यायावरी दृष्टि से किसी धर्म की बुराइयों पर लम्बा भाषण देना कोई बड़ी बात नहीं, बड़ी बात है उसे सुधारना। निन्दा अभियान से नुकसान अधिक, लाभ कम होता है–

गाली-गलौज और निन्दात्मक साहित्य से क्या लाभ हुआ?... उन्होंने आलोचना, भर्त्सना, निन्दा तब तक की है जब तक कि कठमुल्ले उन्हीं के स्वर में नहीं बोलने लगे और जैसे को तैसा नहीं किया; और इसका परिणाम है प्रत्येक भाषा में एक साहित्य जो उस जाति एवं देश के लिए लज्जाजनक है। क्या यही सुधार है? इसमें किसकी गलती है? (पृ. 371-73)

विवेकानन्द ने शंकर, रामानुज, कबीर, नानक, चैतन्य, दादू आदि धर्म-सुधारकों की चर्चा की है जिन्होंने यह नहीं कहा कि 'ऐ हिन्दुओं तुम दुष्ट थे, अब तुम अच्छा बनों', उन्होंने कहा– 'तुम अच्छे रहे हो, लेकिन इससे भी अच्छा बनना है' और इतने से बहुत फर्क पड़ जाता है। यही फर्क दो दलित धर्म-सुधारक नारायण गुरु और बाबा साहेब अम्बेडकर में है और दोनों की विरासत में भी उतना ही फर्क है–

नारायण गुरु की विरासत में एक समाज उच्चस्थ हुआ है, वहाँ संगति है, निचली जातियाँ शिक्षित एवं सम्मानित हैं और उन्हें अपने मूल्य (worth) का अहसास है। अम्बेडकर की विरासत है एक भीड़ (bunch) जो सब पर चीखती है; एक समूह जो केवल माँगता और भर्त्सना करता है, एक समूह जो आत्म-दया (self pity) और नफरत के दलदल में फँसा है, एक समाज जो अपने में संघर्षत है। (पृ. 381)

## डॉ. अम्बेडकर का जीवन मानक नहीं, चेतावनी

डॉ. अम्बेडकर की व्यावहारिक राजनीति और उनकी धार्मिक सोच आदि की व्याख्या से श्री शौरी का यह निष्कर्ष है कि डॉ. अम्बेडकर का जीवन अनुकरणीय नहीं बल्कि एक 'चेतावनी' है, "यह एक चेतावनी है कि किस प्रकार किसी का यह विश्वास कि वह किसी उद्देश्य के प्रति समर्पित है, उसे दिग्भ्रमित कर उन लोगों की सेवा में लग सकता है जो उनके देश को रौंदते हैं।" (पृ. 373) डॉ. अम्बेडकर ने उस समय के अंग्रेजी-राज को खुला समर्थन दिया जब वह समर्थन के लायक नहीं था। इस प्रकार यह "चेतावनी है कि कैसे 'एक उद्देश्य मूलगामिता' से उत्पन्न प्रेरणा 'सर्वोत्तम व्यक्तियों' को भी वहाँ पहुँचा देती है जहाँ, अगर वह सफल हो गयी तो समूचे देशवासियों को खतरे में डाल देगी।" (पृ. वही) 'दुश्मन का दुश्मन, दोस्त होता है' के सिद्धान्त ने ही सुभाषचन्द्र बोस को फासीवादियों के गोलमेज में भेजा और डॉ. अम्बेडकर को राज-समर्थकों के गोल में। एक को हर कीमत पर राष्ट्रीय मुक्ति चाहिए थी और दूसरे को दलित-मुक्ति, यद्यपि श्री शौरी डॉ. अम्बेडकर की दलित-निष्ठा के प्रति शंकालु हैं। अतः श्री शौरी पुनः आगाह करते हैं कि व्यक्ति को अपनी बड़ी-से-बड़ी प्रतिबद्धता को व्यापक सन्दर्भों में जाँचना-परखना चाहिए अन्यथा उसके सोच एवं व्यवहार से अनुप्रेरित विरासत दुखदायी सिद्ध होती है।

(पृ. 374) इतना ही नहीं, यह दलील कि अपने प्रारम्भिक जीवन में झेले गये अपमान की प्रतिक्रिया में डॉ. अम्बेडकर राज-समर्थक बने थे, दुःखद है। इसमें भी एक 'सीख' मिलती है—"सामाजिक रूप से प्रभावशाली लोग अगर ससमय अपनी कटुता को अतिक्रमित नहीं कर पाते तो उनकी विरासत विषाक्त होती है। महात्मा गाँधीकी तरह अम्बेडकर साहेब अपने अपमान से उत्पन्न कटुता को अतिक्रमित नहीं कर पाये। वे अन्त तक कटु बने रहे और उनका उत्तराधिकार 'मायावती-कांशीराम का विष और 'दलित वाएस' का गरल है।" (पृ. 375)

## आधुनिक मनु के रूप में डॉ. अम्बेडकर

श्री शौरी डॉ. अम्बेडकर को 'संविधान निर्माता' के रूप में प्रस्तुत किया जाना नहीं पसन्द करते। उनकी दृष्टि में ऐसा मानना तथ्याधारित नहीं है। दरअसल डॉ. अम्बेडकर प्रथमतः भारतीय स्वतन्त्रता के विरोधी थे और संविधान-निर्माण के किसी भी प्रयास को अनावश्यक और खतरनाक मानते थे। इस सम्बन्ध में श्री शौरी ने 5 अक्टूबर, 1946 को वेवेल-अम्बेडकर वार्त्ता के 'गुप्त' अभिलेखों को उद्धृत किया है जिसमें डॉ. अम्बेडकर ने वाइसराय से निम्नांकित आग्रह किया था—

1. भारत की परिगणित जातियाँ अंग्रेजी-राज का आधार-स्तम्भ रही हैं और उनका राज से हमेशा दोस्ताना सम्बन्ध रहा है;
2. भारतीय स्वतन्त्रता से बड़े दुर्भाग्य की कल्पना नहीं की जा सकती;
3. कैबिनेट मिशन के समक्ष भी उन्होंने स्पष्ट किया था कि भारत में संविधान-सभा की कोई आवश्यकता नहीं है; और
4. संविधान बनाना विशेषज्ञों का काम है और ये विशेषज्ञ देशी और विदेशी दोनों होंगे, लेकिन अध्यक्ष अनिवार्यतः अमेरिका एवं ब्रिटेन के विशेषज्ञ होंगे। (पृ. 407-08)

संविधान-सभा के निर्माण का विरोध करते हुए डॉ. अम्बेडकर ने चार तर्क दिए थे—

1. वह अनावश्यक है क्योंकि 'भारत सरकार अधिनियम 1935' कायम है;
2. स्कॉटलैण्ड के सांसदों की तरह संविधान-सभा के भारतीय सदस्यों को भी घूस देकर भ्रष्ट किया जा सकता है और इसलिए यह पहल लाभदायक कम, खतरनाक अधिक होगी।
3. आम सहमति पर संविधान-निर्माण के पूर्व के सारे प्रयास 1928 का मोतीलाल नेहरू मसविदा, 1930-31 की गोलमेज सभाएँ, 1945 की सप्रू समिति-असफल रहे हैं और इस कारण अब किसी अतिरिक्त प्रयास की आवश्यकता नहीं है; और

4. एकमात्र समाधान दलितों के लिए अल्पसंख्यकों की तरह हर स्तर पर आरक्षण देना है जो प्रस्तावित संविधान-सभा द्वारा संभव नहीं है और इस कारण इसकी कोई आवश्यकता भी नहीं। (पृ. 404-07)

लेकिन 1946 तक आते-आते देश की राजनीतिक परिस्थिति में गुणात्मक परिवर्तन हो चुका था। अब अंग्रेजों की रुचि कांग्रेस-विरोध में नहीं बल्कि उससे समझौते में थी। अतः पुनः डॉ. अम्बेडकर को वाइसराय काउन्सिल में नहीं रखा गया जिस पर उन्होंने बड़ी तीखी प्रतिक्रिया व्यक्त की थी। जब संविधान-सभा हेतु चुनाव सुनिश्चित हो ही गया तो डॉ. अम्बेडकर मुस्लिम लीग के समर्थन से पूर्वी बंगाल से चुनाव लड़कर इसके सदस्य बने। लेकिन तत्काल ही देश का विभाजन हो गया और उनकी सदस्यता समाप्त हो गयी। फिर कांग्रेस ने विशेष व्यवस्था करके, अपने एक सदस्य से इस्तीफा दिलाकर, बाम्बे से उन्हें चुनवाया फिर वे कांग्रेस द्वारा ही पहले मसविदा समिति में आये और उसके बाद उसके अध्यक्ष बनाये गये। यह सब कांग्रेस की घोषित नीति 'भूलो और क्षमा करो' के अन्तर्गत हुआ था। संविधान-सभा के समक्ष डॉ. अम्बेडकर ने अपने शेड्यूल्ड क्लास फेडरेशन की ओर से एक एकीकृत भारत का संविधान भी प्रस्तुत किया था, जिसमें 'बहुमत का शासन' के हिन्दूवादी आग्रह के विकल्प के रूप में 'सापेक्ष बहुमत' का सिद्धान्त प्रस्तावित था। इसमें सीटों का बँटवारा कुछ ऐसा था कि बहुसंख्यक समुदाय किसी एक बड़े अल्पसंख्यक से मिलकर सरकार न बनाने पावे; वही अल्पसंख्यक प्रत्याशी चुनाव जीते जिसे अल्पसंख्यकों का विश्वास प्राप्त हो; प्रधानमन्त्री में अल्पसंख्यकों का विश्वास आवश्यक हो और कैबिनेट के मन्त्री प्रधानमन्त्री के प्रति नहीं बल्कि अपने समुदाय के प्रति जिम्मेदार हों। यह सिद्धान्त इस समझ पर बनाया गया था कि भारत में अल्पसंख्यक एवं बहुसंख्यक के बीच विद्वेष सनातन है क्योंकि, "भारत में बहुसंख्यक साम्प्रदायिक बहुसंख्यक है, राजनीतिक बहुसंख्यक नहीं।" वे हिन्दू समुदाय अर्थात् कांग्रेस (जिसका संविधान-सभा में प्रचण्ड बहुमत था) को समझाते हैं कि 'सर्वसम्मति का कानून' सर्वोत्तम होता है अतः उन्हें 'बहुमत के शासन' को पवित्र मानकर जिद्द नहीं करनी चाहिए। बहुमत का शासन सिद्धान्त के रूप में नहीं स्वीकारा जाता बल्कि नियम के रूप में बर्दाश्त किया जाता है और यह भारत में बर्दाश्त भी करने लायक नहीं है, क्योंकि यहाँ यह 'जड़ साम्प्रदायिक' है न कि 'परिवर्तनशील राजनीतिक'। (पृ. 411-25) अम्बेडकर साहेब द्वारा प्रस्तुत संविधान-प्रारूप में एक धमकी भी है-हिन्दुओं को सन्तुष्ट होना चाहिए कि अल्पसंख्यक कुछ सुविधाओं-सुरक्षाओं से ही सन्तुष्ट हैं अन्यथा वे आयरलैण्ड के राष्ट्रवादी नेता रेडमॉड की भाषा में कह सकते हैं कि, "तुम्हारी सुरक्षाएँ चूल्हेभाड़ में जायें, हम तुमसे शासित नहीं होना चाहते।" (पृ. 420)

अपने इस संविधान के प्रारूप में डॉ. अम्बेडकर ने 'राज्यवादी समाजवाद' (state socialism) की बात उठायी है जिसमें मुख्य उद्योगों, बीमा एवं कृषि-भूमि के राजकीयकरण का प्रावधान है; सामूहिक कृषि एवं शेष भूमि के पुनर्वितरण की वकालत है और यह भी स्पष्ट कर दिया गया है कि इसके लिए राजनीतिक लोकतन्त्र 'अनुपयुक्त' है। श्री शौरी 'राज्यवादी समाजवाद' सम्बन्धी इस पहल को जमाने का एक 'बौद्धिक शोक' बताकर खारिज भी करते हैं। (पृ. 428-30) संविधान सभा ने अम्बेडकर साहेब द्वारा प्रस्तावित प्रारूप को अस्वीकार कर दिया और जो प्रारूप आधार-पत्र के रूप में स्वीकार किया वह सर बी. एन. राऊ द्वारा प्रस्तुत था। सर बी. एन. राऊ अम्बेडकर साहेब की अध्यक्षतावाली 'संविदा समिति' के संवैधानिक सलाहकार थे और जिनके विराट् पाण्डित्य की चर्चा अम्बेडकर साहेब ने भी की है।

संविधान-निर्माण की प्रक्रिया भी एक अत्यन्त सोची-समझी प्रक्रिया थी और इस प्रक्रिया के निर्धारण में कांग्रेस की भूमिका दलगत न होकर राष्ट्रवादी थी। प्रत्येक किस्म के हित एवं मत को ईमानदारी से समाविष्ट करने का प्रयास था ताकि यह अपने युग को प्रतिबिम्बित करते हुए भावी आशाओं-आकांक्षाओं के लिए भी जगह दे सके। प्रत्येक महत्त्वपूर्ण एवं संवेदनशील मसले पर विचार एवं प्रस्ताव के लिए संविधान-सभा ने उप-समितियाँ बनायीं जिन्हें परामर्श हेतु एक तीस-सदस्यीय 'सलाहकार समिति' चुनी गयी; प्रत्येक उप-समिति के प्रस्तावों को अन्तिम रूप देने हेतु एक 'विशेष समिति' गठित की गयी। इसके बाद ही किसी उप-समिति का कोई प्रस्ताव संविधान-सभा के समक्ष विचार-विमर्श के लिए रखा जाता जिसके प्रत्येक शब्द पर बहस होती, अपेक्षित संशोधन किये जाते और इनके प्रकाश में ही सम्बन्धित उप-समिति पुनः प्रारूप तैयार करती और फिर उसे समाविष्ट करने के लिए 'मसविदा समिति' के पास भेजा जाता जिसका कार्य मुख्यतः 'सेक्रेटेरियल' था। अन्ततः 'मसविदा समिति' ने अपने 395 धाराओं एवं आठ शेड्यूल्सवाले संविधान-प्रारूप को डॉ. अम्बेडकर के माध्यम से संविधान-सभा के समक्ष विचारार्थ पेश किया तो पुनः 7,639 संशोधन प्रस्तावित हुए जिनमें से 2,473 को स्वीकार किया गया; 220 धाराओं को बिल्कुल बदल दिया गया और 120 धाराओं में भारी परिवर्तन किये गये। व्यवस्था यह भी थी कि अगर कोई प्रस्ताव अल्पमत से पारित होता है तो उसे भी किसी-न-किसी रूप में जगह मिलनी चाहिए। जैसा अल्पसंख्यक समिति ने पृथक् चुनाव-क्षेत्र के प्रस्ताव को 3 के मुकाबले 28 मतों से पराजित कर दिया, लेकिन छोटे अल्पसंख्यकों को वरीयता देकर सीटें आरक्षित करने का प्रावधान किया। (पृ. 462-63) डॉ. अम्बेडकर और मुस्लिम लीग के सदस्य कैबिनेट में अल्पसंख्यकों के लिए आरक्षण चाहते थे किन्तु यह प्रस्ताव 7 के मुकाबले 8 मतों से गिर गया,

फिर भी इसे 'इन्स्ट्रमेण्ट ऑफ इन्स्ट्रक्शन' के तहत संविधान के शेड्यूल में 5 के मुकाबले 12 मतों से शामिल किया गया। सामान्य नौकरियों में आरक्षण के प्रस्ताव को उपसमिति ने शेड्यूल्ड कास्ट के लिए जनसंख्या के अनुपात में एक के मुकाबले सोलह मतों से पारित किया; लेकिन प्रतियोगी परीक्षाओं में छह के मुकाबले ग्यारह मतों से ही पारित किया जा सका। अपने प्रचण्ड बहुमत के बावजूद कांग्रेस ने परस्पर विरोधी हितों एवं अपने विरोधियों को भी विभिन्न समितियों में महत्त्वपूर्ण स्थान दिया क्योंकि संविधान-निर्माण राष्ट्रीय जिम्मेदारी थी। आश्चर्य नहीं कि एक कांग्रेसी सदस्य श्री बी. दास को तकलीफ थी कि कांग्रेस के भारी बहुमत के बावजूद "इस संविधान से कांग्रेस की भावना गायब है।" (पृ. 581) लेकिन श्री सिब्बनलाल सक्सेना को शिकायत थी कि कांग्रेस की उसके अनुशासनिक एवं रचनात्मक सहयोग के लिए तहेदिल से प्रशंसा की और उसे श्रेय दिया। (पृ. 586) विशद विवेचन के बाद श्री शौरी का निष्कर्ष है कि–

उन दिनों संविधान-निर्माण और देश का भविष्य-निर्माण सचमुच एक राष्ट्रीय दायित्व था, यह एक राष्ट्रीय आन्दोलन था और, जैसा कि आन्दोलनों में होता हैं, आवेशमय क्षणों में अनेकानेक लोग किसी परिणाम में अपना योगदान करते हैं; और... असावधान कोई सही व्यक्ति कहीं रखा जाता है मात्र इसलिए कि उस क्षण वही होता है...। (पृ. 574)

अर्थात् संविधान-निर्माण के लिए किसी एक व्यक्ति को श्रेय नहीं दिया जा सकता क्योंकि यह एक 'सामूहिक' कृत्य था, किसी एक के रहने अथवा न रहने से कोई फर्क पड़नेवाला नहीं था। डॉ. अम्बेडकर की भी इसमें 'महत्त्वपूर्ण भूमिका' थी। इस महत्त्वपूर्ण भूमिका में अल्लादी कृष्णास्वामी अय्यर और एच. बी. कामथ (मसविदा समिति के सदस्य) और श्री एस. एन. मुखर्जी (संविधान के प्रमुख मसविदाकार) और सर्वोपरि, सर बी. एन. राऊ भी आते हैं इसके अलावा बद्दरुद्दीन तैयब जी, ठाकुर प्रसाद भार्गव जैसे लोग भी आते हैं जिन्हें भुला दिया गया है। लेकिन अगर संविधान-निर्माण का श्रेय किसी एक व्यक्ति को देना हो तो वह व्यक्ति सर बी. एन. राऊ हैं जो मसविदा-समिति के प्रमुख संवैधानिक सलाहकार थे और जिनके संविधान-प्रारूप को ही आधार-पत्र के रूप में स्वीकार किया गया था। (पृ. 448-50, 514-15, 597)

श्री शौरी अम्बेडकर साहेब के परस्पर-विरोधी वक्तव्यों एवं टिप्पणियों की ओर भी बार-बार ध्यान खींचकर वह बताना चाहते हैं कि उनको संविधान-निर्माण का सम्मान देना न न्यायसंगत है और न ही तथ्याधारित। इस सम्बन्ध में डॉ. अम्बेडकर ने स्वीकार भी किया था कि "हम वकीलों को अनेक चीजों की वकालत करनी पड़ती

है।" जब डॉ. अम्बेडकर ने एक बार संविधान की कटु आलोचना की तो संसद् के स्पीकर हेगड़े ने उन पर यह टिप्पणी की थी, "उनका समूचा जीवन अन्तर्विरोधों की शृंखला है... मेरे पास उनके लिए दया के अतिरिक्त कुछ भी नहीं है।" (पृ. 387) लेकिन इसके बावजूद डॉ. अम्बेडकर को संविधान-निर्माता के रूप में पेश किया जाता है। कारण? श्री शौरी का उत्तर है नेताओं की वोटपरस्त जातिवादी राजनीति—

जब से जातिवादी राजनीति एवं प्रचार द्वारा वोट बटोरना प्रारम्भ हुआ तब से उन्हें अम्बेडकर की प्रतिमा की आवश्यकता पड़ी है और इस कारण उन पर गुण और उपलब्धियाँ चिपकायी जाती हैं, संविधान उनमें से एक है। (पृ. 597)

श्री शौरी का यही निष्कर्ष है। उनकी दृष्टि में राजनीतिक निहित स्वार्थों ने अभिलेखों को देखे बगैर एक मिथक निर्मित किया है और अगर कोई इस पर प्रश्न चिह्न लगाता है तो उससे 'शाब्दिक आतंकवाद और शारीरिक आक्रमण' द्वारा निपटा जाता है।

लेकिन क्या अम्बेडकर साहेब और उनकी राजनीतिक-सामाजिक विरासत में उतना ही है जितना श्री शौरी हमें बताते हैं? ऐसा नहीं है। दरअसल यह पुस्तक एक निषेधात्मक प्रतिक्रिया है, खण्डन-मण्डन है, कोई सकारात्मक स्थापना नहीं। यह एक निषेध के निषेध का प्रयास है।

•

# बाबा साहेब अम्बेडकर के विविध अद्यतन सन्दर्भ

'समकालीन सोच परिवार, गाजीपुर' के तत्त्वावधान में गत 26 दिसम्बर को 5:30 बजे शाम से डॉ. पी. एन. सिंह के आवास पर 'बाबा साहेब अम्बेडकर के विविध अद्यतन सन्दर्भ' विषय पर एक गम्भीर संगोष्ठी सम्पन्न हुई जिसकी अध्यक्षता आदरणीय पब्बर राम ने की। सर्वप्रथम अम्बेडकर-जीवन के निष्ठावान अध्येता श्री रामनाथ जी ने बाबा साहेब के जीवन के विविध सोपानों का आद्यन्त परिचय देते हुए निम्नांकित बिन्दुओं को विशेष रूप से स्पष्ट किया।

**1.** यह कहना गलत है कि डॉ. अम्बेडकर ने केवल दलितों के लिए संघर्ष किया। वह भी राष्ट्रीय मुक्ति के लिए लड़ रहे थे, केवल इस विशेष चिन्ता के साथ कि कहीं स्वाधीन भारत में भी दलित पूर्ववत् दरकिनार न रह जाये।

**2.** उन्होंने अपने शोध-ग्रन्थों में ब्रिटिश शोषण की सविस्तार आलोचना की है।

**3.** वह राज्यवादी समाजवाद चाहते थे, लेकिन लोकतन्त्र के साथ, क्योंकि वह व्यक्ति-स्वातन्त्र्य के पक्षधर थे और इसलिए, सर्वहारा की तानाशाही के खिलाफ थे।

**4.** जीवन में व्यक्तिगत नैतिकता के लिए धर्म की अनिवार्य भूमिका को वह स्वीकारते थे और मार्क्स एवं गौतम बुद्ध का कोई स्वस्थ समन्वय चाहते थे। अतः उन्होंने महात्मा गाँधी की धर्म-सम्बन्धी चिन्ताओं की कभी आलोचना नहीं की।

संस्कृतविद् श्री धर्मनारायण ने डॉ. अम्बेडकर की धर्म-सम्बन्धी सोच पर प्रतिकूल टिप्पणी की और कहा कि धर्म सामान्यजन की आवश्यकता है, न कि नैतिक मनुष्य की आवश्यकता है। जाग्रत विवेक धर्म की सरहद पार कर जाता है। गौतम बुद्ध धार्मिक नहीं थे, वह विवेकवादी थे। डॉ. अम्बेडकर का धर्मान्तरण-सम्बन्धी निर्णय मूलतः राजनीतिक था, क्योंकि वह एक वैकल्पिक दलित समुदाय निर्मित करना चाहते थे। इस परिप्रेक्ष्य में नेहरू अधिक साहसी और रैडिकल थे। यद्यपि धर्मनारायण जी ने नेहरू और अम्बेडकर को 'आदर्श सोशल डिमोक्रैट' के रूप में प्रस्तुत किया, लेकिन उनकी दृष्टि में नेहरू अधिक रैडिकल और अम्बेडकर अधिक

व्यवहारिक थे। डॉ. अम्बेडकर ने न केवल देश के विभाजन को व्यावहारिक बताया बल्कि सीमा पर से मुस्लिम जनसंख्या को स्थानान्तरित करने सम्बन्धी सुझाव देने का व्यावहारिक सूझ-बूझ एवं साहस दिखाया। विद्वान् वक्ता ने यह भी कहा कि अम्बेडकर दलितों के नेता ही नहीं प्रतिनिधि भी हैं और आश्चर्य नहीं, उनके विचारों की रोशनी में सच्चा दलित संघर्ष आरम्भ हो सका।

राजनीतिक विश्लेषक डॉ. जितेन्द्र राय ने कहा कि डॉ. अम्बेडकर की एक बड़ी महत्त्वपूर्ण सहभागिता सामाजिक परिवर्तन को वैधानिक आधार देकर लोकतन्त्रीकरण की प्रक्रिया को ताकत दी तथा संघर्षों की क्रूरता को अनावश्यक बनाया। इसी प्रकार दलित और राष्ट्रीय प्रश्न के सम्बन्ध में विद्वान् वक्ता ने बताया कि न गाँधी दलित विरोधी थे और न अम्बेडकर राष्ट्र विरोधी थे। दोनों की चिन्ता एक समरस भारतीय समाज के निर्माण की थी जिसके बिना कोई राजसत्ता स्थिर एवं न्यायसंगत नहीं रह सकती। **तीसरी** बात यह कि गाँधी की समस्या साम्राज्य-विरोधी अर्थात् राष्ट्रीय मुक्ति थी, और इसलिए उन्होंने सबका सहयोग चाहा, लेकिन अम्बेडकर की समस्या दलित-मुक्ति थी और उन्हें सवर्णों में विश्वास नहीं था। अतः इस समस्या को वह जितना उछाल सकते थे उतना उछाला। यह उनकी राजनीतिक आवश्यकता थी। **चौथी** बात यह कि धर्म डॉ. अम्बेडकर के लिए दलित एका का राजनीतिक प्रोजेक्ट था, और यह याद रखने की आवश्यकता है कि यूरोप को धर्म से मुक्ति के लिए लगभग एक हजार वर्ष तक लड़ना पड़ा था। कुल मिलाकर गाँधी और अम्बेडकर परस्पर पूरक व्यक्तित्व हैं, और उछाला गया अन्तर्विरोध गलत है।

डॉ. बालेश्वर विक्रम ने अम्बेडकर-रागस्या की जात-पाँत से तथाकथित छोटी जातियों में उत्पन्न हीनता-बोध को जोड़ा और कहा कि अभी भी जात-पाँतवादी विभेद एक क्रूर सत्य है और दलित-संरक्षक नियमों का कायम रह सकना एक मजबूत प्रमाण। पत्रकार श्री अनिल कुमार सिंह ने बड़ौदा के महाराज और कोल्हापुर के शाहू जी महाराज की अम्बेडकर के निर्माण में भूमिका पर प्रकाश डाला, और बाबा साहेब के तीन सूत्रों—शिक्षित बनो, संगठित होओ और संघर्ष करो—की उपादेयता को रेखांकित किया। श्री अनिल कुमार तिवारी ने अम्बेडकर के राजनीतीकरण को गलत बताया, लेकिन दलित ऐक्ट को उचित बताते हुए अम्बेडकर-चिन्तन की दलित केन्द्रीयता की वकालत की। श्री अनिल कुमार शर्मा ने अम्बेडकर के अकादमिक, सामाजिक एवं रूढ़िवादी आयामों की चर्चा की और कहा कि गाँधी और नेहरू की तरह अम्बेडकर भी आत्मसात् कर लिये जायेंगे और उनके सारे सामाजिक संघर्षों की समाप्ति हो जायेगी। उन्होंने आगे कहा कि पूना पैक्ट के बाद अम्बेडकर की आक्रामकता ने कर्त्तव्यों में बँधे एक समाज को अधिकारोन्मुख बनाना था। संविधान

का दस्तावेज तैयार करने के सम्बन्ध में नेहरू अंग्रेज विशेषज्ञ जान्किन्स को चाहते थे, लेकिन गाँधी अम्बेडकर को और गाँधी सही थे क्योंकि संविधान में वास्तविक सामाजिक जमीन की अभिव्यक्ति होनी ही चाहिए, अन्यथा वह बेमानी हो जाएगा।

भाकपा के जिला सचिव श्री सुरेन्द्र राम ने कहा कि गाँधी और अम्बेडकर दोनों ही एक समरस समाज चाहते थे, लेकिन अपने-अपने तरीके से। लेकिन उस समय वामपन्थी ताकतें भी थीं जो अपने तरीके से इसी के लिए संघर्षरत थीं और इनका प्रभाव अम्बेडकर, गाँधी, कांग्रेस और अंग्रेजी सत्ता सब पर था। उसे नजरअन्दाज किया जाता है। उन्होंने कहा कि भारतीय समाज का जो स्वरूप था उसमें अगर अम्बेडकर जीवित भी होते तो संविधान को लागू नहीं करा पाते। दरअसल, गाँधी और अम्बेडकर अर्थव्यवस्था को लेकर एकमत थे और दोनों ही मार्क्सवादियों के बारे में एक तरह से सोचते थे। आज भी जाति एक भद्दा सामाजिक तथ्य है और भूमि आज भी दलित संघर्षों की जड़ है। इन सबका समाधान वर्गीय संघर्ष से ही हो सकता है। उन्होंने खेद व्यक्त किया कि अभी भी सामान्य सवर्णों ने अम्बेडकर और रैदास को नहीं स्वीकारा है। अगर गहराई से देखेंगे तो इन दोनों ने ही भारतीय समाज को जोड़ने-बचाने में एक निर्णायक भूमिका निभायी है। उन्होंने इस बात पर भी खेद जताया कि छूआछूत घटी है, लेकिन जातिवादी राजनीति बढ़ी है, मण्डलोत्तर राजनीति की यही मुख्य विशेषता है।

अन्तिम वक्ता के रूप में सबका समाहार प्रस्तुत करते हुए डॉ. पी. एन. सिंह ने भी कुछ बातें रखीं और डॉ. अम्बेडकर के महत्त्वपूर्ण अवदानों की ओर ध्यान खींचा।

**1.** उन्होंने पारम्परिक वर्णवादी हिन्दू समाज की आलोचना लिखी और इसकी विसंगतियों एवं क्रूरताओं का राजनीतीकरण किया जिसके बिना कोई प्रभावी परिवर्तन सम्भव नहीं होता। गौतम बुद्ध से लेकर सिद्धों, नाथों, कबीर-रैदास और फुले तक किसी ने अपनी सामाजिक आलोचना को आर्थिक राजनीतिक विस्तार नहीं दिया था। दरअसल, सामाजिक-धार्मिक सुधार प्रयास कभी बड़े बदलाव नहीं देते, हाँ बदलाव की राजनीति को बल जरूर प्रदान करते हैं।

**2.** कई एक वक्ताओं ने प्रशंसा और निन्दा दोनों में डॉ. अम्बेडकर को संविधान-निर्माता बताया जो सही नहीं है। दरअसल, यह कांग्रेस नेतृत्व में बनी राष्ट्रीय सहमति का नतीजा है और इसके निर्माण में बड़े-बड़े संविधान विशेषज्ञ कार्यरत थे जिसमें सर्वाधिक महत्त्वपूर्ण भूमिका ड्राफ्टिंग कमेटी के सचिव एस. एन. सेन गुप्ता ने निभायी थी। बाबा साहेब ने मसविदा समिति के अध्यक्ष और कानून मन्त्री की हैसियत से इसके पक्ष में दमदार दलीलें दीं और सही ही कहा था कि भारतीय संविधान क्रान्ति विरोधी होते हुए भी समाजवाद विरोधी नहीं है क्योंकि यह

बदलते हुए राष्ट्रीय राजनीतिक जनमत के अनुरूप संशोधित होता जायेगा। बाबा साहेब स्वयं रक्तरंजित क्रान्ति के विरोधी थे और संवैधानिक परिवर्तनों के पक्षधर।

**3.** श्री धर्मनारायण और जितेन्द्र राय का यह कहना कि बाबा साहेब का धर्म की ओर झुकाव राजनीतिक एवं प्रतिगामी था, सही नहीं है। उन्होंने खूब सोच-समझकर बुद्ध पथ को इसलिए चुना कि वह आत्मवादी, अनीश्वरवादी और समतावादी है और व्यक्ति के विवेक तथा नैतिक शक्ति पर विश्वास करता है। इसकी प्रकृति मूलतः सेक्यूलर है। यह अलग बात है कि अनुयायी अपने प्रतीकों को पूज्य और अनुल्लंघनीय बना डालते हैं।

**4.** यह कि कई एक वक्ताओं ने सवर्णों को जात-पाँत की राजनीति से जोड़ा है, जो अंशतः ही सही है। स्वाधीनता-संग्राम से लेकर अब तक अग्रणी सवर्ण राजनेताओं अथवा बुद्धिजीवियों ने जात-पाँत को सैद्धान्तिक आधार नहीं दिया, लेकिन मण्डल के बाद पिछड़ों ने न केवल संविधान की जात-पाँतवादी व्याख्या की, बल्कि उसी के इर्द-गिर्द राजनीति भी गढ़ी। आरक्षणवाद इसी का नतीजा है और इसका शिकार सवर्ण ही आज ज़ात-पाँतवादी राजनीति का मुखर विरोधी है। अब गैर-सवर्ण तबके, जात-पाँत के सन्दर्भ में, प्रगतिशील भूमिका के लायक नहीं हैं। बाबा साहेब ने इसे पुनरीक्षित करते रहने की बात उठायी थी और एक समय-सीमा और 50 प्रतिशत से अधिक आरक्षण को 'अन्याय' बताया था।

**5.** यह कि बुद्धिजीवियों को बुद्धिधर्मी बनना पड़ेगा। अब सतही रूप में महापुरुषों की तुलना और उनके अन्तर्विरोधों से बचते हुए, उनके सामान्य बिन्दुओं, उनकी परस्पर सहमतियों को रेखांकित करना चाहिए। यही समरस समाज और राजनीतिक सहमति के निर्माण में सहायक होगा, और राजनीतिक एवं सामाजिक, संघर्ष समाधेयता की सीमा में बने रहेंगे। सामाजिक-आर्थिक बदलाव तनाव एवं संघर्ष देता है, राजनीति इसका लाभ लेती है। प्रश्न है इसे एक्यूट न बनने देने का। यहीं पर बुद्धिधर्मी, संस्कृतिकर्मी, रंगकर्मी, कलाकार, संगीतज्ञ आदि की भूमिका बनती है। कान्फ्लिक्ट के स्पेस को कम करने की भूमिका। अभी भी भावी भारत के निर्माण के सन्दर्भ में मार्क्स, गाँधी और अम्बेडकर की महत्त्वपूर्ण भूमिका है। अतः हममें इनके कामन बिन्दुओं को ध्यान में रखते हुए, इनके केन्द्रीय सरोकारों की रोशनी में सोचना, बोलना एवं समालोचना विकसित करनी चाहिए।

●

# राष्ट्र-निर्माण के सन्दर्भ में महात्मा गाँधी और बाबा साहेब अम्बेडकर

अतिवादी अन्तर्विरोधों का दौर एक ही साथ प्रतिमा-विखण्डन एवं प्रतिमा-निर्माण का दौर होता है। अक्सर लोग अपनी प्रतिमा को सँवारने के लिए दूसरों की प्रतिमाओं के विखण्डन को पूर्वशर्त के रूप में देखते हैं। अगर डॉ. अम्बेडकर को 'देशद्रोही' सिद्ध किये बगैर (जो अरुण शौरी करते हैं) लोग गाँधी की प्रतिमा को निर्मित नहीं कर पाते; और इसी तरह गाँधी को 'शैतान की औलाद' बताये बगैर (जो बी. टी. राजेश्वर करते हैं) हम अम्बेडकर को सुडौल नहीं बना पाते तो हम यह समझने की स्थिति में नहीं हैं कि डॉ. अम्बेडकर के रास्ते भारतीय स्वतन्त्रता संग्राम कमजोर हुआ होता और गाँधी के रास्ते, उनकी तमाम सदिच्छाओं एवं प्रयासों के बावजूद, दलित-दलन पूर्व की तरह ही सुरक्षित एवं मनमाना होता। अगर राष्ट्रीय परतन्त्रता एक भयानक यथार्थ थी तो तत्कालीन अछूतों की दोहरी गुलामी का यथार्थ उससे भी अधिक पीड़ादायक था। दोनों में अन्तर इतना भर था कि राष्ट्रीय गुलामी के विरुद्ध बोलनेवाला वह मध्यम वर्ग इतिहास-पटल पर आ गया था और अपनी पीड़ा को कह पा रहा था, लेकिन अम्बेडकर के पूर्व दलितों के बीच कोई ऐसा ताकतवर सुपठित आवाज नहीं थी जो दलितों के दुःख को वाणी दे पाती। महात्मा फुले जरूर थे, लेकिन वे राष्ट्रीय ताकत नहीं बन सके। सच यह है कि अपनी-अपनी जगह गाँधी और अम्बेडकर दोनों सही थे—एक का सन्दर्भ एक अमूर्त, भावनात्मक मानवतावादी राष्ट्रवाद था जिसमें सबको समेटने की कोशिश थी, दूसरे का अधिक मूर्त, ठोस एक किस्म का 'सबआल्टर्न' राष्ट्रवाद था जो दलितों के सामाजिक-राजनीतिक हक को केन्द्र में रखकर मुखर हो रहा था।

हमारी राष्ट्रीय मुक्ति के तीन आयाम स्पष्ट हैं—राष्ट्रवादी आयाम, वर्गवादी आयाम और वर्णवादी आयाम। इसमें राष्ट्रवादी मध्यवर्गीय आयाम तो कभी एक साथ हुए, कभी लड़े, लेकिन यह इतिहास का दुर्भाग्य ही कहा जायेगा कि वर्णवादी आयाम

न वर्गवाद से अपना ताल-मेल बैठा पाया और न प्रचलित राष्ट्रवाद से। इसके अनेक कारण हैं जिनकी मीमांसा में फँसना विषयान्तर होगा। इसी तरह वर्गवादी परिप्रेक्ष्य के बारे में भी कुछ यहाँ कहना अप्रासंगिक होगा। गाँधीवादी राष्ट्रीय परिप्रेक्ष्य और अम्बेडकरवादी दलित परिप्रेक्ष्य के सन्दर्भ में मैं इतना भर रेखांकित करना चाहता हूँ कि दोनों परस्पर पूरक हो सकते थे, लेकिन विभिन्न वैयक्तिक एवं परिस्थितिगत कारणोंवश ये टकराते ही रहे और यह तत्कालीन भारतीय परिस्थितियों में, दो सर्वोत्तम की टकराहट थी जो आज तक भारतीय राजनीति एवं राष्ट्र-निर्माण को तिक्त एवं जटिल बनाये हुए है। इस सन्दर्भ में एक प्रख्यात प्राचीन यूनानी नाटककार इस्किलस (ई.पू. 525-456) का एक नाटक Seven Against Thebes का कथ्य बहुत प्रासंगिक है। नाटक में एक भाई पालीनीक अपने आहत सम्मान एवं हकतल्फी के चलते दूसरे भाई इशियोक्लीज (Eciocles) के राज्य के विरुद्ध हो जाता है और प्रचलित राष्ट्रीयता के खिलाफ जंग छेड़ता है जिसमें दोनों भाई एक-दूसरे की हत्या करते हैं। स्वभावतया जनता एवं राज्य इशियोक्लीज के साथ हैं और उसे राजकीय सम्मान के साथ अन्तिम संस्कार किया जाता है, लेकिन बहन ऐण्टीगोनी अपने उपेक्षित भाई का सम्मान करती है और अन्ततः एक कोरस (जो यूनानी नाटकों में सामान्यतया तटस्थ विवेक का संवाहक हुआ करता है) उपेक्षित, निन्दित पालीनीक के यहाँ जाता है क्योंकि–

*And what a state upholds as just*
*Changes with the changing of time*

इसी तरह दूसरा कोरस अपने मृत राजा इशियोक्लीज के अन्तिम संस्कार में जाता है, और कहता है कि यहाँ राज्य और न्याय हमारी ही बात कहते हैं :

*Since here the state and justice speak with our voice.*

महात्मा गाँधीके साथ 'राज्य और न्याय' एक साथ रहे, और अम्बेडकर साहेब को उस समय का इन्तजार करना पड़ा जब राज्य का न्याय-बोध समय के बदलाव के साथ बदलता। समय बदला है और उसके साथ समाज एवं राज्य का न्याय-बोध भी और दलित आज सोच के केन्द्र में है और बाबा साहेब बौद्धिक विचार-विमर्श एवं सामाजिक बदलाव की धुरी बने हैं। सही दोनों थे। गाँधी जिस यथार्थ पर बल दे रहे थे तब वही मुखर यथार्थ था, वही सामाजिक चेतना की धुरी था; और अम्बेडकर जिस यथार्थ पर बल दे रहे थे वह अभी सतह के नीचे था लेकिन भारतीय भविष्य की रचना का वही आधार-बिन्दु था जिसकी तरफ महात्मा गाँधीभी बार-बार इशारा कर रहे थे। आश्चर्य नहीं, राष्ट्रीय स्वतन्त्रता-संग्राम के शीर्षस्थ नेताओं में सम्भवतः महात्मा गाँधीअकेले व्यक्ति थे (जवाहरलाल नेहरू सहानुभूति के बावजूद अम्बेडकर को लेकर मौन ही रहे)

जिन्होंने अम्बेडकर साहेब के अनेकानेक कटु वक्तव्यों के बावजूद, 1930-31 की द्वितीय गोलमेज कान्फ्रेन्स में एक-दो वाक्यों को छोड़कर, उनके विरुद्ध मुँह नहीं खोला। डॉ. अम्बेडकर भी इसे स्वीकार करते हैं—

*मुझे अवश्य स्वीकार करना चाहिए कि जब मैं महात्मा गाँधीसे यरवदा जेल में मिला था तो हम दोनों के बीच बहुत-कुछ समान था। मैं सोचता हूँ कि पूना समझौते में महात्मा गाँधी को ही अधिकतम श्रेय देना चाहिए। मैं यह देखकर चकित था कि वह आदमी मुझसे भिन्न मत रखता था गोलमेज सभा में मेरे बचाव में आया न कि उनके जो मुझसे असहमत थे। मैं महात्मा के प्रति बहुत ऋणी हूँ। (डॉ. अम्बेडकर पर शोध सामग्री और अछूतों का आन्दोलन, संग्रहकर्त्ता— डॉ. बी. जी. कुमार, शिक्षा विभाग, महाराष्ट्र सरकार, बाम्बे, 1982, पेज—93)*

इतना ही नहीं, पूना समझौते के बाद एक दलित हिन्दू सभा को सम्बोधित करते हुए उन्होंने कहा था।

*मुझे मात्र इसका पश्चात्ताप है कि महात्मा ने क्यों नहीं इस दृष्टिकोण को गोलमेज सभा में रखा। अगर उन्होंने मेरे दृष्टिकोण को इतना ही महत्त्व दिया होता तो इस परेशानी में पड़ने की जरूरत नहीं पड़ी होती। खैर, ये सब पीछे की बातें हैं। मुझे खुशी है कि मैं यहाँ इस प्रस्ताव को समर्थन देने के लिए ही हूँ। (वही, पेज-98)*

गाँधी का यह जिद्दी निर्णय था कि डॉ. अम्बेडकर को नेहरू मन्त्रिमण्डल में कानून मन्त्री का स्थान दिया जाये और उनकी संविधान-सभा की सदस्यता समाप्त होते ही उन्हें संविधान-सभा का सदस्य बनाया जाये। ये दोनों कार्य महात्मा गाँधी के चलते सम्पन्न हुए थे। उस व्यावहारिक महात्मा की यह समझ ठीक थी कि भारतीय इतिहास के उस निर्णायक बिन्दु पर अपेक्षित संवैधानिक एवं कानूनी हस्तक्षेप द्वारा ही शताब्दियों से उत्पीड़ित दलितों के लिए कुछ ठोस एवं स्थायी पहल आवश्यक थी। अम्बेडकर साहेब भी इन तथ्यों से परिचित थे। लोकसभा में उन्होंने कहा भी था—

*मैं उनका आदर करता हूँ। सब-कुछ के बावजूद, हम सभी के अनुसार अछूत उनके सर्वाधिक निकट और प्रिय थे। (प्रोफे. के. सी. यादव, टाइम्स ऑफ इण्डिया, अप्रैल 14, 1994)*

मेरा कुल आशय इतना भर है कि दोनों में बड़ी समानताएँ थीं, इसके बावजूद कि उनके बीच संघर्ष के भी बिन्दु थे। दोनों समुदायवादी थे, दोनों मूलतः धार्मिक थे, लेकिन वह गाँधी में बहुत मुखर था। दोनों राष्ट्र का हित चाहते थे। अन्तर इतना

भर था कि राष्ट्रीय स्वतन्त्रता के पूर्व डॉ. अम्बेडकर कुछ स्पष्ट, ठोस एवं संवैधानिक वादा चाहते थे ताकि स्वतन्त्रता के बाद दलितों को पारम्परिक सवर्ण तबकों की इच्छा का मोहताज न होना पड़े।

*प्रधानमन्त्री जी, मुझे आपको यह बताने दें कि दलितवर्ग इसे शाहीसत्ता का उनके प्रति बहुत बड़ा विश्वासघात मानेंगे अगर हमें उन्हीं लोगों की दया पर छोड़ दिया जाता है जो हम लोगों के कल्याण में कोई रुचि नहीं रखते और जिनकी समृद्धि और महानता हम लोगों की बर्बादी और अपमान पर ही टिकी है। इस तरह से कहने के चलते भारतीय राष्ट्रवादियों और देशभक्तों द्वारा मुझे साम्प्रदायिक कहा जायेगा... आप मुझसे कह सकते हैं कि दलित-वर्गों के प्रति आपकी सहानुभूति है। मेरा उत्तर है कि यह दलित लोगों के लिए कुछ ठोस और परिभाषित होना चाहिए। आप मुझसे नफरत कर सकते हैं कि मैं अनावश्यक रूप से सन्देह का शिकार हूँ और यह मेरा भय अनावश्यक है, मेरा उत्तर है कि... दी गयी विश्वसनीय सुरक्षा में बर्बाद हो जाने से अच्छा है कि मैं नफरत का ही शिकार बना रहूँ। (वही, पेज-598-99)*

बाबा साहेब अम्बेडकर के इस आग्रह पर गाँधी की तीन आपत्तियाँ थीं : (1) अल्पसंख्यक समस्या के समाधान का आधार स्वराज संविधान है, जबकि आर. टी. आई. में समाधान पाकर स्वराज की बात की जा रही है (2) रीति-रिवाज और परम्पराएँ किसी भी कानून से अधिक बलशाली होती हैं (प्रश्न कानून के बनाने का नहीं है, प्रश्न उसके क्रियान्वयन का है और भारत का वर्तमान सामाजिक समीकरण ऐसे कानून के क्रियान्वयन में अपूर्व बाधा होगा)। अतः इसे हिन्दुओं पर छोड़ा जाना चाहिए कि वे अछूतपन को दूर करें: और (3) इससे हिन्दुत्व बँटेगा, गाँव-गाँव में बँटेगा और इसके दुर्भाग्यपूर्ण परिणाम होंगे, अतः मैं अपनी जान देकर भी इसे बचाऊँगा। इसी कारण जब कम्युनल अवॉर्ड की घोषणा हुई तो महात्मा आमरण अनशन पर चले गये। जद्दोजहद के बाद समझौता हुआ और इसके फलस्वरूप हिन्दू कोटे से 71 की जगह 154 सीटें ( Joint electoral with reservation in addition to primary elections and the preparation of the S.C. panel of candidates) और 1937 के चुनाव 73 सीटें दलित कोटे से और 78 सीटें कांग्रेस कोटे के दलित प्रत्याशी चुनाव जीते थे।

गाँधी और अम्बेडकर साहेब के बीच विवाद का एक और बड़ा मुद्दा था—अछूत समस्या एक सामाजिक बुराई है या धार्मिक विश्वास की उपज। बाबा साहेब की मान्यता थी कि अछूत समस्या जात-पाँत की उपज है और जात-पाँत के पीछे धार्मिक आस्थाएँ हैं लेकिन महात्मा गाँधी इसे मात्र एक सामाजिक बुराई मानते

थे और उन्हें यह विश्वास था कि समाज सुधार आन्दोलन के माध्यम से यह दूर हो जायेगी। उनकी दृष्टि में इस बुराई को हिन्दू धर्म से कुछ लेना-देना नहीं है, क्योंकि कोई ऐसा शब्द दैवीय नहीं हो सकता जो मनुष्य के विवेक और उसके आध्यात्मिक अनुभवों की कसौटी पर खरा नहीं उतरता–

> *ईश्वरीय शब्द की तरह किसी चीज को स्वीकार नहीं किया जा सकता, जबकि वह चीज तर्क द्वारा जाँची-परखी न गयी हो या जो आध्यात्मिक अनुभव में न आयी हो...जात-पाँत को धर्म से कुछ लेना-देना नहीं है... लेकिन मैं यह निश्चित ही जानता हूँ कि यह आध्यात्मिक और राष्ट्रीय विकास दोनों के लिए हानिकारक है। वर्ण और आश्रम ऐसे संस्थान हैं जिन्हें जात-पाँत से कुछ लेना-देना नहीं है। धर्म का आकलन उसके सर्वाधिक बुरे नमूनों के आधार पर नहीं बल्कि उसके सर्वोत्तम उत्पादों के आधार पर ही होना चाहिए (खण्ड-1 पेज-83-84)*

गाँधी ने स्वीकारा था कि हिन्दू अपनी-अपनी जाति का गुलाम है और वह उसे सुधारना नहीं चाहता। अम्बेडकर साहेब के आक्षेप जात-पाँत पर लागू होते हैं, वर्ण पर नहीं। चूँकि जात-पाँत का धर्म से कुछ लेना-देना नहीं है अतः शास्त्रों की सहायता से अछूत प्रथा और जात-पाँत को दूर करने की बात 'कीचड़-से-कीचड़ धोने' जैसी है (वही, पृ. 83)। गाँधी ने यहाँ तक दावा किया कि–

*अगर शास्त्र स्थापित अछूतपन को समर्थन देते हैं तो मैं स्वयं को हिन्दू कहना नहीं चाहूँगा। इसी तरह अगर शास्त्र जात-पाँत को, जैसा कि आज वह अपनी निकृष्टतम स्थिति में है, समर्थन देता है, तो मैं अपने को न हिन्दू कहूँगा, न हिन्दू रहूँगा, क्योंकि मुझमें अन्तरजातीय भोजन या अन्तरजातीय शादी से कोई परेशानी नहीं है। (वही, पृ. 85)*

लेकिन गाँधी यह मानते थे कि अम्बेडकर हिन्दू धर्म के लिए सबसे बड़ी चुनौती हैं, चाहे वे भले अकेले हों, और उन्होंने जो कहा भी कहा है उसकी "उपेक्षा" नहीं की जा सकती :

> *कोई नव-सुधारक इस सम्बोधन की उपेक्षा नहीं कर सकता। दकियानूस इसे पढ़कर की कुछ पा जायेगा। कहने का यह आशय नहीं कि इस सम्बोधन की आपत्ति नहीं की जा सकती। यह इसलिए ही पढ़ा जाना चाहिए कि ये बहुत गम्भीर आपत्तियाँ हैं। डॉ. अम्बेडकर हिन्दुत्व के लिए चुनौती हैं। (वही, पृ. 81)*

स्पष्ट है, आस्था के स्तर पर गाँधी का हीर पुराना है। लेकिन गाँधी यह तो कहते हैं कि अगर कोई शास्त्र छूआछूत अथवा जात-पाँत अथवा वर्णीय जड़ता को स्वीकृति देता है तो वह शैतान द्वारा लिखा गया है, ईश्वरीय नहीं है; और वे यहाँ

तक कहते हैं कि अगर ऐसा है तो वे हिन्दू कहलाना नहीं चाहेंगे। लेकिन वे यह कभी नहीं स्पष्ट करते कि उनका शास्त्र कौन है, और अम्बेडकर शास्त्र-दर-शास्त्र, स्मृति-दर-स्मृति से उदाहरण देते चलते हैं कि यह प्रथा शास्त्र-विहित है। इसी कारण डॉ. अम्बेडकर एक अपने चर्चित व्याख्यान Annihilation of Caste (1935) में छूआछूत और जात-पाँत प्रथा से मुक्ति के तीन रास्ते बताते हैं–1. अन्तरजातीय खान-पान; 2. अन्तरजातीय विवाह; और 3. छूआछूत को सम्पोषित करनेवाले ध ार्मिक ग्रन्थों की आलोचना जो इन कुरीतियों को पवित्रता प्रदान करते हैं और सामान्य हिन्दू की संवेदना को इस सीमा तक अनुकूलित किये हुए हैं कि ये कुरीतियाँ ही उसे स्वाभाविक एवं न्यायप्रिय लगती हैं। अतः वे हिन्दू शास्त्रों की, सामाजिक विवेक की रोशनी में, खुली आलोचना के पक्षधर हैं–

> *लोग और उनके धर्म का आकलन, सामाजिक नैतिकताओं पर आधारित उनके सामाजिक स्तरों पर किया जाना चाहिए। कोई दूसरा मापदण्ड कोई अर्थ नहीं रखेगा, अगर धर्म लोगों के कल्याण के लिए आवश्यक समझा जाये...मैं यह महसूस करता हूँ कि यह दुनिया अधूरी है और कोई भी जो इसमें रहना चाहता है, इसके अधूरेपन को बर्दाश्त करना होगा। लेकिन... मैं महसूस करता हूँ कि मुझे ऐसा समाज रहने के लिए स्वीकार नहीं करना चाहिए, जो गलत आदर्शों को पसन्द करता हो, या एक ऐसा समाज जिसके आदर्श तो सही हों लेकिन जो अपने सामाजिक जीवन में उन आदर्शों से ताल-मेल न बैठा पाता हो। (एन्नीहिलेशन ऑफ कास्ट्स, वाल्यूम-एक, पृ. 94)*

अतः डॉ. अम्बेडकर ने हिन्दुत्व के हित में इसके सैद्धान्तिक आधार को बदलने की वकालत की थी, ताकि वह स्वतन्त्रता, समता और भाईचारा के आदर्शों को सम्पोषित कर सके। इस सुधार के लिए उन्होंने पाँच बिन्दु सुझाये थे–1. हिन्दू धर्म का एक खास धर्मग्रन्थ तैयार किया जाना चाहिए और उसके नियमों आदर्शों के अनुरूप आचरण पर बल दिया जाना चाहिए; 2. पुरोहिती की प्रथा को समाप्त किया जाना चाहिए और अगर समाप्त न किया जा सके तो कम-से-कम इसे जन्मना तो नहीं ही होना चाहिए; 3. धार्मिक कृत्यों के सम्पादन हेतु पुरोहित के पास कानून-विहित कोई सनद होनी चाहिए जो उसकी योग्यता को कमोबेश प्रमाणित करती हो; 4. पुरोहित को सरकारी कर्मचारी होना चाहिए ताकि वह अपनी नैतिकता, विश्वास एवं पूजन के नियमों का उल्लंघन करने पर दण्डित किया जा सके; और 5. आवश्यकता के अनुसार पुरोहितों की संख्या तय की जानी चाहिए जैसे अन्य प्रशासनिक सेवाओं में किया जाता है। (Annihilation of Caste, पृ. 77)। डॉ. अम्बेडकर ने स्पष्ट कहा कि हिन्दू धर्म में पुरोहित की योग्यता नहीं बल्कि जात-पाँत देखी जाती है। इसका ही परिणाम है–

*एक हिन्दू पुरोहित बौद्धिक रूप से मूर्ख हो सकता है, शारीरिक दृष्टि से सिफलिस एवं गनोरिया जैसी बीमारियों से ग्रसित हो सकता है और नैतिक दृष्टि से निकृष्ट हो सकता है, लेकिन वही पवित्र धार्मिक कृत्यों का सम्पादन करता है, मन्दिर के गर्भगृह में ईश्वर पूजन हेतु प्रवेश करता है। हिन्दू धर्म में यह सब इसलिए सम्भव है कि कोई व्यक्ति पुरोहित मात्र इस कारण होता है कि वह पुरोहित जाति में पैदा होता है। (वही, पृ. 77)*

डॉ. अम्बेडकर हिन्दू समाज-सुधार के इन मुद्दों को स्वराज से अधिक महत्त्व देते थे, क्योंकि उन्हें भय था कि भारत जैसे असमान एवं अलोकतान्त्रिक समाज में राजनीतिक स्वतन्त्रता का कोई बहुत माने-मतलब नहीं होता। गाँधी साधु-सन्तों की भूमिका को रेखांकित करते रहते थे। डॉ. अम्बेडकर ने सन्तों की भूमिका के सन्दर्भ में दो महत्त्वपूर्ण बातें कहीं–

*1. सन्त कभी जात-पाँत अथवा छूआछूत के विरुद्ध कोई सामाजिक संघर्ष नहीं छेड़ता। दरअसल वह मानवीय संघर्षों में रुचि न लेकर मनुष्य और ईश्वर के बीच के रिश्तों को रेखांकित करता है। वह यह नहीं कहता कि सभी मनुष्य बराबर हैं, वह यह कहता है कि ईश्वर की निगाह में सभी बराबर हैं। अर्थात्, सन्तों की समता सम्बन्धी अवधारणा सामाजिक-आर्थिक न होकर आध्यात्मिक होती है।*

*2. जात-पाँत एवं छूआछूत के उन्मूलन में सन्त प्रभावी नहीं होता। लोग छूआछूत मानते हुए, जात-पाँतवादी रहते हुए भी सन्तों की सेवा में लीन होते हैं। अतः सन्तों का आदर किया जाता है, उनका अनुकरण नहीं किया जाता। (Vol. I., पृ. 87-88)*

महात्मा गाँधी को सम्बोधित करते हुए डॉ. अम्बेडकर यह बार-बार कहते हैं कि कांग्रेसी आन्दोलन के विपथगा होने के सारे कारण गाँधी का सन्तत्त्व और उनकी राजनीति का गड्डमड्ड होना है। उनका सन्तत्व वहीं तक आगे बढ़ता है जहाँ तक उन्हें राजनीति विवश करती है। सामान्यतया गाँधी नये विचारों से दूर भागते हैं। पुस्तकीय ज्ञान में उन्हें विश्वास कम है। उनका विकास केवल अनुभवों की रोशनी में होता है और इसी कारण इतना धीमा है। बदलाव के बावजूद वे अप्रासंगिक बने रहते हैं। गाँधीवादी राजनीति में 'गाँधी की जै' और 'भारत माता की जै' देशभक्ति के पर्याप्त लक्षण हैं। ऊपर से खादी और जेल यात्रा है। कोई बौद्धिक बिन्दु नहीं है। अतः डॉ. अम्बेडकर राजनीति के गाँधीवादी युग को 'भारत का अन्धायुग' कहते हैं। (Ranade, Gandhi and Jinna, 1943, Vol. I, पृ. 352)

अपने एक अन्य प्रसिद्ध 'काले स्मृति व्याख्यान' (1939) में जो 'संघ *बनाम* स्वतन्त्रता' विषय पर दिया गया था और जिसमें डॉ. अम्बेडकर ने संघीय सरकार के विरुद्ध एकात्मक सरकार (Unitary form of Government) का समर्थन किया था। इसमें उन्होंने गाँधी-युग की सीमाओं को भी रेखांकित किया था–

> *रानाडे के जमाने में एक राजनीतिक व्यक्ति को जो विद्यार्थी नहीं था, उसे अगर खतरा नहीं है तो असह्य-उद्यमी माना जाता था। श्री गाँधी के युग में ज्ञान अगर घृणा की वस्तु नहीं है तो निश्चय ही किसी राजनेता के आवश्यक गुणों में भी नहीं गिना जाता... यह युग ऐसा है जिसमें लोग अपने आदर्शों को भविष्य में न तलाश कर अपने अतीत की ओर मुड़ रहे हैं। अधकचरा लोकतन्त्र का भविष्य जो ज्ञानी और अनुभवी लोगों द्वारा बताये गये रास्तों को अस्वीकार करता है और रहस्यवादी तथा आत्मश्लाघी अन्धे रास्ते पर चलना पसन्द करता है, यह सोचने में भी दुःखद लगता है। (खण्ड–एक, पृ. 352)*

डॉ. अम्बेडकर के इन कथनों की सच्चाई से इन्कार नहीं किया जा सकता। गाँधी विशुद्ध राजनीतिक दृष्टि से निश्चय ही कमजोर दिखते हैं, लेकिन भारत के स्वतन्त्रता-संग्राम में उनकी अग्रणी भूमिका को नकारना भी सम्भव नहीं है। आश्चर्य नहीं, पण्डित नेहरू ने उन्हें स्वतन्त्रता-पूर्व का राष्ट्रीय नेता तो माना लेकिन उनके बहुत-सारे विश्वासों से वे बचते रहे। अन्ततः स्वतन्त्रता-प्राप्ति के बाद उन्होंने वही किया जो वह पहले से ही करना चाहते थे। यह सब जानते हुए भी गाँधी ने नेहरू को राष्ट्रीय नेतृत्व सौंपा था। गाँधी परतन्त्र भारत के नेता थे, स्वतन्त्र भारत के नहीं। इसी तरह डॉ. अम्बेडकर परतन्त्र भारत के नेता तो नहीं थे, लेकिन स्वतन्त्र भारत में उनके नेतृत्व को नकारना न उचित है न सम्भव। राजनीतिक-आर्थिक मसलों पर वह नेहरू के बहुत निकट थे। लेकिन जिस तरह गाँधी ने नेहरू को समझा था उसी तरह उन्होंने बाबा साहेब को भी समझा था। हिन्दुस्तान-पाकिस्तान बँटवारे के बाद गाँधी ने ही डॉ. अम्बेडकर को 'संविधान-सभा' में रखवाया, उन्हें कानून मन्त्री बनवाया और संविधान-सभा की ड्राफ्टिंग कमेटी का अध्यक्ष भी। ऐसा नहीं था कि इन कामों के लायक लोग नहीं थे। बहुत-सारे लोग थे। लेकिन गाँधी देश के भविष्य को किसी से भी बेहतर समझते थे। इसे भूलना या अस्वीकार करना, ईमानदारी नहीं होगी। इस तरह गाँधी ने स्वतन्त्रता-पूर्व देश के लिए जो किया था वह तो महत्त्वपूर्ण है ही, लेकिन स्वतन्त्रता के बाद जो देश में होना चाहिए था, उसकी बुनियाद भी उन्होंने नेहरू और अम्बेडकर के माध्यम से ही रखी थी। इसे भूलकर बात करना इतिहास के साथ न्याय नहीं होगा।

●